Petite Collection

histoire de la

BIOLOGIE

sous la direction scientifique de

André Giordan

TOME 1

André Giordan
Daniel Raichvarg
Jean-Marc Drouin
Raul Gagliardi
Ana Maria Canay

Technique et Documentation — Lavoisier
11, rue Lavoisier — F 75384 Paris Cedex 08

PETITE COLLECTION D'HISTOIRE DES SCIENCES

paru

HISTOIRE DE LA CHIMIE
HISTOIRE DE L'ASTRONOMIE
HISTOIRE DE LA PHYSIQUE (Vol. 1)
HISTOIRE DE LA GÉOLOGIE (Vol. 1)
HISTOIRE DE LA BIOLOGIE (Vol. 2)

à paraître

HISTOIRE DES MATHÉMATIQUES
HISTOIRE DE LA PHYSIQUE (Vol. 2)
HISTOIRE DE LA GÉOLOGIE (Vol. 2)

11, rue Lavoisier — F 75384 Paris Cedex 08

Deuxième tirage revu, 1989

ISSN 0767-0060
ISBN 2-85206-379-4 (Histoire de la Biologie)
ISBN 2-85206-380-8 (Volume 1)

histoire de la

BIOLOGIE

1

140F

Sommaire

Les auteurs

Ce tome a été conçu et coordonné par

André Giordan, professeur à l'Université de Genève, directeur de recherche à l'Université de Paris VII, dans le cadre des recherches du Laboratoire de didactique et épistémologie des sciences (LDES).

Il a également écrit l'*Introduction générale* (en collaboration avec Daniel Raichvarg), le chapitre *Respiration* et complété l'iconographie des différents chapitres.

Daniel Raichvarg a rédigé le chapitre *Microbes* à partir de documents totalement originaux.

Jean-Marc Drouin a repris les idées principales de sa thèse pour proposer le chapitre *Ecosystème*.

Ana Maria Canay de Mendel et **Raul Gagliardi** ont travaillé le chapitre *Neurone*.

Pour la recherche des documents et la réalisation des textes ont également participé : Christian Nidegger, Christian Colaud, Jocelyne Grégoire et Rolande Lefeivre.

Introduction

De la découverte... à la construction des concepts

Qui a découvert ?

Qui a découvert les microbes ?

Qui a découvert l'oxygène ?

Qui a découvert la fécondation ?

Voici trois exemples de questions courantes, logiques, présentant un intérêt historique certain, même pour des scientifiques. Si l'on ne trouve pas toujours ces questions, de façon explicite, dans les livres de classe ou dans les livres universitaires faisant le point sur un concept, on y reçoit très fréquemment les réponses directes : d'où des descriptions clinquantes sur les travaux fondamentaux de Pasteur, Priestley, Thuret.

Que nous apportent ces réponses ? Hélàs, même si nous passons sans nous interroger (pour le moment !) sur les dangers d'une telle attribution fixant sur un homme un travail qui fut parfois celui de toute une époque, les réponses qui résultent de ces questions précises et simples en apparence ne peuvent qu'être vides de sens, sinon erronées.

Des erreurs ? Cela arrive! Un bel exemple de réponse totalement fausse a été *découvert* - au fait, peut-on encore utiliser ici ce terme ! - à propos de Thuret, le *savant* de la fécondation, comme l'indiquent les ouvrages. A la demande de la Société d'Histoire des Sciences, nous nous sommes penchés sur l'évolution de ce concept au XIXème siècle. Nous sommes allés de surprise en surprise : que d'idées reçues ! Thuret n'écrit jamais qu'il a *vu* la pénétration du spermatozoïde dans l'ovule. Bien au contraire, il est clair que, dans ses textes, il la nie en apportant plusieurs types d'arguments, pour lui prétérer une action des spermatozoïdes à distance.

> *Les anthérozoïdes[1] pénètrent-ils dans l'intérieur même de la spore[2], comme quelques observateurs croient avoir vu les spermatozoïdes entrer dans l'œuf des animaux ? Rien ne m'autorise à le penser. J'ai toujours vu les anthérozoïdes glisser à la surface de la spore ; jamais ils ne m'ont semblé s'introduire dans sa substance. Lorsque toute espèce de mouvement avait cessé et que la germination commençait, je retrouvais fréquemment dans mes expériences les restes des anthérozoïdes décomposés qui entouraient la spore, mais qui n'étaient point immédiatement appliqués sur elle ; une étroite couche mucilagineuse les séparait de celle-ci, et dessinait autour d'elle une auréole transparente. Ce qui est peut-être encore plus décisif, c'est que, dans les spores de Pelvetia dont j'ai décrit plus haut la structure, je n'ai jamais vu les anthérozoïdes arriver jusqu'à la spore elle-même. Ils m'ont toujours paru s'arrêter en dehors des enveloppes ciliées, à la surface du limbe mucilagineux produit par la dissolution de l'épispore. Et cependant ici, comme dans les autres Fucacées hermaphrodites, la germination des spores s'opère très régulièrement.*

A la limite, cela n'aurait que peu d'importance.. si *tous* les livres scolaires et universitaires n'avaient reproduit cette même erreur - ceci est un autre problème dont nous ne parlerons pas ici.

Ce qui semble plus grave, c'est que cette réponse ponctuelle devient une réalité masquante : non seulement elle est vide de sens en ce qu'elle n'apporte rien pour la compréhension des phénomènes de construction du savoir scientifique, mais encore ce vide nous cache l'intérêt de l'histoire pour la compréhension de tels phénomènes ! Car, derrière la question :"Qui a découvert la fécondation ?", se place la question autrement plus riche : "Que veut dire : découvrir la fécondation ? ". Est-ce avoir montré:

Que le mâle féconde la femelle ? Que le sperme féconde la femelle ? Que le spermatozoïde agit à distance sur l'ovule pour développer un embryon ? Que le spermatozoïde rentre en contact avec l'ovule pour former un oeuf, point de départ du futur être vivant ? Que le spermatozoïde pénètre l'ovule ? Que le noyau du spermatozoïde fusionne avec le noyau de l'ovule ? Que le matériel génétique apporté par le spermatozoïde s'unit avec le matériel génétique apporté par l'ovule ? Que l'information génétique véhiculée par le gamète mâle et l'information génétique apportée par le gamète femelle s'intègrent pour constituer le matériel nécessaire au développement du futur embryon ?, etc.

---

1 spermatozoïde 2 ovule

852 INDEX BIBLIOGRAPHIQUE.

MAURICEAU. — Traité des maladies des femmes grosses. — Paris. 1721

MAXIMOWICZ (C. J.). — Einfluss fremden Pollens auf die Form der erzeugten Frucht. — *Bull. Acad. St.-Pétersbourg.* XVII, 275. 1872

MEEHAN (T.). — Persistence in variations suddenly introduced. — *Proceed Acad. N. Sc. Philadelphia.* 116. 1895

MEISTER (V.). — Über die Regeneration der Leberdrüse nach Entfernung ganzer Lappen und über die Betheiligung der Leber an der Harnstoffbildung. *Vorläuf. Mitth.* — *Centralbl. f. allg. Path. u. path. Anat.*, 962-965. 1891

MERTENS (H.). — Recherches sur la signification du corps vitellin de Balbiani dans l'ovule des mammifères et des oiseaux. — *Arch. de Biol.* XIII. 1893

METSCHNIKOFF (E.). — Recherches sur la digestion intracellulaire. — *Ann. de l'Institut Pasteur.* 1889

MEVES (F.). — Über amitotische Kerntheilung in der spermatogonien des Salamanders und Verhalten der Attractionssphære bei derselben. — *Anat. Anz.* VI, 625-630. 1891

MEYER (H.). — Über die Kniebewegung in dem abstossenden Beine und über die Pendelung des schwingenden Beine im gewöhnlichen Gange. — *Du Bois-Reymond's Archiv für Anat. und Physiol.* II, 1-30. 1869

MIESCHER (F.). — Die Spermatozoen einiger Wirbelthiere. Ein Beitrag zur Histochemie. — *Verhandl. der naturforsch. Gesellsch. Basel.* VI, 138-355. 1875

MILNE EDWARDS (H.). — Leçons sur la Physiologie et l'Anatomie comparée de l'homme et des animaux. — 15 vol. Paris 1860
Principal vol. 8 et vol. 15. 1887

MINGAZZINI (P.). — Über die Regeneration bei den Tunicaten. — *Bolletino della Societa di Naturaliste in Napoli*, serie I, V, 76. 1891

MINOT (Ch. S.). — Article sans titre sur la Formation des feuillets germinatifs. — *Proceed. Boston Soc.* XIX, 165-171, 1876-78, édité en 1878
et in *American Naturalist*, 6 et suiv. 1880

— Growth and death. — *Proc. Soc. Arts, Mass. Instit. of technology.* — Meeting. 310, 50-56. 1884

— The physical basis of Heredity. — *Science*, VIII, 125-130, 6 August. 1886

MITROPHANOF (P. J.). — Über Zellgranulationen. *Biol.* — *Centralbl.* IX. 1889

— Contribution à la division cellulaire indirecte chez les Sélaciens. — *Journal internat. d'Anat. et de Physiol.* XI. 1894

MIVART (St. George). — Lessons from Nature as manifested in Mind and Matter. London. 1876

— Professor Weismann's Essays. — *Nature*, 14 nov. 38-41. 1889

MÖBIUS (K.). — Das Sterben der einzelligen und vielzelligen Thiere, vergleichend betrachtet. — *Biol. Centralbl.* IV, 389-392. 1885

MOHL (Hugo von). — Über die Vermehrung der Pflanzenzellen durch Theilung. — Dissertation. Tübingen. 1835

MOLL (J. W.). — Observations on Karyokinesis in Spirogyra. — *Verhandeling. d. koninkl. Akad d. Wetensk. te Amsterdam.* Sect. II, I, n° 9 [illegible]

MONTGOMERY (Ed.). — Zur Lehre von der Muskelcontraction. — *Pflüger's Archiv.* XXX. [illegible]

MOORE (J. E. S.). — On the germinal Blastema and the Nature of the so called « Reduction-Division » in the cartilaginous Fishes. — *Anat. Anz.* IX. [illegible]

MOQUIN-TANDON. — Éléments de Tératologie végétale. [illegible]

MOREAU de Tours. — La Psychologie morbide dans ses rapports avec l'histoire. — Paris. [illegible]

MOREL. — Traité des dégénérescences physiques. — 2 vol. Paris. 1857

MORGAN (F. M.). — Experimental Studies on Echinoderm Eggs. — *Anat. Anz.* 141-152. 1893.

— Experimental Studies on the Teleost Eggs. — *Ibid.* 803 et suiv. [illegible]

MORTON (Lord Earl of). — A Communication of a singular fact in Natural history. — *Philosophical Transaction of the Royal Society.* III, 20-22. 1821

MÜLLER (Fritz). — Für Darwin. [illegible]

— The Law of Heredity. A study of the Cause of variation and the origin of living Organisms, by W. K. Brooks. — *Kosmos* XVIII, 67-73. [illegible]

MÜLLER (Johannes). — Handbuch der Physiologie. 2 vol. — 1° Aufl. 2 Bd., I. 1833, II. [illegible]
— Trad. franç. [illegible]

NÆGELI (C. von). — Zellkern, Zellbildung und Zelltheilung bei der Pflanzen. — *Zeitschr. für wiss. Botanik.* II et III, 1845. [illegible]

— Die Individualität in der Natur. [illegible]

— Die Stärkekörner. — Zurich. [illegible]

— Über den inneren Bau der vegetabilischen Zellmembran. — *Sitzungsb. der bayerischen Akad. I et II.* [illegible]

— Entstehung und Begriff der Naturhistorischen Art. Giebt es eine Urzeugung? [illegible]

— Mecanisch-physiologische Theorie der Abstammungslehre. — XI, 822 S. [illegible]

NUSSBAUM (M.). — Die Differenzirung des Geschlechtes im Thierreich. — *Arch. f. mikr. Anat.* [illegible]

— Über die Veränderung der Geschlechtsproducte bis zur Eifurchung. — *Arch. f. mikr. Anat.* [illegible]

— Über die Theilbarkeit der lebendigen Materie. — I. Mittheil : Die spontane und künstliche Theilung der Infusorien. — *Arch. f. mikr. Anat.* XXVI, 485-528. [illegible]

— *Id.* — II° Mittheil. : Beiträge zur Naturgeschichte des Genus *Hydra.* — *Ibid.* XXIX, 8 Taf. [illegible]

— Über Vererbung. — 8° Bonn. 23 S. [illegible]

— Die Umstülpung der Polypen. Erklärung und Bedeutung dieses Versuchs. — *Arch. für mikr. Anat.* XXXV, 111-120. [illegible]

— Mechanik des Trembley'schen Umstülpungsversuches. XXXVII, 513-580. Taf. 28-30. [illegible]

Fig. 1: *Dans sa synthèse de 1895, reprise en 1903, sur l'hérédité, Delage cite plus de 2500 travaux depuis l'antiquité jusqu'à cette dernière date. Lequel manque-t-il ? Pourtant on dit que c'est lui qui découvrit les lois sur l'hérédité !*
Delage, L'hérédité et les grands problèmes de la biologie générale. *Schleicher Frères, Paris, 1903.*

Autant d'interrogations qui jalonnent, schématiquement, l'histoire et dont les éléments de réponse produits aux différentes époques s'avèrent pleins d'informations sur la construction du savoir biologique, sur les multiples composantes du fonctionnement de la science, aussi bien dans ses démarches que, et cela nous heurte peut-être un peu, dans ses institutions.

En effet, chacune de ces questions - et, faut-il remarquer, nous n'avons retenu que les *bonnes* ! - fait référence à une problématique particulière et admet une réponse qui a, elle-même, varié dans le temps. Bien plus, chacune des réponses a été bâtie sur des événements d'origines diverses, chacune des réponses a été marquée par des chercheurs qui ont eu *leur mot à dire*. Il apparaît comme particulièrement formateur, ici, de constater que chaque formulation différente du concept de fécondation, si on la considère comme une solution possible, montre qu'un problème biologique s'est posé (et, bien sûr, se pose) à plusieurs niveaux et que chacun de ces niveaux indique la maîtrise, ou la non-maîtrise, de certains autres champs conceptuels : on ne peut évidemment pas poser le problème en termes de *spermatozoïde* avant de l'avoir observé au microscope [1], on ne peut pas, non plus, parler de *noyau* avant de concevoir les êtres vivants en termes de *cellule*, on ne peut pas, enfin, traiter de *l'information génétique* sans posséder une théorie de l'information, etc...

Ainsi, la question : "Qui a découvert la fécondation ?" devient-elle tout à fait incongrue, car, formulée de la sorte, elle ne peut recevoir de réponse [2]. La question : "Qui a découvert l'oxygène ?" ne tient pas plus la route. Bien sûr, Priestley et Lavoisier ont fait avancer les idées, mais avaient-ils isolé l'élément *oxygène* ou *de* l'oxygène ? Et, sur ce plan, avec quel degré de pureté ? Quelles

1 En disant cela, nous sommes encore loin de la réalité, encore fallait-il accorder aux spermatozoïdes un rôle scientifique dans le mécanisme. Or pendant 200 ans, certains lui ont fait porter l'entière paternité alors que d'autres, plus nombreux, allaient jusqu'à nier son existence, ou lui accordaient un rôle limité "d'étincelle de vie", de "père nourricier", quand ils ne le prenaient pas pour un parasite du sperme ! (voir pp. 22, 23 et 24).

2 Dans notre exemple de la découverte de la fécondation, il est beaucoup plus instructif de comprendre pourquoi Thuret ne pouvait pas concevoir la pénétration du spermatozoïde dans l'ovule. Une étude que nous avons faite montre que ses matériaux expérimentaux ne lui permettaient pas de trouver une loi générale, les cycles sexuels et les annexes de la fécondation chez les algues étant masquants par rapport aux mécanismes biologiques généraux. Ensuite, il s'intéressait aux différences dans les *rapports sexuels*, car, en tant que systématicien, il se préoccupait de découvrir des critères de classification. Enfin, sans doute était-il encore un peu oviste : il se sensibilise toujours vivement pour la mise en rotation de l'ovule, point de départ du développement.

propriétés de l'oxygène maîtrisaient-ils pour le caractériser ? Quelles étaient, pour eux, sa masse molaire ou sa composition ? Autant de questions qui ne se posaient pas à eux car leurs préoccupations étaient ailleurs, autant de questions qui ne se poseront que par la suite. Enfin, pour la question : "Qui a découvert les microbes ?" - question qu'une certaine vision historique a liée mythiquement à Pasteur - nous renvoyons le lecteur au chapitre *Microbes* où son cas est sérieusement disséqué.

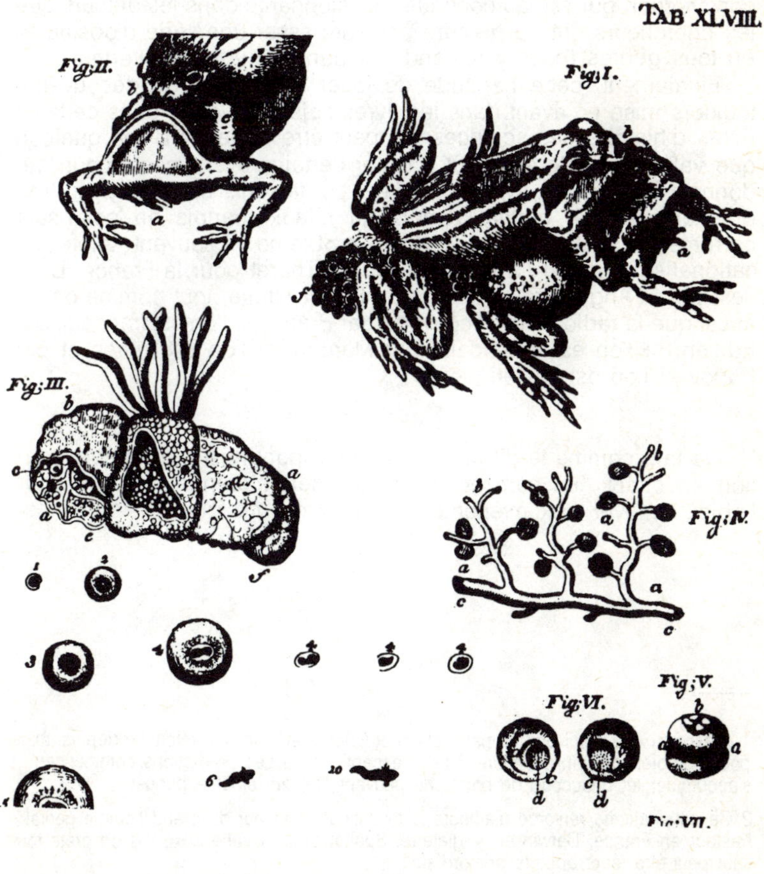

Fig. 2: *Accouplement de la grenouille par Swammerdam (1758).*

Mais allons plus avant dans notre réflexion, car les exemples peuvent s'accumuler sans difficulté. La question :"Qui a découvert l'ADN ?" va nous permettre cette avancée. En effet, cette question devient irrecevable : quelle signification peut-on attribuer, dans ce domaine, à la *découverte*, c'est-à-dire à *l'action de connaître une chose cachée*, alors qu'il s'est agi de produire une construction de l'esprit ? Il nous faut, dès lors, concevoir la découverte comme une invention de l'esprit, déconnectée, si l'on peut dire, des sens : la structure de l'ADN est, en effet, un modèle construit pour rassembler et pour expliquer un ensemble d'éléments factuels qui, en retour, le corroborent[1]. Cela n'enlève évidemment rien à l'histoire de cette construction qui est, au contraire, passionnante dans les détours que les chercheurs ont dû prendre pour dépasser une série d'obstacles en tous genres (nous y reviendrons dans un volume ultérieur).

Finalement, cette habitude de jouer la carte de la découverte, toujours mise en avant dans les livres scientifiques et dans certains livres d'histoire des sciences, ne peut être porteuse d'une quelconque valeur car elle équivaut à isoler certains événements pour leur donner une valeur symbolique et, ce faisant, on appauvrit trop drastiquement la réalité, parfois au mieux, parfois en polarisant carrément l'attention sur un faux problème - souvent teinté de nationalisme, faut-il l'avouer : ce qu'est Thuret pour la France, Barry l'est pour l'Angleterre et Spallanzani pour l'Italie, tout comme on dit aussi que la radio a été découverte par Branly, si l'on est français, par Edison, si l'on est américain, par Marconi si l'on est italien et par Popov si l'on est soviétique[2].

De fait, comme le dit Mirko Grmek[3], répondre à cette préoccupation en citant "un nom et une année serait prendre l'ombre pour l'objet, enlever aux événements d'autrefois ce qui fait leur subs-

---

1 Il est vrai que celui produit par Watson et Crick a été fort peu retouché depuis, mais pour combien de temps encore ? Les "exceptions" à ses prédictions commencent à s'accumuler, et beaucoup de points ne peuvent être en retour expliqués.

2 Ce nationalisme renforce d'ailleurs la mythification autour du grand homme génial : Pasteur en France, Darwin en Angleterre, Spallanzani en Italie auxquels on prête tout sauf peut-être leurs apports primordiaux.

3 M. Gmerk - *Raisonnement expérimental et recherches toxicologiques* chez Cl. Bernard - Genève, Droz, 1973.

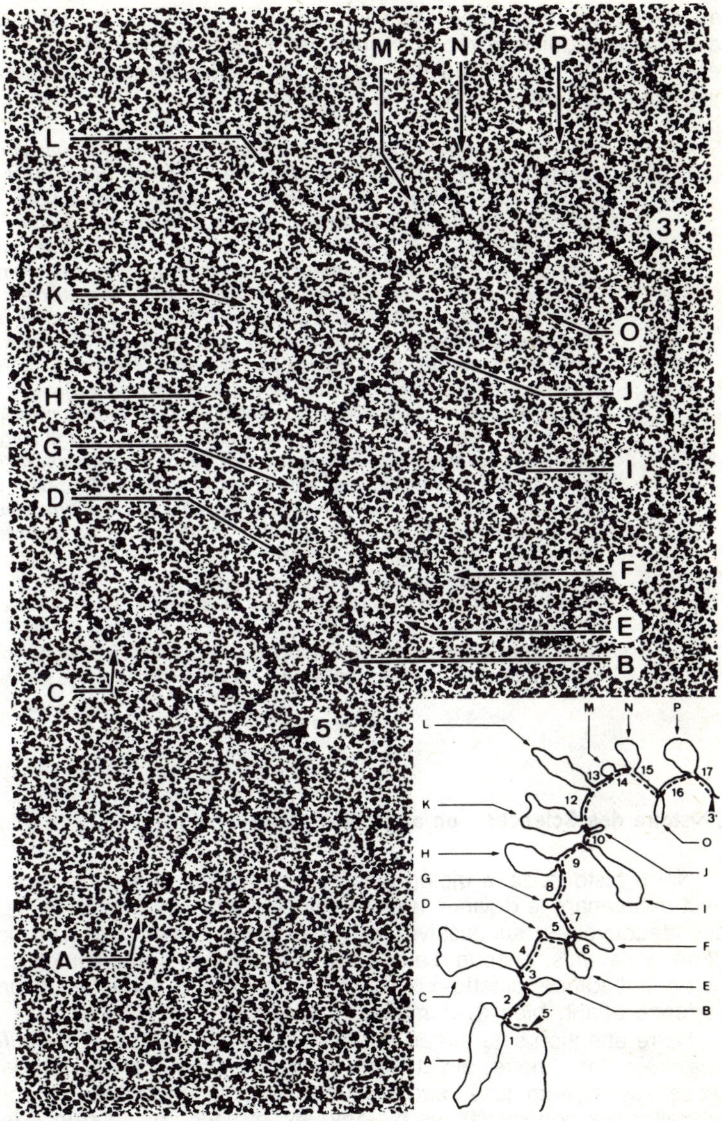

Fig. 3: *Portrait d'une molécule d'ADN (F. Lints,* Génétique, *OILB et Technique et Documentation-Lavoisier, 1981).*

tance". La question ne peut recevoir de réponse utile ou intéressante, la question induit une réponse qui n'est qu'une transformation de la réalité de telle manière qu'elle modifie, qu'elle trahit même son sens historique. Et Grmek ajoute :

> *En changeant de niveau d'explication, on crée des situations paradoxales. Par exemple, la plupart des manuels indiquent que c'est Claude Bernard qui a découvert l'action de curare sur la jonction neuromusculaire. Prise à la lettre, une telle affirmation est manifestement inexacte : Bernard n'a pas réalisé lui-même cette découverte. Il s'est même opposé à cette explication du mécanisme de la curarisation. Néanmoins, dans un certain sens, qui correspond à un niveau supérieur d'abstraction dans la présentation de l'histoire des idées, le faux devient une sorte de vérité : c'est bien à travers les travaux de Bernard que la bonne explication a été trouvée. Un autre exemple : on dit habituellement que Bernard a fait la découverte de la glycogenèse hépatique. C'est fondamentalement vrai, mais il ne faut pas prendre cette déclaration à la lettre. Bernard s'est livré à des critiques acerbes contre les partisans de la "glycogenèse hépatique" (au sens actuel de ce terme, à savoir le stockage dans le foie, sous forme de glycogène, du sucre provenant de l'alimentation). Sa "glycogenèse" à lui, c'était la synthèse glucidique à partir d'autres substances chimiques (la "glyconéogénie" des physiologistes actuels).*
> *Figuier avait raison contre Bernard et pourtant, dans un récit historique condensé, c'est à Bernard que revient toute la gloire. S'il était dans le tort pour certains détails, Bernard était dans le vrai quant à la direction de ses recherches sur le métabolisme des sucres.*

L'histoire des Sciences : un autre laboratoire

Notre histoire de la biologie ne sera donc pas, comme le lecteur peut maintenant le deviner, une nouvelle tentative pour tracer la série des découvertes, successives et symboliques, effectuées par nos géniaux savants, chacun d'eux ayant apporté, l'un après l'autre, une pierre à l'édifice prestigieux de la connaissance actuelle - à une cadence allant, bien évidemment, crescendo.

Notre attention sera attirée par *la construction du savoir scientifique*. Dès lors, notre projet sera plutôt de nous centrer sur les processus dynamiques par lesquels ont été produites et sont produites les connaissances biologiques, et nous considérerons les apports successifs non pas en tant que résultats d'un processus, par ailleurs complexe, mais en tant qu'actes d'appropriation par la communauté scientifique. Pour cela, nous avons essayé de percevoir les cheminements de pensée, nous avons essayé de démêler

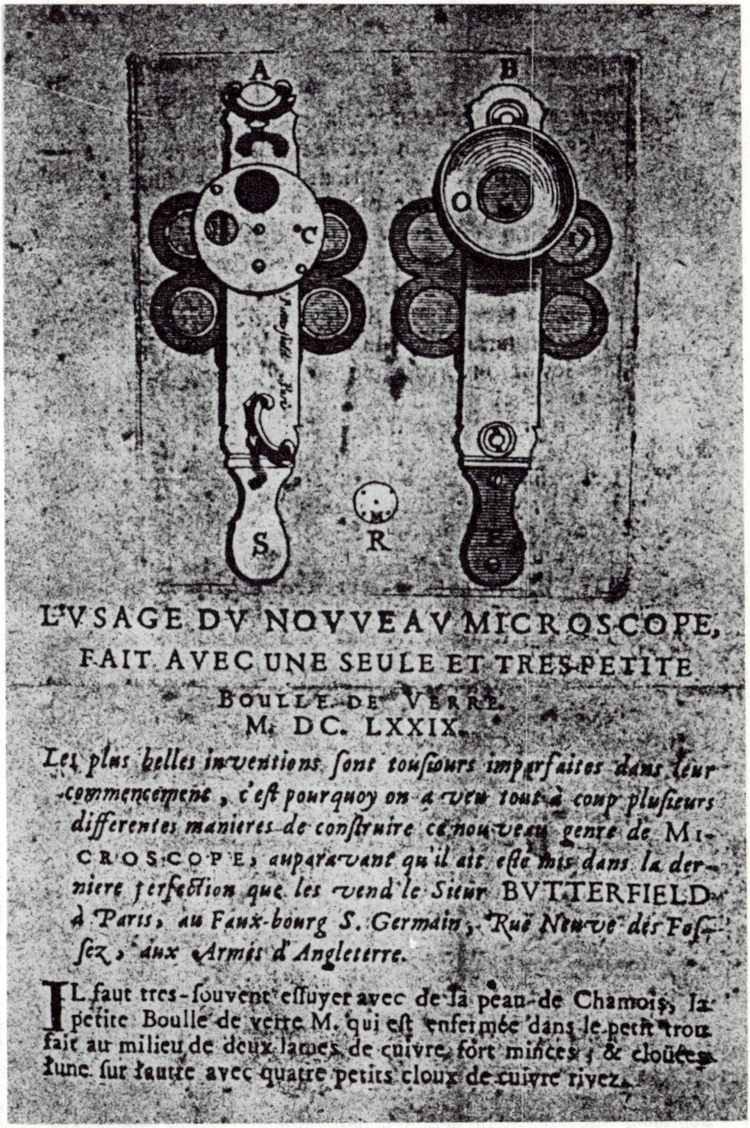

Fig. 4: *Premières publicités pour le matériel scientifique. Prospectus de la maison Butterfield (1679).*

l'écheveau des difficultés et des obstacles de toute nature qu'il a fallu franchir, sans oublier de décrire les contextes qui permettent de donner un sens à ces évolutions ou à ces non-évolutions.

Nous avons été poussés vers une recherche du type archiviste : le retour aux textes originaux, la mise à jour de textes peu connus, sinon inconnus, qui avaient été trop vite jetés dans les oubliettes de l'histoire. Par exemple, et pour revenir à l'histoire du concept de fécondation, nous ne cherchons pas à décrire la suite des hommes - il n'y eut jamais de femmes - qui ont découvert le spermatozoïde, l'ovule, la pénétration du premier dans le second ou encore la fusion des noyaux, etc... car, comme nous venons de le dire, cela n'a aucun sens : la succession des idées sur la question ne s'est pas déroulée ainsi, de manière linéaire, avec des apports continus de notions, comme on suppose qu'une maison se construit progressivement par apport de briques. Au contraire, nous donnons des repères pour réaliser un balisage au travers diverses conceptions. Puis nous cherchons ce que les auteurs ont *vraiment* voulu dire à ces moments, ce que furent leurs démarches *effectives*, leurs questions ou encore ce qui fait qu'elles ne purent s'établir qu'à certains moments et à certains endroits.

Dans ce contexte, et pour les concepts choisis, notre projet sera de sortir quelques grandes perspectives sur les paramètres qui ont permis ou empêché la construction du savoir et de faire surgir des

Quelques représentations d'enseignants scientifiques.

"La Science se construit à partir des faits".

"Il suffit de faire surgir les faits, de là on peut bâtir des théories scientifiques".

"Cette théorie (l'évolution) a été déduite à partir de certains faits paléontologiques...".

"Dès qu'un fait va à l'encontre d'une théorie, celle-ci s'écroule".

"Le fait d'observation est une réalité intangible existant en dehors des théories explicatives, à partir d'eux on construit des théories".

"Les faits imposent une théorie, ils constituent la preuve irréfutable...".

"Le savoir scientifique part des faits, un raisonnement sur eux fait voir le problème, de nouveaux faits permettent d'en trouver la solution et d'établir la théorie".

"Les théories sont le reflet des faits".

"Il suffit d'observer, ou d'expérimenter, cela permet de mettre en évidence des faits, leur accumulation permet d'établir une théorie, puis de la vérifier".

Enquête effectuée sur des enseignants de biologie (1983).
Question posée : "Comment s'élabore le savoir scientifique ?".

éléments appropriés rendant notre vision plus rigoureuse de l'authentique histoire de l'activité créatrice dans le domaine des sciences biologiques. En ce sens, nous considérons l'histoire des sciences non plus seulement comme une *mémoire* pour les sciences biologiques, mais bien plus comme leur *laboratoire épistémologique* qui permet, avec le recul qu'elle offre et qu'offre aussi sa mise en relation dialectique avec la Science qui se construit aujourd'hui, de comprendre les cheminements qui furent ou sont pertinents et ceux qui furent ou qui s'avèrent non pertinents dans tout processus de construction du savoir.

La réalité est beaucoup moins simple mais beaucoup plus passionnante qu'on ne le pense habituellement - voir l'enquête auprès des enseignants ou l'étude des instructions officielles (*encadrés* pp. 10, 11, 12 et 13).

La construction du moindre élément de rationalité est le résultat d'un processus complexe qui s'inscrit toujours dans une histoire des idées, et non d'un homme, quelque brillant qu'il fût par ailleurs. C'est une explication extravagante, abusive que de la concevoir linéaire, monodimensionnelle. C'est une explication tout aussi extravagante et abusive que de voir cette rationalité comme surgie d'un pur effet de rupture. Les chemins qui mènent à un début de structuration dotée d'une rationalité balbutiante sont autrement plus sinueux. Ils mettent

Quelques représentations d'inspecteurs à travers les instructions officielles.

"L'enseignement des sciences naturelles ne peut être d'abord qu'un exercice très varié d'observations, faisant apparaître des corrélations de faits."

"Donner au départ un caractère global à l'étude d'un fait... pour passer ensuite à l'analyse et aboutir à une mise en forme déductive et synthétique des résultats..."

"Une étape d'analyse des faits...
Un raisonnement qui intègre ces différents paramètres et fait apparaître le problème... un effort d'imagination dans la recherche... de là on a des hypothèses...
Enfin la manifestation d'un esprit de synthèse dans la formulation... d'une conclusion, parfois d'une loi."

"La première phase, celle de l'observation, qui permet de découvrir les faits est essentielle."

"Un fait ne se discute pas, il s'enregistre, et il faut que cet enregistrement soit sans faille parce que c'est à partir de ce fait, à partir du concret qu'il sera possible d'aller à l'abstrait, du particulier au général, ce qui est le cheminement du raisonnement inductif caractéristique des sciences naturelles."

en relation des éléments très hétérogènes, tellement hétérogènes que, dès que l'on creuse une étape, les ruptures ne sont jamais aussi franches qu'elles ne paraissent a priori - quand bien même ces ruptures ne seraient qu'un effet secondaire de l'histoire. La rupture, qui a été appelée *épistémologique* par certains, *révolutions* par

Conceptions épistémologiques	Conséquences pédagogiques
1. La science s'est développée peu à peu comme un édifice vertical où chaque génération successive apporte quelques briques supplémentaires aux connaissances antérieures accumulées par les glorieux et géniaux ancêtres.	• On présente chacun des éléments de la théorie successivement, de façon simplifiée et ordonnée, suivant une apparente nécessité logique. Le savoir scientifique résulte de leur accumulation. • On présente uniquement les résultats actuels (on n'enseigne d'ailleurs que les domaines où la science apporte des résultats). • On n'enseigne pas sa construction, on élimine en particulier les questions qui se sont posées, les controverses, les discussions, les fausses pistes, les champs de validité, les obstacles à surmonter, etc...). Eventuellement, on parle de sa construction pour la limiter à la voie royale : les apports successifs de quelques chercheurs illustres. • On développe le mythe du savant : un génial découveur solitaire ...et chanceux et on commémore ainsi la suite des découvertes qui ont acquis une valeur éternelle et qui s'enchaînent linéairement.
2. La science repose uniquement sur des faits qui sont évidents, qui s'imposent d'eux-mêmes par leur clarté. Il suffit de mieux voir ou de mettre au point des techniques permettant de mieux voir.	• Il suffit de regarder pour comprendre. • Il suffit de "bien voir" ou d'utiliser le bon instrument. • On présente les apports de la science, ceux qui semblent définitifs, qui ne seront pas remis en cause. On élimine les théories aujourd'hui fausses : résultats d'erreurs, d'insuffisances ou de divagations. • On peut même en classe court-circuiter cette étape, il suffit de... "les dire ou de les montrer" (Pédagogie du discours frontal).

d'autres, n'apparaît de fait qu'a posteriori. Elle n'a sa raison d'être que pour des facilités d'argumentation ou de pédagogie. Alors, et alors seulement, on fige deux équilibres, on les stabilise artificiellement pour les opposer et montrer leurs différences à des fins d'explication.

3. Les théories scientifiques sont déduites des faits, ou démontrées à partir des faits.	• On présente d'abord quelques faits, généralement un seul bien choisi, puis on généralise à la loi ou même à la théorie (soit par une présentation de l'enseignant, soit par une pédagogie du dialogue). • On présente les théories comme les produits d'un raisonnement ou d'une démonstration à partir des faits (la théorie de l'évolution, par exemple, est présentée en fin de scolarité comme un couronnement).
4. Les expériences vérifient une théorie, un seul fait qui va à l'encontre d'une théorie suffit pour la démolir.	• On présente quelques expériences pour vérifier la théorie (soit par l'enseignant du haut de sa chaire, soit par une pédagogie du T.P., encore qualifiée de laboratoire), en fait pour l'illustrer. • Généralement on en sélectionne une seule : l'expérience cruciale.
5. Les théories scientifiques se succèdent par emboîtement (cas optimum : la mécanique).	• On présente la science comme un produit fini, en ne proposant que la dernière théorie (ou l'avant dernière si la suivante est trop complexe), les autres sont considérées comme des cas particuliers inclus dans cette dernière. • On n'enseigne d'ailleurs que le dernier niveau de formulation, celui de la recherche actuelle, même si parfois on le simplifie.
6. La science, garantie de vérité, est séparée des autres savoirs et des idéologies. Elle est politiquement neutre et socialement progressiste.	• On présente les théories scientifiques avec un degré de certitude absolue : les concepts, les modèles sont une réalité intangible et immortelle. • La science est détachée des idéologies et du fonctionnement des sociétés humaines. • Les autres types de savoirs (pratiques, et parfois même techniques) sont évacués.

Cette dualité des doctrines si bien opposées, trop bien opposées, risque d'occulter l'essentiel, c'est-à-dire la spécificité des problèmes à résoudre, avec leurs subtilités, leurs contextes et leurs déplacements, parfois modestes.

Dès lors, nous tenterons de dépasser à la fois l'accumulation des apports successifs pseudo-logiques et les dualités simplistes qui satisfont les esprits opposant trop rapidement, trop paresseusement, le savoir établi au savoir antérieur périmé et devenu, subitement, presque stupide.

Pour tenter de faire aboutir ce projet, nous avons laissé de côté les macrostructures à épisodes pour mettre l'accent sur des branches de savoir antérieur, sur leurs ramifications, sur leurs nœuds et à travers ceux-ci, sur les micro-évolutions qui caractérisent le travail quotidien de la communauté scientifique et révèlent son activité réelle. Tout ceci peut surprendre car la différence d'avec les présentations générales et habituelles des livres scientifiques ou de classe est sensible, tant ces livres - soyons un peu provocateur - ne cherchent qu'à nous dire comment on est arrivé à découvrir de *si belles choses !*

Toutefois, nous ne cherchons pas à mettre en doute, voire à récuser, l'intérêt de telles anthologies (sauf, évidemment, si elles sont porteuses d'erreurs par trop grosses) : ce procédé a toute sa place à certains moments, en particulier lorsqu'il s'agit de *combattre pour la pensée scientifique*. Le savoir peut être conçu alors comme un monument historique dans le but de montrer le progrès des idées, ou comme une étude sociologique des apports scientifiques. Cependant cette optique particulière, du fait du coup de pouce que l'on donne pour montrer *la voie royale* qui a mené au savoir actuel, risque de masquer le cheminement des idées qui ont significativement influencé ou, plus souvent, bloqué la recherche.

A contrario, lorsque nous mettons en avant des erreurs ou des impasses : la découverte du microbe du Béri-Béri, *un matin de février 1884,* la liaison de la fécondation aux règles qui a hanté les mœurs anticonceptionnelles de la fin du XIXème siècle, nous ne cherchons pas à faire la liste des sottises pour ridiculiser la communauté scientifique ancienne, pour mettre en évidence la faiblesse de son argumentation ou la pauvreté de ses expérimentations. A travers ces exemples, nous cherchons à porter à la vue ce qui est révélateur soit de la construction d'un savoir, soit d'un cheminement d'ensemble de la pensée d'une époque (parfois dogmatique), soit d'un simple dispositif expérimental. Ainsi, Mendel, Mendel toujours cité pour ses expériences sur les 7 caractères des petits pois. Mais sait-on qu'il en étudia 360 avant de se polariser sur ces 7, qui, par un de ces hasards très surprenants, sont portés par les 7 chromosomes différents ? Ainsi, Pavlov, Pavlov toujours présenté accompagné de ses célèbres réflexes conditionnés et de son éternelle expérience de salivation du chien. Mais, sait-on les difficultés conceptuelles et expérimentales qu'il rencontra pour arriver à sa formulation ? Une simple anecdote qui lui arriva, lors d'une présentation publique, les résume toutes : ce jour-là, le chien refuse obstinément de saliver au son de la cloche, Pavlov appelle alors son préparateur et, à sa vue, le chien se met à saliver ! Le chien était bien conditionné, mais ... au préparateur.

Dans le même ordre d'idée, nous ne pouvons pas ne pas citer Brown-Séquard pour son expérimentation à propos de la découverte des hormones. Brown-Séquard écrit que, ayant remarqué l'action à distance, chez le lapin châtré, d'une substance lui redonnant une activité sexuelle, il s'administra à lui-même cette substance qui l'amena à *rencontrer* (sic!) sa femme, le lendemain, malgré son âge. Cet événement est souvent rapporté comme la confirmation de l'idée d'activité hormonale. Or, des travaux contemporains ont montré que, étant donné la façon dont il avait manipulé et le contenu de cette substance, cette dernière ne pouvait en aucun cas être active. En réalité, on est face à un autre phénomène : l'effet placebo. Ceci n'enlève certes rien à l'existence des hormones, mais cet épisode nous renseigne mieux sur le fonctionnement des scientifiques : il diminue, par exemple, l'importance de l'expérience cruciale et met en valeur le rôle de l'idée, de l'hypothèse qu'il s'agira de corroborer ensuite - non pas par une et une seule expérience particulière, mais par un champ serré de pratiques expérimentales interférant avec les hypothèses effectuées au préalable et d'autres, secondaires, nées ensuite.

Une épistémologie de la complexité.

Ce livre, malgré les imperfections de détail que ne manqueront pas de noter les professionnels de l'histoire, a donc une double intention : montrer comment la communauté scientifique a, semble-t-il, travaillé pour arriver à quelques savoirs actuels et comment les mécanismes mis ici en avant sont différents de ceux présentés habituellement par cette communauté.

C'est la science-qui-se-fait qui a été étudiée au premier chef, avec ses étapes et ses ressorts, parfois surprenants : les hypothèses, les théories, les observations, les expériences et, d'une manière probablement plus adéquate, les différentes stratégies argumentales mises en oeuvres par les uns et les autres. Ce sont tous les soubassements qui tiendront une place importante : les préoccupations, les idées et les conceptions d'ensemble qui sont la face cachée des démarches.

Ce moment de la science, tout à la fois particulier et fondamental,

ART
DE FAIRE ECLORRE
ET D'ELEVER EN TOUTE SAISON
DES
OISEAUX DOMESTIQUES
DE TOUTES ESPECES,

Soit par le moyen de la chaleur du fumier, soit par le moyen de celle du feu ordinaire.

Par M. DE REAUMUR, de l'Académie Royale des Sciences, &c. Commandeur & Intendant de l'Ordre royal & militaire de Saint-Louis.

Tome Second.

A PARIS,
DE L'IMPRIMERIE ROYALE.

M. DCCXLIX.

Fig. 5.

est encore trop peu travaillé. Les travaux historiques antérieurs portent essentiellement sur la science construite, celle qui se *justifie* a posteriori, quand les débats sont tombés et les questions soulevées, oubliées. Les scientifiques, peut-être par non-intérêt, impossibilité ou encore embarras, les historiens[1] et les philosophes, peut-être par méconnaissance ou par mépris pour ce moment, s'y sont peu plongés, limitant leurs travaux d'érudition aux seules connaissances élaborées. Pourtant la science devient nécessairement de plus en plus affirmative au fur et à mesure que l'on s'éloigne de la découverte, cette assurance des temps présents conduit à masquer en les niant les incertitudes passées et, pourquoi pas aussi, les incertitudes présentes.

Fig. 6: *Amélioration des élevages de poussins par Réaumur (1749).*

C'est pourquoi nous avons voulu privilégier cet aspect de la science comme révélateur et, par là, formateur : il souligne à l'état brut les caractéristiques du développement du savoir, il permet non seulement *"aux étudiants de reprendre haleine au milieu d'un apprentissage souvent fastidieux de connaissances dépourvues de chaleur humaine"*, comme l'indique Etienne Wolff dans la préface

1 On constate avec intérêt que, depuis quelques années, un mouvement est en train de naître chez les historiens pour prendre en compte cet aspect.

d'un livre de Gabriel Gohau, mais en plus il permet de mieux saisir la trame de cette construction, il renseigne plus facilement sur les tendances profondes qui déterminent, dans ses grandes lignes, cette activité de recherche. Il rassure et dés-inquiète ! Comment, en effet, faire rentrer dans le modèle habituel du fonctionnement de la science du philosophe [1] ou du scientifique, l'observation de spermatozoïdes dans les ... ovaires d'une chienne par Buffon ? Comment expliquer, comment rendre compte d'un Wolff et d'un Haller réalisant la même expérience sur l'embryogenèse de l'oeuf de poule et tirant des conclusions... totalement opposées? Pourtant, quels beaux exemples pour illustrer les représentations des chercheurs par rapport aux observables... et désangoisser le jeune chercheur qui a du mal à conclure!

Il permet d'introduire une perception plus fine dans l'évolution de la biologie en proposant des clivages nouveaux, en mettant en évidence des parentés inédites entre les idées, en nous préoccupant de regarder les savoirs en relation avec les problèmes qui les sous-tendent. Si l'on considère, par exemple, un concept comme un niveau de réponse à une situation qui préoccupe, alors ce concept mérite qu'on le traite non pas en tant que produit atemporel mais en relation avec le moment où il a été formé. Bref, pour cela, il faut essayer de se frayer un chemin dans cette complexité pour faire surgir les invariants, ou plutôt les réseaux d'invariants qui paraissaient essentiels. Dès lors, nous avons été souvent obligés de faire parler des textes, de violer la conscience des scientifiques pour comprendre et analyser leur implicite derrière ce qui n'apparaît plus que comme des indices, des signes.

Ce travail est, bien sûr, une ébauche, mais il nous semble une voie capitale à développer aujourd'hui pour proposer des structurations différentes. Cette voie, nous pouvons la qualifier pompeusement, pour reprendre les idées en vogue ailleurs, comme une *épistémologie de la complexité*. Elle se propose d'être une nouvelle pratique et une nouvelle grille interprétative pour déchiffrer la structure complexe et dynamique du savoir dans ses moments de construction.

Nous ne développerons pas cet aspect ici, il s'éclairera par les exemples présentés. C'est, pour le qualifier de façon globale, une sorte de "pool" d'instruments conceptuels que nous avançons dans le but d'approcher la connaissance des mécanismes subtils qui

---

1 Excepté Canguilhem bien sûr, mais est-il encore un philosophe ?

Un même fait et deux interprétations opposées

Le plus bel exemple que nous pouvons fournir est celui d'une expérience très facile à réaliser, qu'Aristote et ses contemporains avaient déjà faite, il s'agit du développement de l'embryon du poussin dans l'œuf. Pour cela, il suffit de casser chaque jour un œuf fécondé et de regarder. Wolff reprit cette étude et fit des observations fines à ce sujet et notamment sur la formation de l'intestin de poulet. Et toutes ses descriptions du développement animal vont mettre en évidence l'apparition de nouvelles structures, de nouveaux organes qui "certainement" ne pouvaient exister auparavant, même à l'état "d'ébauches". Il en conclut "qu'aucun doute ne peut subsister quant à la vérité de l'épigenèse".

Or ces travaux sont remarquables à plus d'un titre car ils apportent une foule de "faits" permettant de réfuter l'idée de germe organisé, sans commune mesure avec ceux connus jusqu'alors, notamment par son illustre devancier en la matière : Malpighi.

Malpighi avait constaté les changements qui se produisent dans l'embryon : c'est d'abord, disait-il, "une espèce de petit sac informe avec une hernie d'une grosseur incroyable qui sort de l'intestin mais sans aucune apparence de membres, ni de viscères, ni même de cœur. Quelques temps plus tard, on aperçoit le cœur, puis les yeux, les reins, l'estomac, l'intestin, les poumons. Le petit embryon passe insensiblement par divers degrés".

Faut-il conclure à l'épigenèse ? "Non", répond Haller, et pour plusieurs raisons. Tout d'abord, il est impossible que le foetus ait pu, à un moment quelconque, être privé de coeur, puisque c'est dans cet organe que réside le principe de toute vie et de tout mouvement. Après cette réminiscence de conception aristotélicienne, Haller essaie de démontrer que, si les parties ne sont pas visibles à l'origine, ce n'est pas tant à cause de leur petitesse qu'en raison de "leur fluidité et leur transparence". A son avis, il n'y a jamais apparition réelle des "parties". Les organes préexistent, mais on ne peut les reconnaître qu'au moment où "leur croissance leur confère quelque opacité". La meilleure preuve qu'il fournit est que, si l'on traite un jeune embryon par l'esprit de vin, on peut rendre visibles les parties que l'on ne pouvait discerner, pendant la vie, à cause de leur extrême transparence. Ainsi, grâce à un habile détour, Haller peut revenir à partir d'une observation identique à une interprétation préformationniste, complètement à l'opposé de celle de Wolff. Il va même enrichir cette thèse; il est bien persuadé, en effet, qu'il se passe dans l'embryon, des changements : les artères ne sont représentées, ainsi que l'a vu Wolff, que par des "points séparés" ; les os, "simple gluten" à l'origine "sont le siège de la formation de cellules, de lames, de vaisseaux". De même, avec le temps, "la hernie ombilicale rentre dans le ventre du poulet; les membres se perfectionnent et acquièrent un squelette, les plumes apparaissent". Toutefois, ces transformations ne signifient pas que les "parties essentielles du foetus" n'ont pas été préformées, mais indiquent simplement qu'elles ne l'ont pas été "telles qu'elles paraissent dans l'état adulte".

gouvernent aux fonctionnements du savoir biologique [1] : On verra alors à ce niveau combien un certain nombre de représentations sur la science sont naïves, en particulier celles qui ont présidé à de nombreux enseignements. Parmi ces représentations, on peut citer les préceptes, si souvent mis en avant pour bâtir les programmes, de *la soumission au fait* ou de *l'expérience cruciale*, ou encore celui, plus moderne, de *la réfutation de théories par les faits.*

La place des faits, par exemple, dans la construction du savoir est très intéressante à discuter car, dans l'épistémologie qui fonctionne chez des scientifiques, chez des enseignants scientifiques, elle est primordiale, presque unique. "La science se construit à partir des faits, il suffit de faire surgir des faits, cette théorie a été déduite à partir de ce fait, dès qu'un fait va à l'encontre d'une théorie, celle-ci est remplacée", des phrases de ce genre sont légion depuis le XIXème siècle dans la littérature scientifique et pédagogique. Elles confèrent aux faits un rôle décisif en tout, car ceux-ci existent spontanément, car leurs forces intrinsèques permettent de déduire, de construire directement le savoir.

Certes, il n'est pas dans notre propos de nier l'existence des faits ou de négliger leur importance dans la construction des concepts, mais nous souhaitons les revaloriser en relativisant leur place. Cela peut paraître paradoxal, mais ne l'est en fait pas, comme nous le montrerons grâce aux études ci-après : elles font surgir un certain nombre de convergences tout à fait frappantes dont la signification nous semble intéressante à joindre aux débats en la matière.

Toutes ces études conduisent, en effet, à émettre l'hypothèse que les faits ne sont jamais évidents, qu'ils ne s'imposent jamais d'emblée, et cela tout particulièrement dans les domaines où les phénomènes sont le plus souvent soit invisibles à l'œil nu, soit masqués par d'autres plus prégnants.

L'histoire, notre histoire archiviste, nous apprend que les faits n'existent ni a priori, ni pris isolément, mais par rapport à un système conceptuel et par rapport à un champ de problèmes. Si certains phénomènes, comme la chute des corps ou la chaleur d'une source, sont plus facilement visibles à un niveau, il semble cependant que tous les observables ne prennent leur sens qu'à partir d'une construction théorique préalable; laquelle construction n'est d'ailleurs pas toujours explicitée dans un premier temps, laquelle construction est, en tout cas, basée sur le champ des préoccupations et des références d'un ensemble de chercheurs et sur les concep-

---

1 Aux idées d'accumulation, de phases, de ruptures franches, nous préférerons introduire celles de : structurations progressives, reformulations de problèmes, apports, microcoupures, recalages sémantiques, dysfonctionnements.

tions d'un milieu social. Au mieux, nous avons à faire, chaque fois, à une vaste construction modélisante où s'interpénètrent faits et hypothèses. Si bien que les faits, s'ils sont des matériaux, des supports indispensables pour étayer cette construction, n'en apparaissent pas moins, dans un premier moment, que comme *taillables et corvéables à merci.* Ce n'est seulement que dans un second temps, grâce au travail d'argumentation, de *décantation* que demande la communauté scientifique, qu'ils trouvent une place de choix dans l'édifice théorique dont ils ont pour fonction de le corroborer, en constituant une sorte de tautologie composée de réseaux multiples et, bien évidemment, auto-cohérents. De là l'effet-point que la communauté scientifique qui défend une théorie se sent obligée de faire peser sur eux.

Au moment de l'élaboration du savoir, on constate que le fait - celui qui sera, peut-être, plus tard, pointé par cette communauté - que ce fait, donc, peut être nié, éludé, signalé anecdotiquement ou mis en avant selon son intérêt pour l'idée que l'on veut démontrer. On constate même qu'un fait simple ou immédiat peut être interprété de façon opposée suivant les hypothèses des auteurs.

Ajoutons également qu'un fait qui sera considéré comme crucial par la suite, peut aussi, à l'origine du savoir, ne pas avoir été ! Hertwig n'a pas eu besoin de voir la pénétration du gamète mâle pour construire son modèle de fécondation. Fol ne confirme ce point que par la suite, alors que la théorie de la fécondation est déjà installée. On constate, cas extrême comme nous le verrons à propos des microbes, qu'un fait peut être dit sans être vu !

On peut aller encore plus loin et dire qu'un fait ne permet pas de réfuter une théorie, contrairement à ce que l'on pourrait tirer d'une certaine lecture des travaux de Popper : le fait de ne pas voir le microbe de la rage, ne remet pas en cause la théorie microbienne des maladies, au prix d'arguments rhétoriques qui n'ont peut-être pas grand chose à voir avec la science mais qui *sont* ! Plusieurs des études suivantes montrent qu'un ensemble convergent de faits ne suffit pas à remettre en cause directement une théorie. Celle-ci résiste vivement en les éludant, dans un premier temps, ou en incorporant le plus souvent des hypothèses annexes pour résister plus longtemps : l'exemple de la théorie microbienne, défendue avec des hypothèses dont certaines nous paraissent maintenant absurdes pour contrer des faits très forts envoyés par les ennemis, reste, là encore, un bon exemple. Dans le cas de l'ovisme, il s'écoulera deux siècles ; la tradition galienne sur la circulation du sang se maintiendra, elle, 1200 ans.

Ainsi la *réfutabilité*, si elle est un bon critère de scientificité, n'est, en fait, qu'un critère idéalisé. Elle ne fonctionne pas dans la pratique quotidienne, elle apparaît à long terme, quand, par effet de

Les faits ne sont pas toujours aussi évidents comme on le dit...

Spallanzani (1777) conclut ses travaux ainsi :

Ceux qui croient que les Vers fpermatiques font les artifans de la génération, doivent néceffairement fuppofer qu'ils exiftent dans la liqueur féminale toutes les fois que l'accouplement eft fécond ; d'où il réfulte que la liqueur féminale du mâle doit être ftérile quand elle fera fans petits vers : mais cela ne s'accorde pas précifément avec les faits. Premièrement, quoique j'aie obfervé avec le microfcope la femence de ces amphibies, je n'y ai pas découvert ces êtres ; entr'autres la femence de deux Crapauds, où je n'ai vu abfolument aucun ver, a très bien fécondé les têtards que j'en arrofai, tout comme celle d'autres Crapauds de la même efpèce, où j'avais obfervé des vers fpermatiques en abondance. Secondement, je mêlai de l'urine humaine ou du vinaigre dans la femence des Grenouilles & des Crapauds, & je m'affurai que tous les vers avaient été tués par ce mélange : cependant cette femence ne perdit pas fa puiffance prolifique.

Muller en 1848 s'interroge encore sur la nature des spermatozoïdes :

Dans l'état actuel de nos connaissances, on ne saurait décider si les spermatozoaires sont des parasites ou des molécules primaires de l'animal chez lequel on les rencontre. Ehrenberg est disposé à les regarder comme des animaux, et il les rapproche des cercaires, qui sont de véritable entozoaires. Trevaranus, partisan de l'autre opinion, les compare aux corpuscules polliniques.

déplacement, de décantation, ou tout simplement, par gommage, on peut établir une certaine cohérence rationalisée.

La construction réelle des concepts scientifiques semble plutôt fonctionner par consensus - ce terme devant être pris au sens propre sans rien de préjoratif - et encore, ce consensus est rare et pratiquement toujours remis en cause. Il est le résultat de conflits permanents, de négociations, de compromis passés entre vainqueurs et vaincus du moment. Pour cela, chaque camp ratisse et trie dans l'ensemble des observables connus, ce qui conforte la conception qu'il a produite ou la conception qui semble la plus apte, à ses yeux, pour être explicative de l'ensemble.

Certes, l'épigenèse semble avoir triomphé à propos du concept de la fécondation, puisque l'enfant est le résultat des deux parents. Mais quand on regarde de plus près, il est permis, sans paradoxe aucun, de considérer la théorie actuelle comme proche de la préformation ! En effet, cette épigenèse n'est pas à proprement parler un mélange, sans structure préexistante, ses parties fonctionnelles reposent sur des structures informationnelles : le spermatozoïde et

Leeuwenhock, pour argumenter son Préformisme mâle propose "l'expérience" suivante :

Il croise des lapins mâles de race grise ("des dunes") avec des lapines blanches (domestiques) il obtient des lapins uniformément gris aux oreilles courtes comme le père.

Cette expérience constitue pour lui une preuve supplémentaire de l'influence unique du mâle sur la descendance. Bien sûr il ne songe pas à l'expérience contraire, encore moins au concept de dominance!

Héricourt, dans son *Traité d'hygiène moderne* (1907), apporte un certain nombre d'observations indiscutables...

L'organisme féminin n'est pas fait pour une dépense musculaire intensive ; son squelette lui-même n'est pas établi dans les conditions d'équilibre favorables à la production des effets de force ; et son bassin renferme des organes précieux et fragiles trop exposés à souffrir du mécanisme de l'effort intensif, continu ou répété.

D'autre part, la psychologie féminine serait, dans la grande majorité des cas, une source de gros dangers pour la sportive et son entourage. Nous avons dit que la part cérébrale de l'activité sportive consistait surtout en une attention soutenue ; dans l'automobilisme, par exemple, les moindres défaillances de l'attention peuvent avoir des conséquences déplorables.

Or il est d'observation indiscutable que les défaillances physiologiques de la femme sont assez nombreuses et fréquentes. A de certaines époques, sous l'empire de quelques chocs d'ordre moral également la femme apparaît inégale et distraite ; son attention a des absences et ces absences créent l'inaptitude foncière aux sports...

... ou presque.

l'ovule. Le développement de l'embryon résulte non pas d'un mélange mais de l'interaction de 2 structures apportées par les gamètes : les chromosomes, les gènes, les locci suivant le niveau où on se place. L'information génétique de l'embryon, en tout cas, ne se constitue pas *de novo* à chaque génération, elle préexiste dans les gamètes des parents, et même dans ceux des grands-parents...

Ainsi, la *soumission aux faits*, toujours aux premières loges chez les enseignants et les scientifiques eux-mêmes, n'existe qu'*a posteriori*, quand une théorie est installée à la manière d'un dogme [1],

---

1 Un certain nombre de dogmes ont parfois d'ailleurs été importants pour imposer une idée bénéfique, il faut bien le reconnaître. Le dogme microbien en fut un, mais son dépassement fut alors difficile. Il en fut de même du dogme mendéléen qui a du mal à s'imposer, mais une fois en place devient très opératoire avant de s'avérer très masquant. En particulier, il crée un obstacle pour comprendre la génétique des populations, ou celle appliquée aux élevages. Ce sont également les dogmatiques du XVIIIème siècle qui firent progresser l'expérimentation. Cela mériterait quelques réflexions pour en situer les apports positifs et en limiter les dégâts parfois dramatiques.

quasiment ! Alors, cette théorie sert de grille d'analyse pour interpréter les informations mises en évidence par les observations et les expériences. A ce moment-là, et à ce moment seulement, certains faits avancés sont plus prégnants pour corroborer le modèle et infirmer le modèle contraire. Mais combien d'autres sont laissés sur la touche car ils ne s'intègrent pas ! Combien d'autres sont alors chassés de nos mémoires comme stupides, faux, inopérants !

Ce sont toutes ces opérations de décantation, de déplacement, de gommage, c'est cette recherche du consensus qui rendent, après coup, un fait *simple*, une expérience tellement *cruciale* qu'on se demande parfois pourquoi il a fallu attendre si longtemps son arrivée sur la scène du savoir - un fait, une expérience cruciale sont loin d'être simples et ceci justifie amplement l'expression *"épistémologie de la complexité"*. Cette relation fait-théorie est un des exemples de ce qui peut ressortir quand on dissèque plus finement cette complexité des savoirs biologiques. Des conséquences semblables dans leurs débouchés épistémologiques ou didactiques peuvent être envisagées sur la relation concept-problème, sur l'administration de la preuve, sur la construction et le remodelage des... modèles [1]. Nous reviendrons dans les différents thèmes car manque, ici, un certain recul pour dépasser quelques considérations générales.

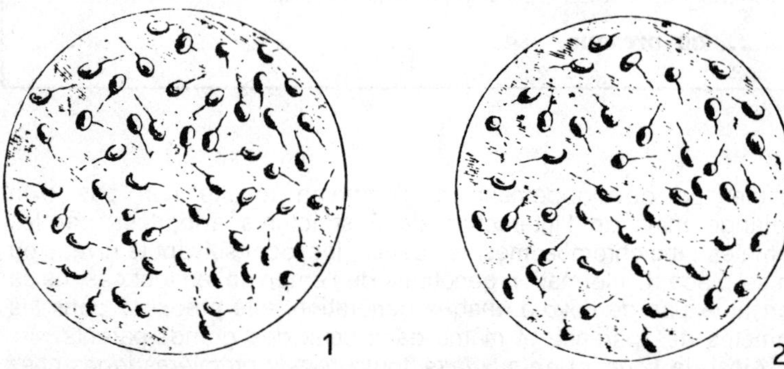

Fig. 7 et 8: *Observation de spermatozoïdes (animalcules spermatiques) dans la semence du chien (1) et dans les ovaires de la chienne (2) par Buffon (1769).*

---

1 Au travers des concepts retenus, nous garderons toujours le cap sur notre point de départ : comment en est-on arrivé au savoir actuel ? Comment la communauté scientifique est-elle parvenue à édifier un corpus de connaissances, de méthodes et d'attitudes globalement réussies, malgré les limitations personnelles des chercheurs successifs, malgré des présupposés culturels indéniables ? Mais aussi comment la communauté scientifique s'y est-elle prise pour nous faire savoir ce que nous savons et nous cacher ce qu'elle ne voulait pas que l'on sache ?

Choix des concepts étudiés

Pour tenter de mener à bien cette entreprise, nous proposons plusieurs cheminements historico-épistémologiques à travers quelques objets essentiels, *des concepts qui ont réussi*, en ce sens qu'ils ont permis une mutation du savoir biologique et, souvent, une mutation culturelle.

Nous les avons choisis cependant parmi d'autres possibles à partir de critères très pragmatiques, pour leur clarté dans l'apport démonstratif, ou pour le rôle qu'ils jouent actuellement dans l'enseignement secondaire et universitaire par exemple - même si ce ne sont pas les plus adéquats, même si certains d'entre eux sont maintenant complètement dépassés - comme "microbes" qui n'a plus guère de signification [1] - ou limités et compromis par d'autres modèles - comme *chromosomes ou gènes* - ou, enfin, en voie de disparition au niveau de la recherche - comme le concept de *cellule*[2], confronté au concept *compartimentation*.

Il nous a semblé important de faire un livre pratique qui puisse tout à la fois sensibiliser sur une des lacunes majeures des formations actuelles et fournir quelques "clés" pour dépasser un ensemble de conceptions erronées, mais qui fonctionnent toujours bien dans la tête des étudiants et des enseignants, même ... scientifiques. En collant aux points enseignés aujourd'hui, nous espérons aussi aider, par l'approche historique, à mettre en évidence cette inadéquation - et c'est pour cela que les divers chapitres ont, pour premiers titres, les titres habituels de la science enseignée.

Cela n'est, en aucune façon, contradictoire avec les propos présentés plus haut. Non ! tant dans la formation des maîtres que dans l'enseignement lui-même, on continue trop à enseigner des résultats de savoir et non les problématiques, les hypothèses et les apports négatifs et positifs. On fait sinon table rase du passé, du moins on le rend propre et net, comme aseptisé : cette simplification à outrance peut recouvrir des idées stérilisantes, voire dangereuses.

Cette investigation devient alors une anecdote... ne faisons pas de même pour l'enseignement, appuyons-nous sur ce qui existe pour l'infléchir.

---

1 Le mot disparaît des communications modernes. Mais, fait étonnant, il traîne encore (trop ?) dans les ouvrages de vulgarisation.

2 Voir la recherche sur le concept de *compartiment*, dont les débuts sont publiés dans A. Giordan, J. Pochon et Alter, "Pistes pour la construction d'un réseau conceptuel" in *Actes JES6*, Paris 1984.

Mais, arrivés à ce point, nous nous trouvons devant un choix de matériel, quasiment identique à celui que l'histoire a eu à résoudre. Nous savons aujourd'hui que les différentes branches de la biologie ont pu progresser sur des situations favorables, que les petits pois et leurs sept caractères portés par sept chromosomes différents ont

Les faits ne sont pas évidents (suite)

L'observation démontre que plusieurs spermatozoïdes pénètrent toujours dans l'ovule. Ce fait, comme le dit Coste, "pourrait faire supposer une paternité mixte, dans le cas où deux mâles approcheraient la même femelle successivement". Une femelle peut également accoucher, à peu de distance, de deux sujets fécondés chacun par les spermatozoïdes d'individus différents. Il suffit que le phénomène se produise, que deux ovules se trouvant en même temps dans la trompe, le premier soit en contact avec les spermatozoïdes d'un des individus, et le second avec les spermatozoïdes de l'autre. Ainsi peut s'expliquer le fait rapporté par Buffon d'une femme de la Caroline, qui accoucha de deux jumeaux, l'un blanc et l'autre noir, et qui avoua avoir eu successivement des rapports avec un blanc et un nègre.

Dr Gustave le Bon (1874).

On considéra pendant longtemps les corpuscules séminaux comme des animaux. Von Baer les appela des spermatozoaires *(1827). Certains anatomistes les regardèrent comme des parasistes vivant normalement dans la liqueur spermatique ; telle etait l'opinion de Valentin, Henle, Gerber, Dugès, etc. On crut même y reconnaître des traces d'une organisation analogue à celle des animaux, et il faudrait des volumes pour exposer toutes les idées, plus bizarres et plus fausses les unes que les autres, qui ont été écrites à ce sujet. Ainsi Pouchet avait vu un intestin dans les animalcules spermatiques ; Valentin y avait reconnu la présence d'une bouche et d'un anus ; Gerber y décrivait même un ovaire !*
Ehrenberg avait d'abord placé les corpuscules spermatiques parmi les infusoires polygastriques ; plus tard, il les rangea à côté des Trématodes, à cause de leur ressemblance avec les Cercaires. Bory de Saint-Vincent et de Blainville les classaient aussi parmi les Douves : tout le monde considérait alors les éléments figurés de la liqueur séminale comme des animaux.

Cependant, dès 1837, Dujardin avait émis des doutes sur l'animalité de ces corpuscules et les regardait comme un produit de la couche interne des tubes séminifères. Duvernoy leur donna, dans son cours du Collège de France, en 1841, le nom de spermatozoïdes, *nom généralement adopté aujourd'hui et qui a l'avantage de ne rien préjuger de la nature de ces éléments. A la même époque, Lallemand et Koelliker réagirent également contre la doctrine de l'animalité des spermatozoïdes et les considérèrent comme des particules élémentaires des tissus vivants. C'est surtout Koelliker, en étudiant leur mode de développement, qui démontra que les spermato-*

grandement aidé Mendel (sans qu'il le sache ou grâce à un petit coup de pouce !), que la génétique moderne a bien été servie par *Drosophila mélanogaster* et *Escherichia coli*, que le Calmar a sacrifié son axone sur l'autel de la neuro-physiologie ; nous savons aussi que de nombreux paramètres et artefacts - révélés plus tard - sont venus

zoïdes sont des éléments histologiques, ayant la valeur morphologique d'une cellule ; il crut que ces éléments prennent naissance, par voie endogène, dans d'autres cellules, et il proposa de les appeler des filaments spermatiques (Samenfaeden).

Balbiani (1881).

Le mariage, au sens biologique du mot, n'a qu'un objectif et une raison d'être : c'est la fondation d'une famille, *telle que nous venons de la définir.*

Dans sa belle préface à " Un divorce ", Paul Bourget proclame, avec Bonald, Balzac, Auguste Comte, "que l'unité sociale est la famille et non l'individu" ; la société se compose de familles et non d'individus , ce n'est pas là une opinion, c'est un fait. J'ajouterai : c'est un fait biologique.

La vie normale de l'homme "suppose qu'il n'est isolé ni dans le passé, ni dans le présent, ni dans l'avenir, puisqu'il est issu de parents, qu'à l'âge adulte il est lui-même poussé à se chercher une compagne et que ses enfants, devenus des hommes, l'entoureront quand il sera vieux. C'est un fait que ces liens de fils à parents et de parents à enfants ne sont pas créés par une convention. Aucune loi ne les décrète. C'est la nature qui les veut".

C'est ce fait, naturel et biologique, que le mariage doit assurer et organiser.

Dr. Grasset — *La biologie humaine*, (1929).

Avec ses brillantes dissections du têtard de grenouille, Swammerdam présente la célèbre expérience de contraction du muscle. Son dispositif expérimental est judicieux, il en propose même un second. (*cf.* fig. 9).

Sa conclusion est la suivante, telle qu'elle figure dans les légendes : "*pendant la contraction, le muscle occupe une place réduite*", il est vrai que Swammerdam voulait démontrer que la contraction du muscle ne résulte pas de l'arrivée d'*esprits animaux* à partir du nerf, sinon il aurait gonflé.

Aujourd'hui cette même expérience est présentée dans les manuels scolaires. Cependant, la légende a changé : "*le muscle ne change pas de volume lorqu'il se contracte*". On oublie tout simplement de dire ce qui est culturellement intéressant : ce que l'on pensait avant et surtout pourquoi il était amené à faire cette expérience.

Swammerdam: Dissection de têtard et expériences sur les muscles et le coeur.
***Le livre de la nature* (éd. revue de 1758).**

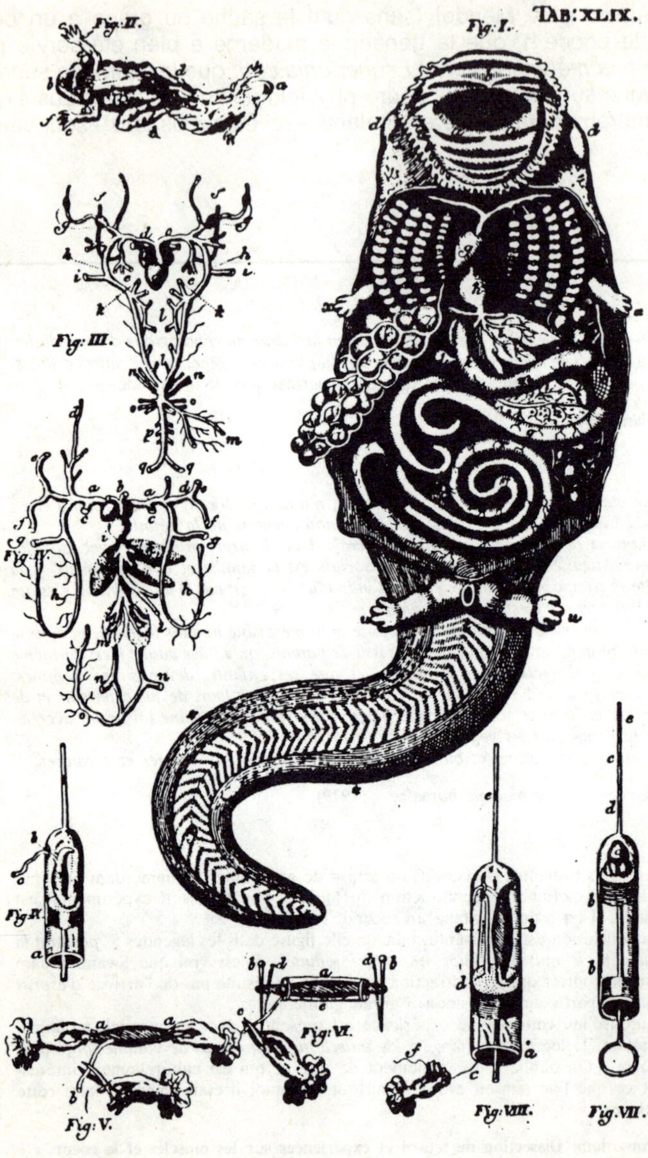

Fig. 9: *Swammerdam. Dissection du têtard et expériences sur les muscles et sur le coeur.* Le livre de la nature *(éd. revue de 1758).*

sans cesse interférer, que le rôle de la situation expérimentale ou d'analyse est encore plus primordial. Les démêlés entre laboratoires pour la possession de matériel plus "performant" continuent de le démontrer.

Nos concepts sont, dès lors, bien typés, à la limite privilégiés. C'est le pari que nous avons fait pour augmenter les quelques idées sur l'histoire de la biologie que nous souhaitons faire *passer*. Par exemple, l'histoire du champ conceptuel de respiration a été choisie pour montrer les déplacements successifs des problèmes posés [1] ; celui de cellule, pour toucher aux niveaux successifs de formulation d'un même concept ; celui de fécondation, pour révéler le processus dialectique de construction du savoir à travers la lutte entre des approches différentes : les épigénistes et les préformistes ; celui de microbe, pour mettre à jour une lecture essentiellement langagière de leur compréhension par les chercheurs [2], etc... Cette recherche de matériel d'étude nous a d'ailleurs posé un problème très intéressant et très enrichissant : nous ne sommes pas des professionnels de l'histoire, tout au plus pourrions-nous nous qualifier d'amateurs, de *supporters* au sens anglais, de cette discipline. En même temps, nous étions confrontés à deux dimensions de l'histoire de la biologie ; une première dimension historique qui fait que, sur le seul cas de la respiration, de l'inspiration grecque aux enzymes respiratoires et aux chaînes de transporteurs d'électrons, nous avons recencé 90 thèmes d'études différents et pas loin de 5 000 références diverses, sans compter les travaux des 20 dernières années ! -, une deuxième dimension qui est une non-dimension, car très rares sont les études s'appuyant sur la science qui se construit.

Aussi, nous nous sommes donnés un certain nombre de garde-fous. D'abord en nous répartissant les sujets au sein d'une équipe de recherche choisie pour avoir déjà abordé les questions traitées. Ensuite, chaque intervenant avait pour premier travail de prendre contact avec des historiens des sciences-ressources, le plus souvent

---

1 Il est intéressant de noter qu'à diverses périodes, des présupposés identiques que nous appelons "dimensions culturelles fondamentales" fonctionnent et même s'opposent. Ainsi le préformisme (et par opposition l'épigénisme), le créationnisme (et par opposition l'évolutionnisme) le spontanéisme (les partisans de la mutation spontanée et par opposition le fixisme) vont prendre des formes diverses au cours de l'histoire.

2 Parmi les concepts traités, il y a là un apport extrêmement particulier tant le jeu des mots semble avoir hanté cette histoire.

Les faits ne sont pas évidents (suite et fin provisoire)

Considérons en effet que l'acte génésique est très coûteux pour l'organisme masculin. On sait avec quel luxe la nature a voulu assurer la fécondation, et que, dans chaque émission de semence, c'est par millions que se comptent ces microzoaires, les spermatozoïdes, dont chacun contient, avec des réserves d'énergie prodigieuses, des particules matérielles capables d'assurer les ressemblances héréditaires ; et de ces microorganismes, un seul suffit à la procréation.

Or la fréquente répétition de l'acte génital, avec la suractivité des glandes séminales que cette répétition comporte, ne peut qu'épuiser les réserves de la vitalité du mâle, et affecter profondément ses autres activités.

On sait d'ailleurs comment ne tardent pas à sombrer dans la déchéance cérébrale, dans la folie, ceux qui croient pouvoir mener de front une production intellectuelle intensive et le surmenage génital, et qui, suivant l'expression populaire imagée, brûlent la chandelle par les deux bouts.

Le danger est ici d'autant plus grand pour l'homme, que, dans l'union sexuelle, il existe pour l'homme seul.

Il n'y a pas en effet, entre l'homme et la femme, réciprocité dans les risques ; et dans le jeu de l'amour, tel qu'il se pratique actuellement, la mise de la femme peut être considérée à peu près comme nulle.

En effet, l'acte génésique, chez la femme, ne s'accompagne d'aucune perte d'énergie et de matières précieuses, comparable à celle qui se produit chez l'homme. La femme, quelle que soit son activité sexuelle, ne pond qu'un ovule par mois, et cette ponte ne comporte un apport spécial d'énergie et de matière que s'il y a fécondation. Mais combien est disproportionnée la fréquence de l'acte génital avec celle de la fécondation.

Avec les mœurs de ce jour, la procréation peut vraiment n'être plus considérée que comme un accident, alors que l'acte amoureux est toujours désiré pour lui-même, et répété plus qu'à satiété, provoqué constamment par des excitations factices, conscientes et inconscientes.

Dans la recherche de ce plaisir et la pratique de ces excitations, que la femme considère comme normales, légitimes, parce qu'elle est persuadée que l'homme a le devoir, et, dirait-elle volontiers, l'unique devoir de lui procurer le plaisir sexuel, la femme joue donc un rôle non équitable, disons malhonnête. Car, à chaque orgasme sexuel, l'homme lui abandonne vraiment une partie de sa force qui sera à jamais perdue ; et s'il ne meurt pas, après l'accouplement, comme il advient de certains mâles, il n'en sacrifie pas moins, sur l'autel du plaisir, une partie de sa vie. La femme elle n'y apporte rien, et peut y retourner aussi souvent qu'il lui plaît, sans amoindrir son trésor.

Dr. Héricourt, *Traité d'hygiène moderne* (1907)

directement[1] ou avec des historiens qui avaient, par leurs écrits, débroussaillé des périodes particulières. Enfin, nous avons complété cet inventaire par des recherches personnelles sur les manuscrits, sur les textes successifs dont beaucoup étaient oubliés ou inconnus[2] et qui nous ont appris combien il fallait être circonspect quant à certaines interprétations hâtives.

Il y aura, sans doute, quelques fautes d'érudition et nous les assumons, il y aura, parfois, un défaut d'exhaustivité et nous l'assumons. Il y aura, de temps en temps, de l'émotion d'avoir sorti des oubliettes de l'histoire une information qui rectifie un savoir trop galvaudé, et nous l'assumons. Puisse ce livre être riche *d'idées* d'études à entreprendre et révéler la face immergée d'une montagne de glace qu'on appelle *scientificité*. Puissent ces cheminements conceptuels, ces fonctionnements et dysfonctionnements de la réflexion, ces intérêts personnels des chercheurs et des auteurs servir de laboratoire à la pensée épistémologique et nous aider, vous aider à atteindre cette *terra quasi-incognita* : la construction du savoir, un outil didactique et culturel indispensable pour tout scientifique, ou enseignant - divulgateur des sciences.

---

1 Les personnes contactées furent d'origines diverses : des historiens des sciences de renom : Messieurs Canguilhem, Roger, Gmerk, Serres, Théodorides, Gohau, Rumelhard et Madame Manuli ; des chercheurs actuels en biologie : Messieurs Hugo David et Edlinger (Institut Pasteur), Souchon, Vilain, Mesdames Pochon et Catesson.

2 Ce dernier aspect nous a d'ailleurs passionné. Actuellement on constate, malgré l'efficacité des professionnels de l'histoire, une pénurie d'études concrètes et précises, historiquement bien établies, portant sur l'aspect *construction du savoir* que nous cherchions à développer. Aussi, certains éléments avancés dans ce livre sont des inédits.

1

Evolution du sens d'une connaissance Histoire du champ conceptuel de respiration

La respiration a changé totalement de sens !

La respiration est un des phénomènes de la vie qui ne semble pas poser de problème, de par l'intimité qu'en possède la plupart des personnes. Elle est toujours liée à la vie, depuis la naissance : "le bébé a poussé son premier cri", "il respire" ... jusqu'à la mort : "il a expiré".

Elle est en même temps un signe de bonne santé et même de vigueur : *avoir du souffle*, sans oublier la vie au *grand air* ou *l'inspiration* des poètes etc... Cette proximité de la respiration, que traduit aujourd'hui le langage, fait oublier qu'une compréhension scientifique de ces phénomènes n'est ni simple, ni immédiate, qu'il fallut dépasser un certain nombre de faits en apparence contradictoires.

En réalité, dès que l'on se penche, plus précisément, sur les aspects qu'elle recouvre et même à un premier niveau, la respiration apparaît diverse, présentant plusieurs champs de problèmes. Quelles relations peut-on établir entre les poumons des mammifères, les branchies des poissons, les trachées et les trachéo-branchies, ou d'autres systèmes encore plus subtils des insectes, ou encore la respiration d'une paramécie ou des plantes. Et d'ailleurs, ces dernières respirent-elles ? Voilà une question qui se posa pendant longtemps. Pour les animaux, la seule relation nette que l'on pouvait établir à propos des systèmes respiratoires était le fait que cela semblait nécessaire à la vie, puisque, s'il advenait une interruption, la vie semblait s'arrêter.

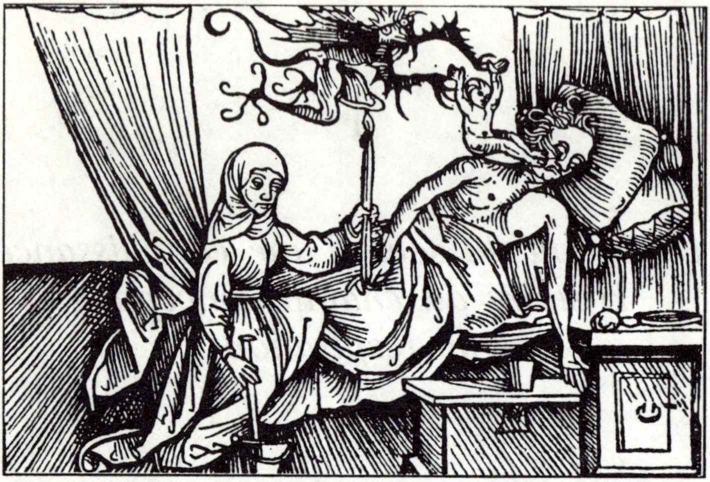

Fig. 10 : *Le souffle vital est arraché au défunt (gravure allemande de 1508).*

Ainsi jusqu'à la fin du XVIIIème siècle avec les travaux de Lavoisier, Laplace et Seguin, on ne comprend pas le rôle physiologique attribué à la respiration. Quant à son aspect aujourd'hui primordial, celui qui permet de retrouver une unité de base entre les divers systèmes décrits plus haut - la respiration mitochondriale - ses mécanismes ne sont connus que depuis moins de 50 ans avec les travaux sur les enzymes respiratoires et sur le cycle de Krebs, sans que nous n'en maîtrisions encore, dans le détail, certains aspects.

Il est certain que la respiration recouvre un ensemble de phénomènes divers, situés à des niveaux très différents et il est nécessaire de les séparer si l'on souhaite avoir quelques clartés, car ils ont constitué autant d'obstacles à la compréhension.

Nous pouvons ainsi décomposer la respiration, en première approximation, en au moins six questions que nous formulons de la façon suivante :

1- la question de la ventilation,
2- la question de la relation avec le système circulatoire,
3- la question de la diffusion, du transport ou de la transformation des gaz,
4- la question d'énergétique,
5- la question de la vie tissulaire et cellulaire,

6- la question de l'oxydoréduction ou du transport d'électrons.

Nous ne tiendrons pas compte des problèmes de régulation neuro-endocrinienne, d'équilibre acido-basique, de régulation thermique, d'élimination de substances nocives, de facilitation du vol chez les oiseaux etc., qui sont autant de points, dont les mécanismes sont intimement liés à la respiration.

La respiration est un véritable *concept carrefour*, car elle est également intimement liée à la parole, aux sensations affectives, aux émotions, ou à la relaxation chez l'homme. Il n'est pas étonnant dès lors que, depuis l'antiquité, on ait superposé respiration et vie, respiration et âme, respiration et sensation, ce qui ne contribua pas à poser les questions sous l'angle biologique. Pourtant, malgré ces adhérences qui se sont maintenues tout au long de l'histoire et qui ont freiné l'évolution des idées, on peut brosser à propos de ce champ de problèmes, une gigantesque transformation des idées. [1]

Ce sont quelques éléments pour comprendre cette évolution des idées que nous essaierons de décrire dans les pages suivantes. Nous essaierons le plus souvent de montrer les divers obstacles qu'il a fallu franchir successivement pour parvenir aux idées actuelles. C'est une suite admirable de renversements d'idées portant sur l'ensemble des éléments qui constituent la respiration.

Les premières représentations : le souffle vital

La respiration apparaît, dès les premiers textes en notre possession, comme liée à la vie et plus manifestement à la conscience. Cependant, la question du rôle physiologique n'est pas formulée explicitement avant le *"De respirationes"* d'Aristote. Certes de nombreux textes plus anciens existent et à l'intérieur de ceux-ci les multiples citations attestant de l'intérêt antique pour le sujet. Parmi les auteurs, on peut noter : Anaxogore, Empedocle, Démocrite, Diogène d'Appolinie. De même, les écrits hippocratiques (des diverses périodes) ont toujours accordé une place importante dans la description des diverses maladies, soit aux mouvements de l'air, soit aux vents (*physai*) fabriqués lors de la digestion. Toutefois

1 Nous avons bénéficié pour écrire cette brève synthèse, des travaux les plus récents effectués en histoire des sciences, et présentés au Colloque d'Ischia (juillet 1984), organisé par la station zoologique de Naples, sous la direction du Professeur Gmerk.Nos remerciements également à P. Manuli pour la partie antique et au Pr. Bucher.

ces divers textes se limitent à présenter la respiration pour indiquer sa contiguïté avec les manifestations de la vie dans toutes ses composantes, même psychiques (notamment en relation avec l'âme [1]), soit encore pour mettre en relation la respiration avec les sensations, sans chercher toutefois au-delà dans l'explication.

Pour illustrer ce premier type d'obstacles repérables, nous développerons brièvement ces divers auteurs, puis nous nous concentrerons sur Aristote et Galien, dont les idées se perpétueront largement jusqu'au XVIIème siècle.

En ses débuts, la science, comme l'histoire ou la philosophie en général, est inséparable de la légende. Les poèmes homériques relèvent plutôt des mythes que de la science. Cependant, à travers ces éléments, la respiration est déjà présentée comme une condition de la vie et de la conscience. Par exemple on peut noter que le souffle constitue avec le sang une double source de vie. De même, lors d'éventuels évanouissements, on remarque que la reprise de la vie se constate par une ventilation plus normale.

La respiration est donc un des critères majeurs de l'existence, et le problème semble résolu ainsi. Dès lors, on ne cherche pas à en savoir plus, du moins explicitement.

Cette question sera reprise par Anaxagore, Empédocle, Démocrite, Diogène d'Appolonie, et, d'une certaine manière, Platon, avant d'être plus largement traitée dans les écrits hippocratiques et dans les textes plus récents d'Aristote et de Galien.

Que ressort-il de ces différentes doctrines [2] ?

Pour en rester aux grandes lignes de leurs pensées, un certain nombre de constantes apparaissent : le lieu de réception du souffle (puisque l'air est actif) semble le coeur. C'est lui l'organe respiratoire. L'air entre dans les poumons qui fonctionnent à la manière d'un soufflet et passe dans les oreillettes : la respiration sert à nourrir la

---

1 Cette idée sera très fréquente jusqu'au XIXème siècle et même jusqu'au XXème siècle dans les traditions populaires : l'âme quitte le corps avec le "dernier souffle".

2 Nous proposons cet aspect avec quelques réserves, il demanderait en tout cas à être affiné. Plusieurs questions méthodologiques se posent, suite à la brève étude que nous avons faite à ce sujet. D'abord, le problème des sources est crucial. Il est difficile d'accorder une confiance absolue aux textes en notre possession, si on s'arrête sur les conditions de leur conservation, ou de leur transmission jusqu'à nous. Il est ensuite délicat d'interpréter ces textes. Quelle signification certaine et précise peut-on accorder aux mots utilisés, et encore plus aux mots traduits ? Par exemple, pour Empédocle, les historiens signalent que le même mot peut signifier peau ou narine, d'où des interprétations diverses, et même contradictoires. Pour tenter de dépasser ces obstacles, nous avons essayé de faire des recoupements à partir de différentes sources en notre possession, mais avons-nous tous les éléments ?

chaleur interne du corps, produite dans le coeur. Cette idée est très fréquente, à l'époque, dans les milieux érudits : le corps possède une sorte de *chaleur interne*, caractéristique de la vie et du psychisme (puisque souffle de vie et âme sont le plus souvent liés).

Dans cette perspective, la respiration est le soufflet du forgeron qui entretient et la vie biologique et le fonctionnement de l'esprit [1]. Par exemple dans ses écrits, Empédocle [2] - il est un des premiers à rapprocher les organes et les fonctions - est amené à introduire l'idée d'un *pneuma* qui est tout à la fois un mélange d'air et de *vaporisation* de sang, auquel il accorde une place centrale. En effet, le sang est plutôt, pour lui, un mélange qualifié de *parfait* et qui a la capacité de penser, l'air favorisant cette activité. Cela peut surprendre mais c'est ainsi...

Dans les écrits hippocratiques, on trouve également de nombreuses réflexions à ce sujet à des fins médicales bien sûr. Les médecins qui constituent cette école, s'intéressent aux signes de bonne ou de mauvaise respiration, de la même manière ils s'interrogent de façon générale sur les *airs* (extérieur et intérieur) et sur les *vents*, issus du tube digestif vers le haut ou le bas ! Tous ces avis entrent dans l'éthologie des maladies, ils jouent pour eux un rôle primordial dans la santé et par opposition, dans la maladie. De plus, l'air étant un des quatre éléments, toujours pour l'école de Cos, la respiration est d'abord une affaire de rafraîchissement, notamment du cœur où le sang et l'air se rencontrent, ce qui ne manque pas de produire *une forte chaleur.*

Dans le *Traité des maladies sacrées*, on trouve même une conception globale de la respiration avec une description des mécanismes : l'air entre par les narines (pas par la peau), de là, il va directement au cerveau où il se divise en 3 parties. La première va vers le ventre, la seconde vers les poumons, la troisième vers les vaisseaux [3] pour rafraîchir ces parties.

---

1 Le coeur est souvent considéré comme le siège de la pensée et des sensations. Cette idée s'est maintenue, dans la tradition, avec le "coeur des amoureux", ou encore les peines de "coeur".

2 Empédocle avait décrit d'ailleurs une respiration par la peau qui participait bien de ce schéma.

3 Une explication sur l'entrée d'air dans les vaisseaux est même fournie. Elle s'appuie sur une analogie avec l'entrée d'air dans les maisons par les soupiraux.

Puis il revient au cerveau [1] où, par ailleurs, *tous les vaisseaux arrivent*. Cependant l'air n'a pas de lieu propre; il pénètre partout - il s'agit d'un phénomène de la totalité du corps - et son libre passage entre les différentes parties détermine la santé, sa rétention ou son excès la maladie.

Avec Platon et son "*Timée*", l'image de la respiration peut être précisée. En effet, on y trouve une théorie organique complète, basée, il est vrai, sur un projet politique [2]. Les fonctions respiratoires y sont décrites comme essentielles. Pour lui, l'air pénètre dans le corps de 2 façons : d'abord par le nez où il atteint les poumons, puis ressort. Mais son trajet ne s'arrête pas là ; une fois dehors, il semble pénétrer à nouveau par la peau pour atteindre le coeur ou le foie, ces deux organes étant les lieux du *feu intérieur.*

L'intervention de la respiration semble double, d'abord elle a pour fonction, comme chez Hippocrate, de refroidir l'intérieur du corps, échauffé par la production de la chaleur interne :

> *Les dieux imaginèrent de greffer sur (le cœur et le foie) le tissu du poumon qui est flasque et dépourvu de sang et qui, en outre, contient en lui des cavités percées comme celles d'une éponge afin que recevant l'air et la boisson, il rafraîchit (le cœur et le foie).*

Ensuite la respiration permet, pour Platon, de subvenir aux besoins nutritionnels du corps, l'air semble, en effet, apporter des *particules* qui permettent de nourrir le corps ou - pour être moins affirmatif en la matière - qui sont sans doute le support d'un processus physiologique grâce auquel le corps peut survivre.

Aristote, dans son petit traité *"De respiratione",* reprendra ces diverses idées (excepté les écrits hippocratiques) pour les démolir avant de proposer son propre modèle. Son sujet est, cette fois, tout net : la respiration est présentée comme un phénomène à finalité strictement physiologique. Il évacue ainsi toutes les relations possi-

---

1 Le cerveau est alors considéré comme une glande humide, éliminant des éléments du corps pour former le mucus évacué par le nez. Le coeur est le lieu des sensations et du sentiment. L'affectivité liée au coeur a ainsi des racines profondes. Ce ne sera que dans les écrits hippocratiques tardifs que l'on commencera à considérer le cerveau comme l'un des lieux des sensations et de la pensée, mais les confusions sont encore fréquentes entre les nerfs, les tendons et même les veines.

2 Platon distingue nettement le fonctionnement de l'âme avec 3 états et 3 localisations : la raison avec le cerveau, la passion avec le coeur et le désir avec les viscères. Sa description de l'Etat politique repose sur le même modèle.

bles avec les sensations, ou l'âme, pour n'en faire seulement qu'un mécanisme de rafraîchissement de la chaleur interne [1].

> *Le poumon est indispensable à certains animaux pour qu'ils puissent vivre sur terre. Il faut nécessairement qu'il y ait un refroidissement à leur chaleur ; et les animaux qui ont du sang ne peuvent emprunter ce refroidissement que du dehors, parce qu'ils sont eux-mêmes trop chauds. Les animaux qui n'ont pas de sang peuvent se refroidir rien que par le souffle qui leur est inné. Nécessairement, le refroidissement extérieur ne peut venir que de l'eau ou de l'air. Aussi, aucune espèce de poissons n'a de poumon ; et en place de poumon, ils ont des branchies, comme on l'a dit dans le Traité de la Respiration.*
> *Les poissons se rafraîchissent par l'eau ; les animaux qui respirent se rafraîchissent par l'air ; et de là vient que tous les animaux qui respirent ont un poumon.*

Galien [2] produit un corps de théories très complet (et complexe à interpréter) sur la respiration. Il apporte d'abord toute une somme d'informations sur l'anatomie du poumon et du coeur [3] et sur la mécanique respiratoire (fonctionnement neuro-musculaire et circulatoire).

Ce dernier mécanisme pourraît être résumé ainsi. L'aliment partiellement digéré dans le tube digestif est amené par les veines *mésaraïques*, jusqu'au foie, centre de l'appareil veineux. Après sa *sanguification*, le chyle est pratiquement transmuté en sang et passe dans les veines qui le dirigent aussi bien vers la tête que vers les extrémités des membres. Ce mouvement du sang qui remplit constamment les veines ne dépend nullement du coeur : c'est une sorte de lent déplacement, dont le sens est fréquemment inversé à la manière des *marées*, conditionné par *les facultés attractives des parties*.

Un peu de ce sang pénètre dans la partie droite du coeur, sorte d'appendice du système nerveux. De là, une partie encore *lancée par la veine artérieuse* (artère pulmonaire) sert à nourrir les poumons.

---

1 Pour Aristote, les insectes, les vers, les poissons ne respirent pas, car ils n'ont pas besoin de respirer : leur corps n'est pas assez chaud.
Aristote - *Traité des parties des animaux. T. II (trad. Barthelemy St-Hilaire).*

1 Galien fut un habile chercheur, disséquant les animaux et notamment le coeur, les poumons, expérimentant sur les veines et les artères.

3 Il affirme avoir observé entre les 2 ventricules de coeur, des pores par où passe le sang et le souffle vital (pneuma), il est vrai que cela conforte son système explicatif. De même, il constate un passage discret de l'air, du nez au cerveau, par l'intermédiaire d'un os spongieux.

Quelques gouttes peuvent même traverser l'organe à travers les *pores* de la paroi et arriver dans l'oreillette gauche par *l'artère veineuse* (veine pulmonaire). Mais la quasi-totalité de ce sang reflue dans le coeur droit et retourne dans les veines, après s'être débarrassée dans le poumon de ses *fuliginosités,* sortes de fumées produites par les corps brûlés dans l'organisme.
Une autre partie du sang du coeur droit traverse la cloison interventriculaire grâce à des pores fins et pratiquement invisibles. Arrivé dans le ventricule gauche, ce sang se mêle à l'air amené par la veine pulmonaire, l'air passant en effet directement des bronches dans les rameaux de la veine. Le mélange d'air et de sang réalisé dans le ventricule produit un complexe spiritueux, subtil, ténu, formé *d'esprits vitaux* que le ventricule gauche lance dans l'aorte et dans les artères. Il résulte de ce mécanisme que les veines contiennent le sang et les artères une sorte de gaz, car on peut constater *sur les cadavres que les premières sont gorgées de sang, tandis que les secondes sont presque vides.* A la périphérie, le sang et les esprits vitaux sont absorbés par les organes (voir fig. 12).

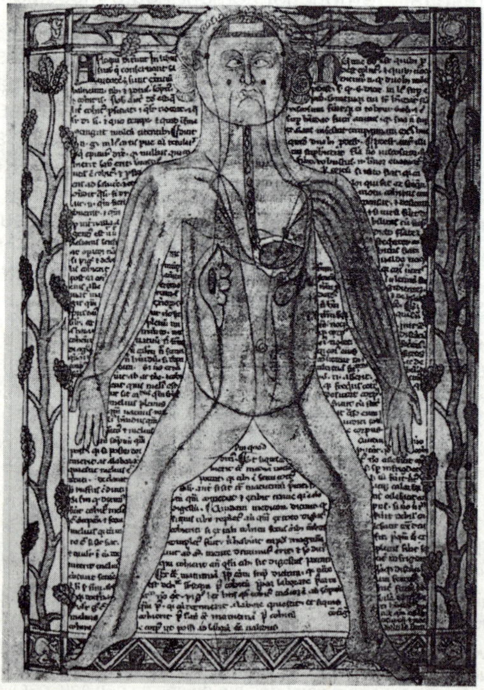

Fig. 11 : *Miniature extraite du manuscrit Ashmole 399. Bodleian Library, Oxford.*

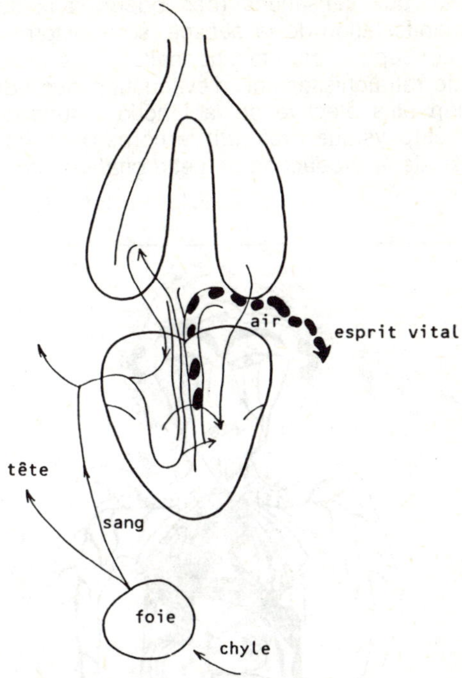

Fig. 12 : *La respiration d'après Galien.*

Il y a bien quelques relations entre les artères et les veines grâce auxquelles un peu de sang peut arriver dans les artères et un peu d'air dans les veines, mais il n'y a aucune circulation véritable.

Galien accorde ensuite plusieurs usages à la respiration. En premier, il reprend l'idée du rafraîchissement du corps. Cependant pour lui, ce n'est pas la quantité d'air qui joue ce rôle mais la qualité de ce dernier, et en particulier une petite partie de celui-ci. En second, en même temps qu'il refroidit le corps, l'air alimente, dans le coeur, la combustion interne et produit le souffle vital *(pneuma)* ainsi que la *chaleur innée*. Enfin, pour compléter cette analogie avec la combustion, la respiration purge le corps des produits fuligineux (le *snif*), brûlés qui sans cela risqueraient d'étouffer la combustion.

Au travers des multiples conceptions de ces différents auteurs, on voit donc se faufiler quelques évolutions d'idées. La respiration, primitivement prise dans sa globalité, très liée à la fois au concept de vie en général, aux sensations (des odeurs aux sentiments) ou encore à la manifestation de la pensée, se transforme progressivement en une conception pluri-fonctionnelle où se mêlent des idées de nutrition, de rafraîchissement, d'évacuation des odeurs, puis en une conception plus élective de la fonction, débarrassée de tout présupposé métaphysique : refroidir le corps qui tendrait à devenir chaud, à cause de la production de cette *chaleur interne* spécifique de la vie.

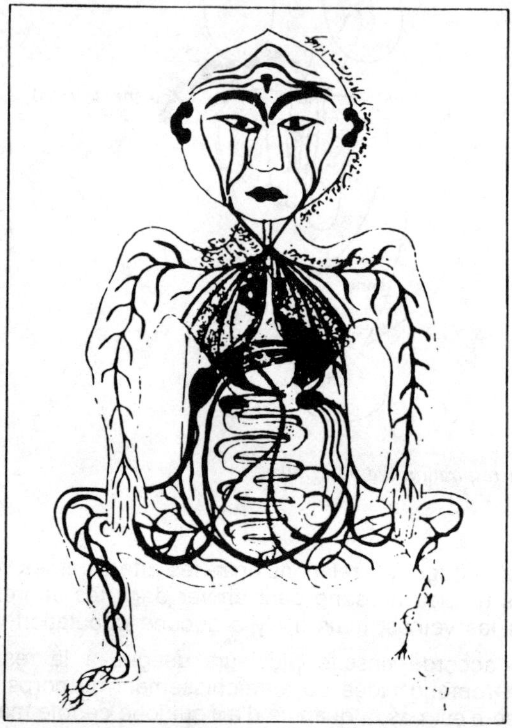

Fig. 13 : *Manuscrit persan, Bibliothèque Mayles, Téhéran.*

De même, on passe d'une conception *pansomatique*, avec des lieux de respiration répartis dans l'ensemble du corps ou du moins dans de multiples organes (coeur, poumon, intestin, cerveau) à une localisation précise dans un seul organe : les poumons.

Cependant cette représentation n'est que temporaire : très rapidement avec les successeurs d'Aristote et surtout avec Galien on revient aux idées hippocratiques basées sur le *souffle vital*. Dès lors, ces idées du souffle vital de chaleur interne s'imposent ; et c'est ce système qui va dominer la science jusqu'au XVIIème et même XVIIIème siècle, ainsi que le démontre encore ce passage de Descartes dans le "*Discours de la méthode*" (1637) :

> "*Le vrai usage de la respiration est d'apporter assez d'air frais dans le poumon pour faire que le sang qui y vient de la concavité droite du coeur, où il a été raréfié et comme chargé en vapeur s'y épaississe et convertisse en sang derechef, avant que de retomber dans la gauche, sans quoi il ne pourrait être propre à servir de nourriture au feu qui y est*".

Il est vrai qu'elle s'avère très commode pour comprendre un certain nombre de phénomènes vitaux ; notamment dans les mécanismes particuliers comme la conception des enfants : *la rencontre des 2 semences produit un bouillonnement et de la chaleur, les 2 semences s'épaississent puis un souffle se forme, se fraie un passage, l'enfant est alors vivant*. Pour Hippocrate, ce souffle permet aux parties identiques de se reconnaître. Pour Descartes, au XVIIème siècle, ce bouillonnement, par analogie avec la fermentation des *vins nouveaux*, est encore explicatif du passage de l'état *semence* à l'état organisé de fœtus.

Les premières remises en causes

La ventilation pulmonaire

Durant la période qui va nous préoccuper maintenant - du XVème siècle au dernier quart du XVIIIème siècle -, le schéma fondamental que nous venons de décrire reste inchangé dans ses grandes lignes. Cependant cette époque n'est pas inféconde : la localisation de la respiration se précise sur l'organe *poumon*, la circulation du sang est établie, l'idée de la production de *chaleur interne* commence à être attaquée, des changements dans la composition du sang et de l'air sont perçus.

Rien toutefois ne sera réglé, à la fin de cette période, aucun nouveau modèle ne fait consensus, ou même ne satisfait les chercheurs. Cela nous amène donc à nous interroger sur les éléments qui ont permis cette évolution et sur les limites qui ont empêché d'aller plus avant.

Dès le XVIème siècle, avec le développement de l'anatomie dans les diverses écoles italiennes, une foule d'observations sont établies sans trop de contestations : la reconnaissance des alvéoles, les liaisons entre trachée et bronches, les trajets des veines, des artères et des artérioles ; certains capillaires sont mêmes décrits et leurs liaisons envisagées avec les artères et les veines.

Cet ensemble de travaux a pour conséquence, semble-t-il, de circonscrire la respiration au niveau des poumons. Elle devient alors, le plus souvent, une fonction mécanique des poumons, en liaison éventuelle avec le cœur. Cela semble être confirmé par le développement intense des travaux sur la ventilation pulmonaire [1].

Cela n'a rien d'étonnant, le cadre intellectuel de l'époque s'y prête : la technique se développe et des mécanismes sont produits dans toutes les branches. Bathurst, par exemple, de l'école oxfordienne, réexamine la mécanique respiratoire ; il conclut que l'air entre dans les poumons à cause des contractions du diaphragme dans les respirations ordinaires ou bien du diaphragme et de la poitrine dans les respirations extraordinaires.

Cette mécanique sera confirmée par Boyle avec Mayow par une série d'expériences précises notamment sur le rôle des muscles intercostaux. Ces travaux se poursuivront durant tout le XVIIème et tout le XVIIIème siècle jusqu'aux brillantes études sur la question de Haller.

Dans ce contexte, les poumons sont souvent observés et décrits sur le plan morphologique, sur le plan des relations avec le coeur et avec ce qui deviendra le système circulatoire. Mais l'interprétation se situe toujours dans un cadre galénique. Un des premiers qui tente de s'insurger contre une partie de la théorie galénique est Vesale (1542). Il met en doute, en particulier, l'existence de ces *pertuis* (ou pores) que personne n'arrive à découvrir dans la cloison interventriculaire qui "est aussi épaisse, dure et compacte que le reste du coeur". Mais cette révolte d'observateur contre une tradition millénaire ne rencontre qu'incrédulité et mépris.

Malpighi [2], un siècle plus tard il est vrai, a plus de succès en révélant à partir d'une série d'approches microscopiques à propos de la structure des poumons qu'ils doivent être "composés d'un agrégat de fines membranes qui forme une presque infinité de vésicules orbiculaires". Il polarise ainsi l'attention sur les mécanismes d'échanges d'air, mais il limite l'existence d'air à ces alvéoles.

---

1 On se préoccupe des mécanismes d'entrée et de sortie d'air, tout en continuant à polariser l'attention sur le refroidissement.

2 Malpighi - *Duae Epistolae de Pulmonibus* - 1661, (écrit sous forme de deux lettres à des collègues).

Fig. 14 : *Page de garde du livre d'anatomie de Vesale (Cliché Roger-Viollet).*

Cette idée sera confirmée par Hooke [1] qui estime qu'aucun air n'est présent dans les veines pulmonaires et ne peut être ainsi transporté dans le ventricule gauche comme le prétendait la tradition galénique.

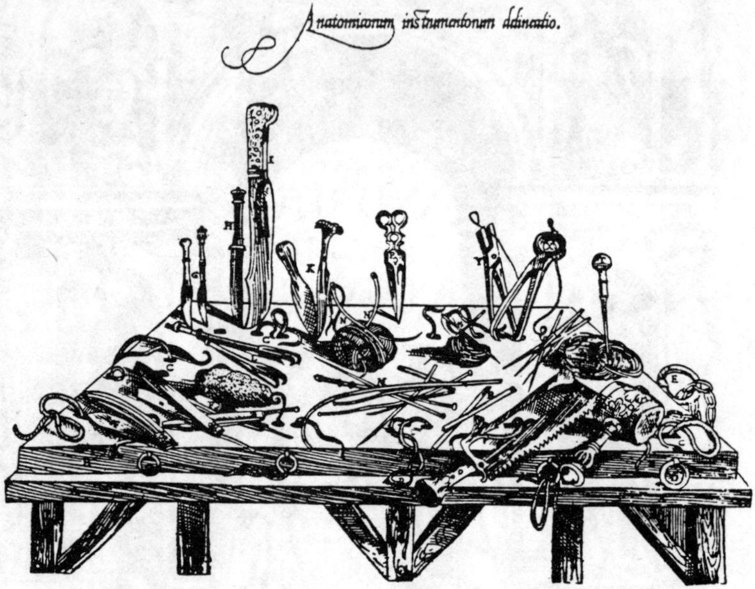

Fig. 15 : *Instruments de dissection utilisés par Vesale (1555).*

Un déplacement du problème commence alors à s'observer dans la littérature des écoles italiennes et anglaises en plein développement. L'idée de *feu intérieur* et de *souffle vital*, sans être rejetée totalement, passe au second plan, au profit des mécanismes de

---

1 Hooke expérimente alors sur le chien à propos de mouvement du poumon... Il montre que l'animal peut survivre sans que les poumons bougent à condition de renouveler l'air. Il met en avant l'idée du renouvellement de l'air, dû aux mouvements de ventilation mais il ne peut trancher pour savoir si la respiration constitue l'entrée de quelques principes dans le sang ou la sortie de quelques éléments dans l'air expiré.

ventilation, d'une part, et d'une prise de conscience qu'il doit se passer quelque chose à propos de l'air, d'autre part.

On pourrait même dire que deux pistes sont envisagées sérieusement : est-ce l'entrée d'un élément vital, est-ce le rejet de substances *méphitiques* qui sont en jeu lors des mécanismes de la respiration?

Ces idées bien sûr n'obtiennent pas un consensus immédiat - Gelé (1649) écrit encore ; "Ceux qui ne la (la cloison intraventriculaire) voient pas jugent au premier regard qu'elle est solide, mais quand on la considère attentivement, on trouve qu'elle est poreuse et percée de part et d'autre d'une infinité de petits trous, afin que le sang puisse du ventricule droit passer au senestre pour la génération de l'esprit vital" - mais elles permettent de prendre un certain recul.

La circulation du sang.

L'établissement de la circulation sanguine est un autre élément qui permet de transformer les idées. Du moins dans un second temps, car au moment où elle est établie, bien loin d'être un élément *facilitateur*, elle va plutôt embrouiller les idées, en lançant les recherches sur des fausses pistes.

Harvey lui-même, n'en tire aucune idée nouvelle sur ce plan, la chaleur interne reste une idée explicative chez lui. Il maintient même l'ancienne idée de rafraîchissement du corps par la ventilation, en transférant, et là est la seule modification que l'on peut constater

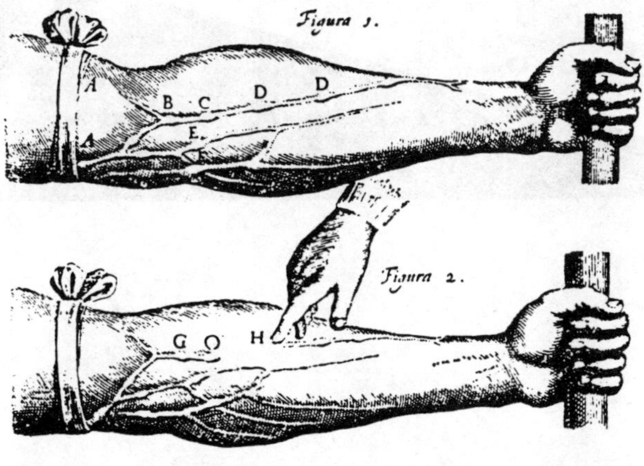

Fig. 16 : *Par cette expérience Harvey apporte un argument à la circulation du sang en montrant que, dans certains vaisseaux, le sang va vers le coeur et que, dans d'autres, il en part.*

Fig. 17 : *Fragment du Frontispice du livre d'Harvey (Cliché B.N.)*

chez lui, la production de chaleur au sang, au lieu du cœur. De même, l'expiration continue, pour lui, d'être un mécanisme permettant uniquement d'éliminer les produits de déchets [1]. Mais, avant d'aller plus loin, quelques mots sur l'établissement de la circulation sanguine telle que la propose Harvey en 1628 [2].

Son livre commence par une série d'observations sur le fonctionnement du coeur. Dès qu'on a découvert le coeur, dit-il, et qu'on l'a sorti de son péricarde, on peut l'observer et constater ses alternances de contraction et de repos : "Cela est surtout manifeste dans le coeur des animaux à sang froid, crapauds, serpents, grenouilles, mollusques, écrevisses et autres poissons. Ces mouvements deviennent aussi plus faciles à analyser dans le coeur des animaux à sang chaud, chiens ou porcs, si on l'examine peu avant la mort, lorsque ces contractions sont plus lentes, séparées par des phases de repos plus prolongées...".

Mou pendant la diastole, le coeur s'élève et frappe de sa pointe la paroi thoracique au moment de la systole. Lors de cette pulsation, la main qui le saisit le sent devenir dur ; en même temps il pâlit ; il rougit, au contraire, lorsqu'il se remplit de sang pendant la diastole. "Le mouvement du coeur est, en somme, une contraction musculaire : de même en effet, lorsqu'ils se contractent, les muscles deviennent durs, de mous qu'ils étaient auparavant". Le fait que le coeur pâlisse en se contractant prouve qu'à ce moment il chasse le sang qui remplissait ses ventricules. Au même instant, les artères se dilatent, sous la poussée du sang qu'elles reçoivent ce qui contredit un premier dogme galénique, la diastole artérielle correspond non pas au repos du coeur, mais à la contraction de ses ventricules.

Il continue en précisant que les deux oreillettes se contractent d'abord, en envoyant dans les ventricules le sang qu'elles contiennent. Puis les ventricules se contractent à leur tour, chassant le sang, "le droit, dans les poumons, par ce vaisseau qu'on appelle veine artérieuse, mais qui est en réalité une artère ; le gauche, dans l'aorte et, par les artères, dans tout le corps", et en conclut que le sang

---

1 Harvey n'indique d'ailleurs aucune distinction entre le sang artériel et veineux. La différence de couleur est simplement due, pour lui, à la différence de taille entre les veines et les artères.

2 Harvey *Excercitatio anatomica de motus cordis et sanguinis* - Francfort 1628 . Nous avons retrouvé dans les textes du XVIIème siècle, un certain nombre d'auteurs contestant la primauté d'Harvey dans la découverte de la circulation.Plusieurs chercheurs sont présentés à sa place : Colomba et Arancé, Cesalpin, Jérome Fabrice et même un certain Paul Sarpi, qui aurait déposé un manuscrit à ce propos à Venise dans la bibliothèque St-Marc. Malheureusement nos recherches à Venise et à Padoue se sont révélées infructueuses pour le retrouver.

arrive au coeur par les veines et en sort par les artères s'appuyant pour cela sur des observations chez les poissons ou la vie embryonnaire.

Après avoir fait ces observations, Harvey commence une série de raisonnements, purement formels, pour montrer le bien fondé de son idée : son modèle semble déjà bien établi par le choix des premières observations présentées.

"J'ai souvent été frappé", déclare-t-il "au cours de mes vivisections, par la grandeur et la symétrie des ventricules et des vaisseaux qui en partent. N'est-ce pas l'indication d'une fonction autre que celle qu'on leur a toujours attribuée ?....

Considérant également "la quantité de sang qui traverse le coeur et la rapidité avec laquelle se fait ce passage", il conclut que les veines seraient bien vite épuisées, vidées et que les artères se rompraient par l'afflux continu du sang, "si le sang ne pouvait, par quelque voie, revenir des artères dans les veines et regagner ainsi le ventricule droit du coeur". C'est ainsi, ajoute Harvey, "que j'ai commencé à me demander s'il n'y avait pas un mouvement circulatoire (*motus circularis*) du sang...".

Harvey soumet ensuite ce modèle à une série de vérifications, notamment il précise les effets d'une ligature posée à la racine d'un membre. Si la ligature est très serrée, elle interrompt la circulation non seulement dans les veines, mais aussi dans les artères : le membre devient engourdi, douloureux ; le pouls cesse d'y être perceptible et si la ligature est maintenue un certain temps le membre se refroidit progressivement et bientôt subit la gangrène. Au contraire une ligature peu serrée, telle qu'on l'emploie pour la saignée, laisse affluer le sang par les artères, mais en empêche le retour par les veines.

Harvey démontre également cette circulation de retour en comprimant les veines avec le doigt : il établit, en outre, que les valvules (des veines et du coeur) s'opposent au reflux du sang vers la périphérie, leur fonctionnement réglant le cours du sang dans un seul sens [1].

---

1 Harvey n'observe pas les capillaires, mais les présuppose pour faire fonctionner son modèle. "Dans les membres et les extrémités, dit-il, le sang, soit par anastomose directe, soit par les pores de la chair, soit par tout autre moyen, passe des artères dans les veines, si bien qu'il se meut dans un circuit fermé, du centre aux extrémités et, de nouveau, des extrémités au centre". Ceux-ci sont décrits par Malpighi (1661) dans ses

La découverte de Harvey fut accueillie comme le dit Guyenot avec "un scepticisme à peu près général". La tourbe habituelle des esprits dits critiques tenta d'accabler Harvey sous le flot des lourdes attaques d'un Primerose (1630) ou des mauvaises plaisanteries d'un Guy Patin (1631). Ce dernier, esprit caustique et mordant, s'était acquis une grande réputation à Paris par ses satires. Il fut un des plus acharnés *anticirculateurs* avec Riolan, Hoffmann, Joannès à Turre, Piso, etc. Parisanus (1633) croyait même spirituel de railler la relation établie par Harvey entre le bruit cardiaque et la contraction du cœur, et niait ce bruit "que nous autres, pauvres sourds, ni aucun des médecins de Venise, ne pouvons entendre : que celui qui l'entend à Londres soit trois fois heureux..."

Malgré ces résistances qui ont duré près d'un siècle, la théorie de la circulation finit par triompher. Personne au XVIIIème siècle ne pouvait plus en douter, et Hales [1] (1744) la compléta, en mesurant directement la pression dans les artères. Pour cela, il opéra sur des chevaux ou des chiens, en introduisant dans les artères des sondes de cuivre reliées à des tubes de verre dans lesquels le sang montait à une certaine hauteur, oscillant à chaque pulsation du cœur. Toutefois l'établissement de la circulation sanguine n'a pas les retombées respiratoires qu'on lui prête, l'idée de la chaleur interne se maintient très fortement ... même chez Harvey comme nous l'avons dit plus haut.

Bien au contraire cette nouvelle théorie va suggérer des recherches et des idées erronées, en particulier les poumons vont être regardés comme *une sorte de soufflet ... entretenant le mouvement continuel du sang et par conséquent, la chaleur naturelle.*

Il faudra attendre Borelli et Perrault pour que l'on commence à douter de cette idée. Pour eux la chaleur innée n'est plus explicative ; au contraire, ils postulent que la respiration produit celle-ci, la matière de l'air contenant ce qu'on appelle alors un "combustible" [2].

---

travaux sur le poumon de la grenouille et retrouvés par Leeuwenhoeck (1668) qui vit "la marche du sang" dans les branchies et la queue du têtard ainsi que dans les alevins de poissons.

1 Hales, *Hémostatique ou la statique des animaux, Expériences hydrauliques, faites sur des animaux vivants*, Trad. Franç., Genève, 1744.

2 L'idée d'une relation entre combustion et respiration ne fut pas facilement admise en particulier à cause d'une série d'expériences réalisées par Hooke. Il plaçait dans une cloche, une bougie allumée et un poussin, et par un système de pompe, enlevait l'air. Au bout de 2 minutes la flamme était éteinte, mais le poussin était encore vivant !

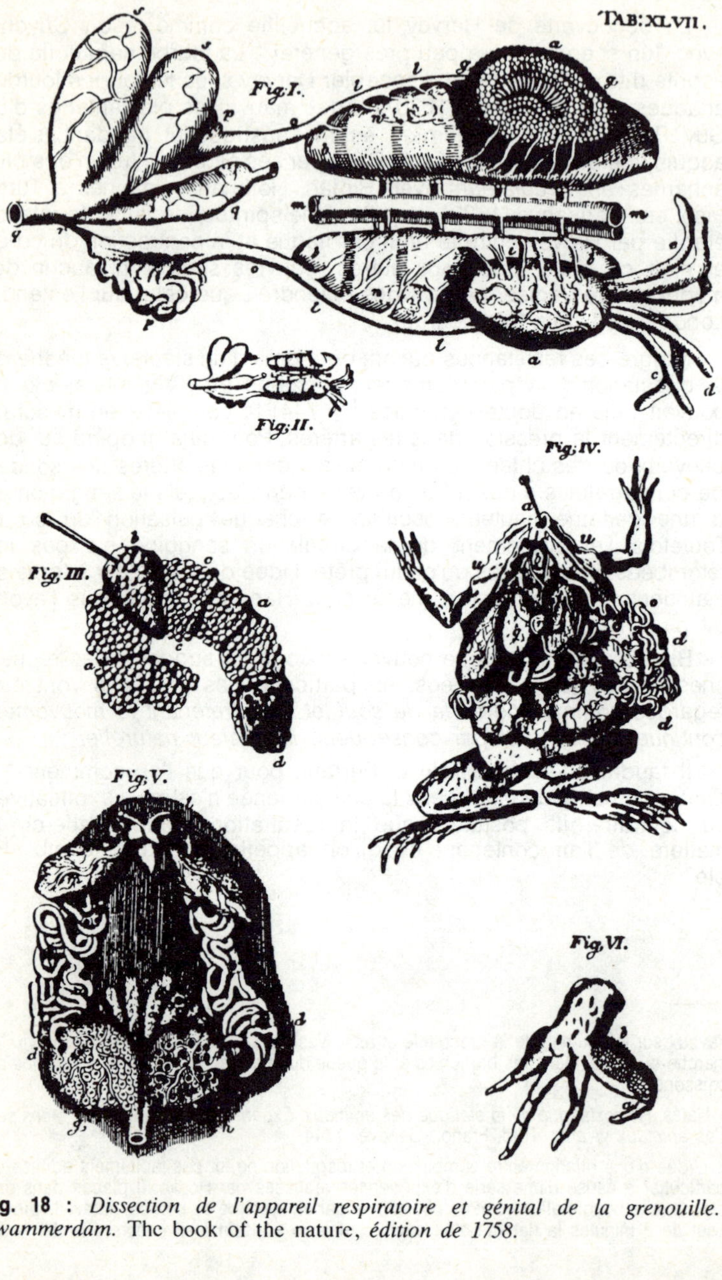

Fig. 18 : *Dissection de l'appareil respiratoire et génital de la grenouille. Swammerdam.* The book of the nature, *édition de 1758.*

Le sang se transforme-t-il dans les poumons ?

Une des questions importantes à l'ordre du jour est alors de savoir si le sang subit des transformations lors du passage dans les poumons et, dans ce cas, quelles sont les relations entre ces transformations et le mouvement des poumons. On remet ainsi à jour une observation jusqu'alors anecdotique : la différence de coloration du sang, connue depuis longtemps (et niée par de nombreux auteurs dont Harvey). Van Helmont, par exemple, pense que le changement de couleur est dû à la fermentation [1] et que celle-ci se déroule dans le ventricule gauche.

En 1669, Lower démontre, par une série d'expériences minutieuses, que le changement de couleur a lieu dans le poumon. Sylvius [2] introduit l'idée d'une réaction acido-basique, la fermentation du sang résultant d'une effervescence entre le chyle et un sang alcalin, et la combustion, de la collision de *particules* de feu, contenues dans la matière, et en particulier dans ce cas, dans le sang.

Un chemin semblable est pris par Willis [3] qui pense que le sang, composé d'eau et de particules sulfureuses et volatiles, produit une effervescence dans le coeur, car ce dernier contient des *ferments* nitro-sulfureux, d'où le changement de couleur. A la suite, Willis peut expliquer le rôle des particules de l'air nécessaires à de telles réactions.

Dans ce cadre, caractérisé par le développement d'une pensée chimique, une foule d'explications sur la respiration sont mises en avant.

Hooke par exemple, établit un modèle de la respiration dans son travail sur les combustions. Pour lui, la flamme est produite par une substance présente dans le salpêtre, probablement le nitrate, qui mélangé à l'air est capable de dissoudre les particules sulfureuses présentes dans le corps [4] .

---

1 Van Helmont développe une théorie de la fermentation, explicative pour tous les phénomènes vitaux. Van Helmont : *Orthus medicinae*, 1652.

2 Sylvius : *Flamma vitalis*, 1660.

3 Willis : *De Fermentatione*, 1656.

4 Hooke, *Micrographia*, 1665. En réalité ce n'est pas une idée nouvelle : depuis Paracelse, on accorde beaucoup d'importance à ces particules nitreuses qui sont dotées d'une foule de propriétés.

Mayow, établit un système où l'air communique une substance au sang : ce sont des *particules fines et nitreuses* qui entrent et se mélangent avec des particules sulfureuses et salées déjà présentes dans le corps. Leur rencontre provoque une fermentation, responsable du changement de couleur et qui produit également la chaleur. Ces particules sont ensuite utilisées pendant le trajet du sang dans le corps ; elles permettent alors d'expliquer le fonctionnement des muscles. Utilisées au fur et à mesure dans ces organes, elles disparaissent - d'où leur absence dans les veines -, et un nouveau passage dans les poumons est nécessaire pour en pourvoir le sang à nouveau.

C'est ce dernier point de vue qui obtient le plus d'intérêt et qui se maintient jusqu'à la fin du XVIIIème siècle. Car brusquement le sujet semble perdre de son intérêt ; le nombre de publications à ce propos diminue ! Est-ce parce que ce niveau d'explication suffit ? Est-ce parce qu'il ne peut être complété : les chimistes, en effet, n'arrivent plus à avancer de nouvelles idées, ni sur les particules nitreuses, ni sur les ferments ? En fait, il sera attaqué de toutes parts pendant un siècle sans qu'on arrive à lui substituer une autre formulation plus adéquate.

Aucun modèle satisfaisant n'est énoncé, mais les idées anciennes sont reformulées, et un ensemble de cadres de référence nouveaux tentent d'établir un lien entre les éléments suivants : les poumons, le coeur, l'air, la chaleur, le sang. Cette démarche s'appuie en particulier sur de nouvelles idées admises par la communauté scientifique :

- le mécanisme de Descartes qui tend à substituer une recherche de cause aux forces occultes ou mal définies,

- la conception particulaire de Gassendi qui permet le développement de la chimie,

- la circulation sanguine qui produit un nouveau schéma de circulation des fluides dans le corps.

Des idées originales sont alors avancées ou resituées par ces nouveaux points de vue : changement de coloration du sang, rôle d'aération pour les poumons, production de la chaleur par combustion, présence dans l'air de principes actifs (appelés *particules nitreuses*).

Un schéma linéaire sur l'avancement des idées pourrait faire penser que tous les éléments sont en place pour déboucher sur les idées actuelles d'échanges gazeux et d'énergétique de la respiration. Malheureusement, comme nous le verrons, tous ces éléments ne sont pas toujours reliés entre eux, du moins la plupart sont reliés

Fig. 19 : *Atelier d'un fabricant d'instruments scientifiques. Au fond à gauche, le tour ; devant l'établi ; au centre la table de marbre à dresser* (Encyclopédie de Diderot, planches T.V.).

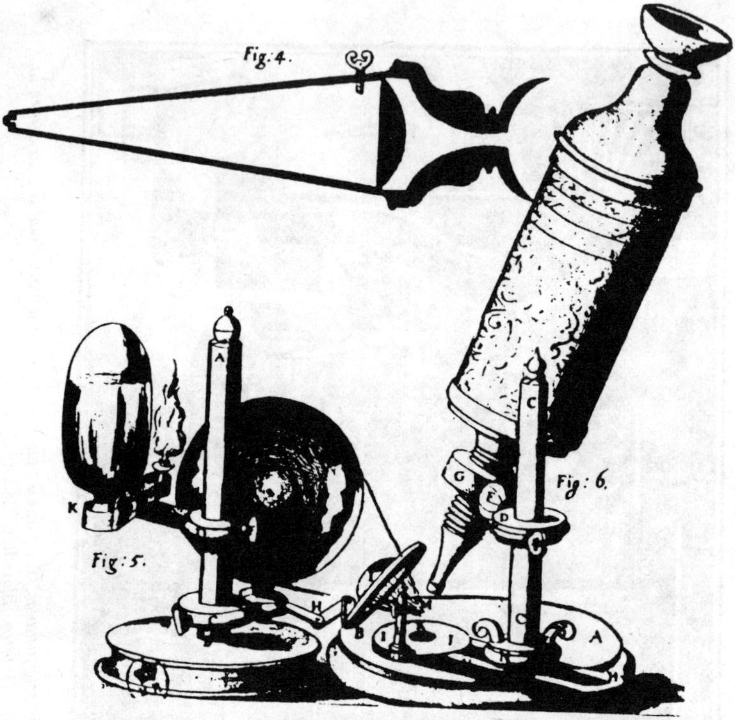

Fig. 20 : *Microscope de Hooke* (Micrographia, *planche I, 1665*)

différemment, dans d'autres constructions explicatives [1]. De plus, tous sont alors contestés, dans le cadre des questions et des arguments du 18ème siècle. Ce qui fait dire à Haller (1769) en introduction à son traité sur la respiration :

"Je me suis attaché depuis quelque temps à la structure... et au fonctionnement des poumons... le problème est insoluble pour moi". Et un peu plus loin, il conclut en insistant sur les lacunes en cours : "Il y a un peu de moi dans cet ouvrage, mais sur les usages, c'est du pironisme".

Les échanges gazeux et l'énergétique.

L'air est-il simple ou composé ?

Durant la fin du XVIIème siècle, notamment avec Mayow, on avait été conduit à envisager dans l'air un principe vivifiant. De même, on avait plusieurs fois constaté (et cela avait été confirmé par des travaux depuis Lower, par exemple) que du sang de couleur foncée entre dans les poumons et en sort rouge vif.

Enfin avec Malpighi, on avait noté le *contact interne* entre l'air et le sang dans les alvéoles pulmonaires. Et malgré l'opposition de plusieurs autres dont Boehaave, pour qui l'air ne pouvait entrer en contact avec le sang sous peine d'embolie, l'idée refait surface en particulier avec Boyle, Hales, Black et Priestley, du passage non pas de l'air dans son ensemble mais de *quelque chose de l'air dans le sang.*

---

1 Il est intéressant de noter que des théories qui se révéleront fausses par la suite ne sont pas toujours limitatives. Au contraire, elles s'avèrent parfois intéressantes, en permettant de poser certaines questions qu'exclut parfois une autre approche. Ainsi l'intérêt pour les particules de Gassendi ou les substances nitreuses de Mayow suscite l'idée d'un principe actif dans l'air, de même que l'intérêt porté sur les fermentations permet le rapprochement entre combustion et respiration. Inversement une "bonne" théorie ne débloque pas forcément une question proche. Harvey reste pour le principe de la chaleur intérieure alimentée par la rencontre du sang et de l'air en mouvement, alors même qu'il établit sa circulation.

Mais plusieurs questions alors se posent aux chercheurs, que l'on peut traduire en termes modernes de la façon suivante : comment mettre en évidence quelque élément actif (ou particule) dans l'air ? L'air est-il donc quelque chose de composé ? Y-a-t-il une relation entre le changement de couleur du sang et cette substance ? Quelque *élément* passe-t-il de l'air dans le sang, ou au contraire le sang se libère-t-il de quelques *parties* ?

Ces questions sont aujourd'hui évidentes. Pourtant, jusqu'au XVIIIème siècle, il s'avére difficile de les poser, car l'air était un des 4 éléments essentiels de la matière, et, en tant que tel, ne pouvait être qu'un corps simple. Dès lors, la question de sa décomposition en parties ne pouvait effleurer l'esprit des chercheurs, du moins jusqu'à

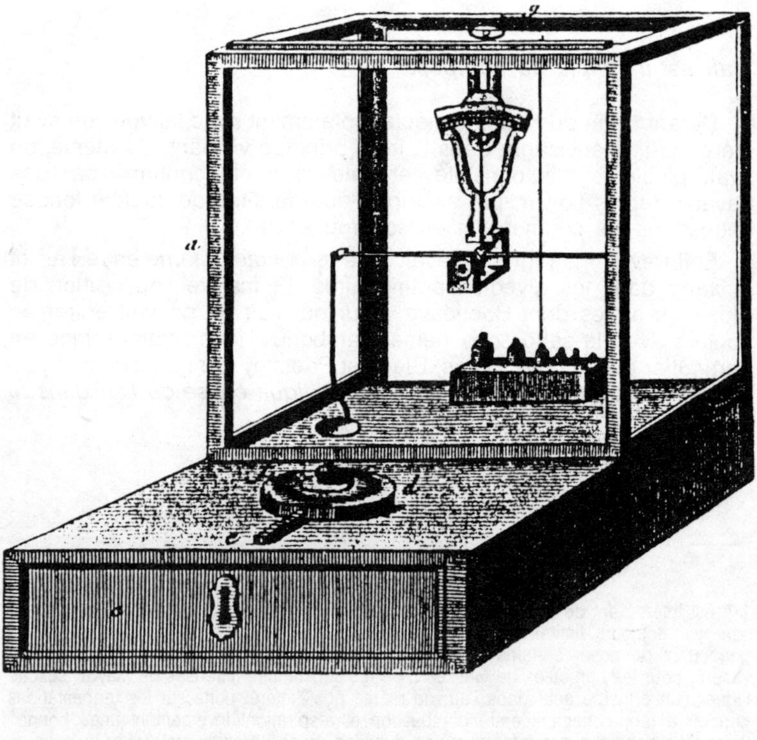

Fig. 21 : *Balance d'essai construite par Gallonde pour Rouelle.* (Encyclopédie *de Diderot, planche T. III.).*

Van Helmont qui, le premier semble-t-il, propose le terme de gaz. Toutefois, lui aussi, ne fait pas le grand saut..., son but est, non pas de dissocier l'air, mais de distinguer différentes sortes d'airs ; les *vents*, les *vapeurs* ou les *exhalaisons* sont définis suivant leur origine, il appelle par exemple *air sylvestre* un gaz plus lourd que l'air qui se dégageait des brasseries [1].

Quelques années après, Priestley observe qu'une plante peut dégager dans une cloche, un air qui garde une bougie allumée, il appela cet air, *air déphlogistiqué*. Il constate de même, que cet air permet la vie d'une souris sous la cloche et note même que l'air déphlogistiqué est plus "propre que l'air commun à entretenir la respiration car les animaux y conservent plus longtemps leur activité". Au cours de ses travaux sur les différentes espéces d'air, Priestley fait également diverses expériences relatives au changement de couleur du sang dans les différents airs et montre qu'il devient foncé (comme le sang veineux) au contact de *l'air sylvestre* (appelé encore *air fixe*) [2] et rouge vermeil en présence d'air déphlogistiqué [3]. Or c'est du sang noir qui entre aux poumons et du sang vermeil qui en sort ; dès lors Priestley se demande par quels moyens, l'air "contribue à conserver la vie et pourquoi, ce même air, respiré plusieurs fois ne peut plus (alors) remplir son objet". Il en conclut que le sang absorbe dans le corps le *phlogistique* introduit par l'alimentation.

Son modèle est alors établi, il est cohérent du moins par rapport à son système de pensée, le sang arrive aux poumons, chargé de phlogistique et en sort déphlogistiqué. L'expiration, alors, élimine l'excès de phlogistique, la respiration *phlogistique l'air* et le rend ainsi irrespirable, elle y forme en même temps de l'air fixe. Mais, avant d'aller plus loin, et pour la compréhension de ce travail, il est nécessaire de dire quelques mots sur cette théorie aujourd'hui abandonnée et donc oubliée, formulée dès 1702 par Stahl, et qui connut un énorme succès durant le XVIIIème siècle : la théorie du phlogistique.

Le phlogistique est un concept introduit pour expliquer les réactions chimiques. La théorie du phlogistique peut être formulée de la façon suivante :

---

1 Les vapeurs provenaient des liquides et les exhalaisons, des solides. Elles se distinguent de l'air, car ce dernier a une propriété fondamentale : il est "élastique". L'air commun est d'ailleurs appelé également l'air élastique, et lorsqu'il est utilisé, par la respiration "il perd son élasticité".

2 Le dioxyde de carbone.

3 Priestley. *Expériences et observations sur différentes espèces d'air.* (trad Gibelin) 5 vol. Paris, 1777.

● métal → chaux (oxyde) + phlogistique

contrairement à la théorie moderne qui dit :

● métal + oxygène → oxyde.

Dans cette conception, la chaux est donc un élément simple, et le métal une chaux combinée à un principe essentiel capable d'entretenir la combustion, appelé *phlogistique*. La chaux est donc un métal ayant perdu son phlogistique et est autant plus indissoluble par le feu qu'elle en est complètement dépouillée. D'ailleurs, il est évident que la chaux issue de la terre (l'un des quatre éléments) ne peut qu'être simple, à la manière de l'eau et de l'air!

Ce modèle, à nos yeux surprenant puisque contraire à notre conception des choses, fonctionne alors bien, car il est simple et permet d'expliquer de nombreux phénomènes, dont la respiration. Grâce à cette théorie, Priestley peut ramener le phénomène respiratoire à des échanges gazeux et plus précisément à un échange de parties d'air (gaz) entre le sang et l'extérieur, interprété par la chimie de l'époque [1].

Ainsi, Priestley, Boyle, Hales, et Black sont les premiers à s'apercevoir que la respiration exerce "une action marquée sur l'air de l'atmosphère, qu'elle en diminue le volume, qu'elle en change la nature et qu'en un assez court intervalle de temps le fluide qui sert à cette fonction perd la propriété d'entretenir la vie des animaux" [2].

Parallèlement à ces travaux et sans que cela ait forcément des incidents sur leurs auteurs à propos de leurs idées sur la respiration, des changements vont s'opérer en chimie qui conduisent à une réfutation de la théorie du phlogistique, et à proposer, par incidence, une modification des concepts de la respiration. Déjà Boyle a montré que pendant la calcination des métaux et leur transformation en chaux, les métaux augmentent de poids contrairement aux prévisions

---

1 Le modèle du phlogistique ne lui fit voir qu'un aspect du phénomène : la sortie du corps d'un principe. Il ne soupçonna pas l'entrée d'oxygène puisqu'il n'en a pas besoin dans son modèle. Pourtant, d'une certaine façon, ce fut Priestley qui mit en évidence l'existence de ce gaz dans son expérience avec une plante sous cloche, mais il ne put établir la relation. De même, son modèle l'amène par ailleurs à mettre sous la même idée deux gaz aujourd'hui différenciés : l'azote préparé à partir de l'action de métaux sur l'air, et l'azote + le gaz carbonique de l'air expiré.

2 Seguin et Lavoisier. *Premier mémoire sur la respiration des animaux.* Académie des Sciences, 1789 - p. 185.

premières des partisans du phlogistique. Toutefois, cela est insuffisant pour démonter l'idée du phlogistique, la théorie s'adapte en proposant un poids négatif par ce dernier [1].

Lavoisier, Seguin, Laplace et les autres...

Dans son mémoire de 1777, Lavoisier relate un ensemble d'expériences qui contestent à la fois le modèle du phlogistique et la conception de la respiration de Priestley et propose à sa place un autre modèle explicatif [2].

> *M. Priestley, dans un écrit qu'il a publié l'année dernière à Londres, a reculé beaucoup plus loin les bornes de nos connaissances, et il a cherché à prouver, par des expériences très ingénieuses, très délicates et d'un genre très neuf, que la respiration des animaux avait la propriété de phlogistiquer l'air, comme la calcination des métaux et plusieurs autres procédés chimiques, et qu'il ne cessait d'être respirable qu'au moment où il était surchargé, et en quelque façon saturé, de phlogistique.*
>
> *Quelque vraisemblable qu'ait pu paraître, au premier coup d'oeil, la théorie de ce célèbre physicien, quelques nombreuses et quelques bien faites que soient les expériences sur lesquelles il a cherché à l'appuyer, j'avoue que je l'ai trouvée en contradiction avec un si grand nombre de phénomènes, que je me suis cru en droit de la révoquer en doute ; j'ai travaillé, en conséquence, sur un autre plan, et je me suis trouvé invinciblement conduit, par la suite de mes expériences, à des conséquences toutes opposées aux siennes.*
>
> *Je ne m'arrêterai pas, dans ce moment, à discuter en particulier chacune des expériences de M. Priestley, ni à faire voir comment elles prouvent toutes en faveur de l'opinion que je vais développer dans ce mémoire ; je me contenterai de rappeler celles qui me sont propres, et de rendre compte de leur résultat.*
>
> *J'ai renfermé dans un appareil convenable, et dont il serait difficile de donner une idée sans le secours de figures, 50 pouces cubiques d'air commun ; et j'ai introduit dans cet appareil 4 onces de mercure très pur, et j'ai procédé à la calcination de ce dernier, en l'entretenant, pendant 12 jours, à un degré de chaleur presque égal à celui qui est nécessaire pour le faire bouillir.*
>
> *Il ne s'est rien passé de remarquable pendant tout le premier jour ;*

---

1 Cette modification n'a rien d'étonnant ; on est dans une époque où l'on parle de fluides à propos de toute expérience qui présente alors des réactions surprenantes pour les esprits : électricité, magnétisme, lumière. La discussion tourne en particulier autour du fait de savoir s'ils sont impondérés ou chargés de masse positive ou négative.

2 Lavoisier - *Expériences sur la respiration* - Mém. Acad. Sci. Paris, 1777.

le mercure, quoique non bouillant, était dans un état d'évaporation continuelle ; il tapissait l'intérieur des vaisseaux de gouttelettes, d'abord très fines, qui allaient ensuite peu à peu en augmentant, et qui, lorsqu'elles avaient acquis un certain volume, retombaient d'elles-mêmes au fond du vase. Le second jour, j'ai commencé à voir nager, sur la surface du mercure, de petites parcelles rouges, qui, en peu de jours, ont augmenté en nombre et en volume ; enfin, au bout de douze jours, ayant cessé le feu et laissé refroidir les vaisseaux, j'ai observé que l'air qu'ils contenaient était diminué de 8 à 9 pouces cubiques, c'est-à-dire, environ d'un sixième de son volume ; en même temps il s'était formé une portion assez considérable, et que j'ai évalué environ à 45 grains de mercure précipité per se, autrement dit, de chaux de mercure.

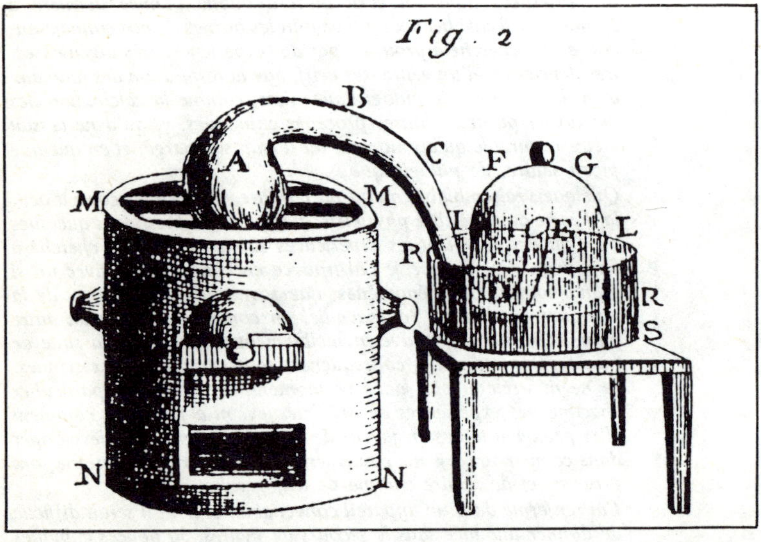

Fig. 22 : *Expérience de l'analyse de l'air par calcination du mercure en vase clos en présence de l'air.*

Cet air, ainsi diminué, ne précipitait nullement l'eau de chaux ; mais il éteignait les lumières, il faisait périr en peu de temps les animaux qu'on y plongeait, il ne donnait presque plus de vapeurs rouges avec l'air nitreux, il n'était plus sensiblement diminué par lui; en un mot il était dans un état absolument méphitique.
On sait, par les expériences de M. Priestley et par les miennes, que le mercure précipité per se n'est autre chose qu'une combinaison de mercure, avec un douzième environ de son poids, d'un air beaucoup meilleur et beaucoup plus respirable, s'il est permis de se servir de cette expression, que l'air commun ; il paraissait donc

> *prouvé que; dans l'expérience précédente, le mercure, en se calcinant, avait absorbé la partie la meilleure, la plus respirable de l'air, pour ne laisser que la partie méphitique ou non respirable ; l'expérience suivante m'à confirmé de plus en plus cette vérité.*

Il fait l'expérience contraire ; en réduisant la chaux mercurique (oxyde de mercure), Lavoisier peut en extraire l'*air respirable* qui s'était combiné au mercure. Ajouté à l'*air méphitique* obtenu après la calcination, il peut alors reconstituer un air commun, ayant toutes les propriétés de l'air habituel. Ces expériences établissent donc que l'air atmosphérique est formé : *d'un cinquième d'air éminemment respirable* (oxygène) *et de quatre cinquièmes d'une mofette* (azote) *incapable de permettre la respiration des animaux* !

Il complète ce travail par une deuxième expérimentation sur le vivant cette fois.

> *J'ai mis un moineau franc sous une cloche de verre remplie d'air commun et plongée dans une jatte pleine de mercure ; la partie vide de la cloche était de 31 pouces cubiques : l'animal n'a paru nullement affecté pendant les premiers instants, il était seulement un peu assoupi ; au bout d'un quart d'heure, il a commencé à s'agiter, sa respiration est devenue pénible et précipitée, et, à compter de cet instant, les accidents ont été en augmentant ; enfin au bout de 55 minutes, il est mort avec des espèces de mouvements convulsifs. Malgré la chaleur de l'animal, qui, nécessairement, avait dilaté, pendant les premiers instants, l'air contenu sous la cloche, il y a eu une diminution sensible de volume : cette diminution était d'un quarantième environ à la fin du premier quart d'heure ; mais, loin d'augmenter ensuite, elle s'est trouvée un peu moindre au bout d'une demi-heure, et, lorsque, après la mort de l'animal, l'air contenu sous la cloche a eu repris la température du lieu où se faisait l'expérience, la diminution ne s'est plus trouvée que d'un soixantième tout au plus.*
>
> *Cet air, qui avait été ainsi respiré par un animal, était devenu fort différent de l'air de l'atmosphère ; il précipitait l'eau de chaux ; il éteignait les lumières; il n'était plus diminué par l'air nitreux ; un nouvel oiseau que j'y ai introduit n'y a vécu que quelques instants ; enfin, il était entièrement méphitique, et à cet égard, il paraissait assez semblable à celui qui était resté après la calcination du mercure.*
>
> *Cependant un examen plus approfondi m'a fait apercevoir deux différences très remarquables entre ces deux airs, je veux dire entre celui qui avait servi à la calcination du mercure et celle du moineau franc : premièrement, la diminution de volume avait été beaucoup moindre dans ce dernier que dans le premier ; secondement, l'air de la respiration précipitait l'eau de chaux, tandis que l'air de la calcination n'y occasionnait aucune altération.*

La comparaison des deux airs obtenus par calcination et par

Fig. 23 : *Lavoisier et son collaborateur Seguin, servant de sujet, étudiant la respiration humaine. Madame Lavoisier, auteur du dessin, s'est représentée elle-même servant de secrétaire.*

respiration montre donc que le premier diminue de volume en perdant son oxygène, mais que le second n'a presque pas changé de volume car il s'est enrichi en gaz carbonique [1]. Pour raviver l'air vicié par la respiration, il propose donc de faire à nouveau, deux opérations : enlever l'*acide crayeux aériforme* [2] par un alcali caustique et lui-même rendre un même volume d'*air éminemment respirable* [3].

De là, Lavoisier conclut que "la respiration, par une suite nécessaire, opère l'inverse de ces deux effets", soustrait de l'oxygène et déverse du gaz carbonique. Cependant, son étude ne le conduit pas jusqu'à établir l'idée actuelle. Au contraire, il continue à envisager deux interprétations : "Ou la portion d'air éminemment respirable contenue dans l'air de l'atmosphère est convertie en acide crayeux aériforme en passant par le poumon ; ou bien, il se fait un échange dans ce viscère : d'une part, l'air éminemment respirable est absorbé, et de l'autre, le poumon restitue à la place une portion d'acide crayeux aériforme presque égale en volume".

En faveur de la première hypothèse, Lavoisier rappelle qu'en 1777, il avait montré "que l'air éminemment respirable pouvait être converti, en totalité, en acide crayeux aériforme par une addition de poudre de charbon". Par ailleurs il lui semble probable "qu'une portion de l'air éminemment respirable reste dans le poumon et qu'elle s'y combine avec le sang"... Quant à l'air méphitique (l'azote), constituant les quatre cinquièmes de l'air atmosphérique, c'est "un milieu purement passif qui entre dans le poumon et ressort

---

1 Black en 1757, avec son travail sur l'air fixe, avait déjà indiqué que ce dernier se forme sous l'influence de la respiration par transformation, lui semble-t-il, d'une partie de l'air commun.

2 Terme qu'il introduit de préférence à l'air fixe pour le dioxyde de carbone : "Il y a déjà longtemps que les physiciens et les chimistes sentent la nécessité de changer la dénomination très importante d'*air fixe, air fixé, air fixable* ; je lui ai substitué, dans le premier volume de mes Opuscules physiques et chimiques, le nom de *fluide élastique* ; mais ce nom générique, qui s'applique à une classe de corps très nombreux, ne pouvait servir qu'en en attendant un autre. Aujourd'hui, je crois devoir imiter la conduite des anciens chimistes, ils désignaient chaque substance par un nom générique qui en exprimait la nature, et ils le spécifiaient par une seconde dénomination qui désignait le corps d'où ils avaient coutume de la tirer : c'est ainsi qu'ils ont donné le nom d'*acide vitriolique* à l'acide qu'ils retenaient du vitriol ; le nom d'*acide marin* à celui qu'ils tiraient du sel marin etc. Par une suite de ces mêmes principes, je nommerai *acide de la craie, acide crayeux*, la substance qu'on a désignée jusqu'ici sous le nom d'*air fixe ou air fixé*, par la raison que c'est de la craie et des terres calcaires que nous tirons le plus communément cet acide, et j'appellerais *acide crayeux aériforme* celui qui se présentera sous forme d'air". Lavoisier, *ibid.*

3 L'oxygène, comme on le nommera au XIXè siècle.

à peu près comme il y était entré, c'est dire sans changement et sans altération".

Dans la respiration, comme dans la combustion, c'est l'air de l'atmosphère qui fournit l'oxygène et le calorique [1] ; mais, somme toute dans la respiration, c'est la substance même de l'animal, c'est le sang, qui fournit le combustible : "si les animaux ne réparaient pas, habituellement par les aliments, ce qu'ils perdent par la respiration, l'huile manquerait bientôt à la lampe, et l'animal périrait comme une lampe s'éteint lorsqu'elle manque de nourriture".

Pour développer alors le modèle, après avoir ainsi lié la nutrition à la respiration, Seguin et Lavoisier [2] montrent l'importance de la transpiration. C'est elle qui "facilite le dégagement d'une certaine quantité de calorique... et empêche conséquemment, par le refroidissement continuel que produit ce dégagement, que l'individu ne prenne un degré de température supérieur à celui qu'a fixé la nature".

le point sur la production de chaleur.

Parallèlement aux échanges gazeux, Lavoisier avec la collaboration de Laplace [3] s'attaque au problème de la production et de la mesure de la chaleur à partir de 1780. Pour cela, il met au point un appareillage de calorimétrie. Il mesure en particulier par la glace fondue, la quantité de chaleur dégagée par la combustion et applique cette technique à l'étude de la chaleur animale. Ayant déterminé la quantité de chaleur produite par des cobayes enfermés dans leur appareil, ces auteurs pensent que "l'on peut regarder la chaleur qui se dégage lors du changement de l'air pur en *air fixe* par la respiration, comme la cause principale de la conservation de la chaleur animale... La respiration est donc une combustion, à la vérité fort lente [4], mais d'ailleurs parfaitement semblable à celle du charbon" ; "elle se fait dans l'intérieur des poumons, sans dégager

---

1 Le *calorique* est un nouveau concept introduit, il s'agit d'un fluide caractéristique de la chaleur.

2 Seguin et Lavoisier, *Premier mémoire sur la respiration des animaux.* Mém. Acad. Sci. Paris, 13 novembre 1789. Il se soumit lui-même à des expériences que l'on appelle aujourd'hui "détermination du métabolisme basal".

3 Lavoisier et Laplace - *Mémoire sur la chaleur* - Mém. Acad. Sci. Paris, 1780.

4 Il est également intéressant de noter que ces apports se firent au travers d'une autre théorie que l'on juge aujourd'hui dépassée, la théorie du calorique : "La chaleur animale est entretenue par la portion du calorique qui se dégage au moment de la conversion de l'air vital (de l'air atmosphérique) en gaz acide carbonique, comme il arrive dans toute combustion de carbone".

de lumière sensible, parce que la matière du feu, devenue libre, est aussitôt absorbée par l'humidité de ces organes" ; la chaleur développée dans cette combustion se communique au sang qui traverse les poumons et, de là, se répand dans tout le système animal :

> *Ainsi l'air que nous respirons a deux objets, également nécessaires à notre conservation : il enlève au sang la base de l'air fixe dont la surabondance serait très nuisible ; et la chaleur que cette combinaison dégage dans les poumons, répare la perte continuelle de chaleur que nous éprouvons de la part de l'atmosphère et des corps environnants.*

Par la suite, toujours avec Laplace, ils mettent en évidence une quantité de calorique plus grande que celle qui devrait résulter de la quantité de gaz (*acide carbonique*), qui se forme dans un temps égal à la respiration, ce qui les amène à faire l'hypothèse suivante : la respiration "ne se borne pas à une combustion du carbone, mais elle occasionne encore la combustion d'une partie de l'hydrogène contenu dans le sang et conséquemment... la respiration opère non seulement une formation de gaz acide carbonique, mais encore une formation d'eau". Cette hypothèse est complétée dans une étude avec Seguin [1].

En 15 ans environ, avant son passage à l'échafaud (1794), Lavoisier avec ses collègues va faire faire un saut considérable aux idées sur la respiration [2]. D'une part, il complète l'idée d'échanges gazeux, mais en centrant cette fois l'intérêt sur l'entrée de l'oxygène (*l'air éminemment respirable*), aux dépens de la sortie de *phlogistique* qu'il réfute. D'autre part, il explique de façon causale, la production de la chaleur par une nouvelle idée : *la combustion lente* du carbone, mais également d'hydrogène, pour compenser les pertes [3].

Ainsi, Lavoisier, reprenant un certain nombre d'éléments anciens au travers d'un nouveau modèle qu'il corrobore par un ensemble de faits, jette les fondements de l'énergétique biologique, qu'il formule

---

1 Seguin et Lavoisier - Premier mémoire sur la transpiration des animaux- Mém. Acad. Sci. Paris, 14 Avril 1790.

2 Toutefois, ce modèle n'a pas été conçu immédiatement ; en 1774, Lavoisier, conforme encore aux idées de l'époque, attribue le rôle nocif du gaz carbonique au fait que ce gaz ne "peut enfler les poumons comme l'air que nous respirons en raison de la facilité avec laquelle il est absorbé et dissout dans l'eau". De même, jusqu'en 1783, il continue à parler d'air phlogistique, à propos de l'air expiré, et à considérer que seuls les animaux à sang chaud respirent.

3 Laplace et Seguin continueront par la suite à apporter d'autres éléments.

Fig. 24 : *Les gazomètres figurent parmi les instruments les plus utilisés par Lavoisier. Ici un modèle de grande précision construit par Mégnié en 1787.*

alors de la façon suivante : "la machine animale est principalement gouvernée par trois régulateurs principaux : la respiration, qui consomme de l'hydrogène et du carbone et qui fournit du calorique ; la transpiration, qui augmente et qui diminue, suivant qu'il est nécessaire d'emporter plus ou moins de calorique ; enfin la digestion qui rend au sang ce qu'il perd par la respiration et la transpiration".

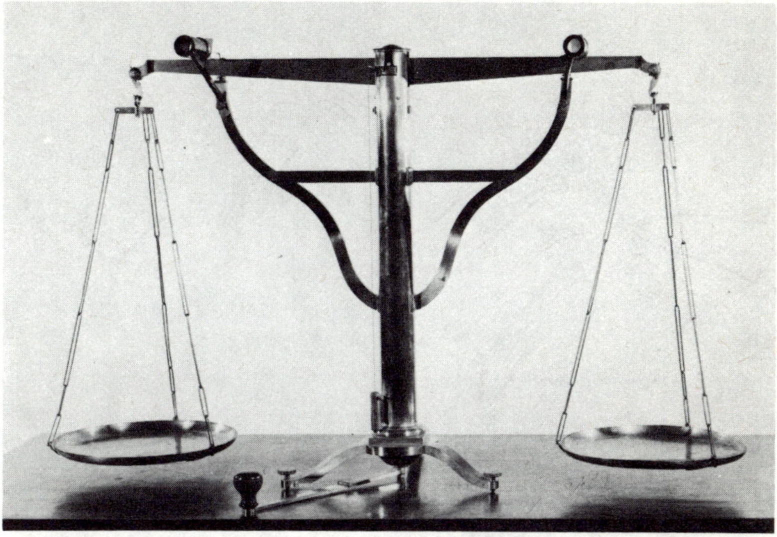

Fig. 25 : *La grande balance de précision exécutée par Fortin pour Lavoisier en 1789. Elle a servi également aux pesées pour établir le premier étalon de l'unité de poids du système métrique.*

Mais, outre ces apports fondamentaux, un autre encore plus considérable doit être valorisé : Lavoisier, Laplace, Seguin proposent de substituer à l'idée de respiration, souvent interprétée en terme vitaliste, une perspective déterministe interprétable au travers de notions physico-chimiques.

Un niveau de formulation de la respiration (toujours acceptable dans l'enseignement scientifique) est ainsi atteint. Il ne demande plus qu'à être précisé, affiné, les notions de la thermodynamique peuvent même être substituées au calorique sans que le modèle n'en soit affecté profondément.

Tous les problèmes ne sont pas résolus pour autant , en particulier le lieu de la combustion n'obtiendra pas de réponse convaincante pour la communauté scientifique. Après avoir largement hésité, Lavoisier revient à l'idée que cette combustion se situe

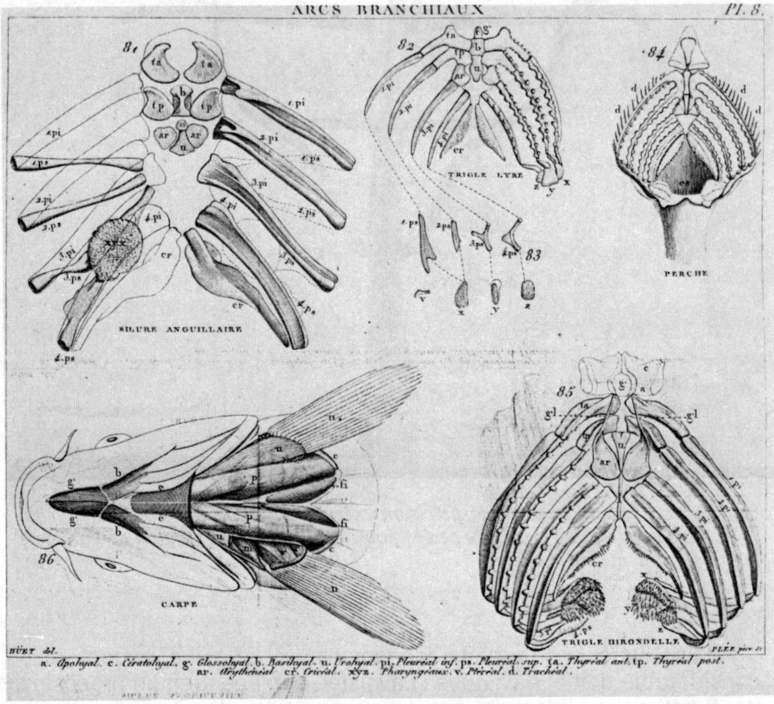

Fig. 26 : *Planches d'anatomie comparée sur les arcs branchiaux. Geoffroy Saint Hilaire, 1818.*

dans les poumons, malgré les travaux antérieurs de Spallanzani sur la respiration tissulaire, dont nous parlerons par la suite. A-t-il eu l'idée de prendre la température des poumons qui aurait pu le convaincre que toute la combustion ne pouvait s'y dérouler ? En tout cas, nous n'avons pas trouvé de trace de publication à ce propos. Si cela est confirmé, comment peut-on expliquer une telle lacune ?

Toutefois, ce modèle n'est pas accepté aisément par la société scientifique, malgré les efforts de Seguin [1] pour rendre les résultats applicables à l'homme et les diverses publications faites par ce dernier, après la mort de Lavoisier. Ainsi, A. Comte peut écrire encore en 1853 : "La respiration, loin de participer à la production normale de chaleur animale, constitue une source constante et nécessaire de refroidissement" [2].

Un lieu ou plusieurs pour la respiration ?

L'air peut-il être transporté par le sang ?

La question du lieu de la respiration est un des problèmes qui s'est posé à différents moments ; il amena des controverses épiques qui ne sont pas encore toutes éteintes d'ailleurs, bien que le consensus actuel place celui-ci dans les membranes mitochondriales. Au cours de l'histoire écoulée, nous avons vu osciller plusieurs fois cette question entre une localisation précise : les poumons ou le coeur et une situation plus diffuse : l'ensemble du corps. Pour Seguin et Lavoisier, la respiration se situe dans les poumons où une combustion produit le calorique. Incidemment, ils ajoutent que l'oxygène se combine avec le sang pour donner le sang rouge. Cependant, l'aspect essentiel est pour eux la production de chaleur à partir d'une *humeur principalement composée d'hydrogène et de carbone dérivé de la nourriture.*

Au même instant où le site des poumons, pressenti par les travaux du XVIIème et XVIIIème siècle, est confirmé par les travaux de

---

1 M. Seguin - *Annales de chimie* - Paris 1814.

2 A. Comte - *Philosophies premières* - Cours de philosophies, leçons 1 à 45 - Paris 1853.

Lavoisier et de Seguin, leurs collègues de l'Académie des Sciences de Paris le contestent.

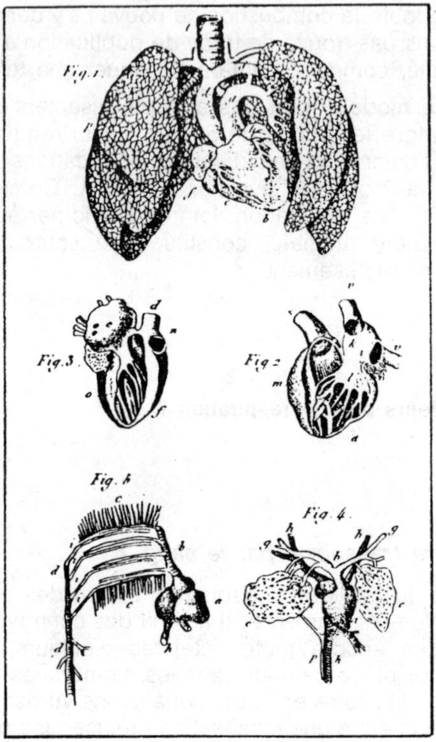

Fig. 27 : *Appareil cardio-respiratoire décrit pour l'enseignement au milieu du XIXème siècle.*

Lagrange par exemple déclare que si toute la chaleur qui est "distribuée dans l'économie animale était produite dans les poumons, nécessairement la température de ceux-ci augmenterait jusqu'à un degré qui ferait craindre leur destruction...", et il ajoute même que "si la température du poumon était si différente des autres parties de l'animal, il est étonnant que celle-ci n'ait jamais été observée". Il croit plutôt que la chaleur est produite par toutes les parties du corps où le sang circule.

Son schéma est alors le suivant : le sang passe dans les poumons et dissout l'oxygène, qui est transporté dans les artères. Pendant son transport, l'oxygène quitte graduellement son état dissous pour se combiner partiellement avec la carbone et l'oxygène et former de l'eau et du dioxyde de carbone. C'est une opinion que développe encore Focillon en 1857 dans son Histoire Naturelle sans emporter le consensus :

> *La respiration a pour but d'introduire dans le sang des principes gazeux empruntés à l'atmosphère, et d'y exhaler les gaz impropres à la vie dont ce liquide s'est chargé pendant la nutrition. Une telle fonction a pour condition première la mise en présence du sang et des éléments respirables de l'atmosphère : le sang est donc amené sous une des membranes que peut baigner extérieurement le milieu respirable, et là, par endosmose, à travers le tissu membraneux, se fait l'échange de gaz qui constitue essentiellement l'acte respiratoire. Le principal corps gazeux que recherche ainsi le sang dans les milieux respirables est l'oxygène ; et il s'offre aux animaux tantôt libre et mêlé à l'azote dans l'atmosphère, tantôt dissous avec ce dernier gaz dans l'eau où vivent les animaux. La peau de l'animal peut, dans beaucoup d'espèces aquatiques, servir d'organe respiratoire : le sang se répand sous cette membrane dont l'eau chargée d'air baigne la surface extérieure, et la fonction peut s'exécuter. Mais dès que l'organisme est plus perfectionné, la respiration se localise sur un point déterminé du corps, soit à sa surface extérieure, soit dans une cavité librement ouverte au dehors. Quoi qu'il en soit, on voit toujours le sang se présenter au contact du milieu respirable sous une membrane délicate à travers laquelle s'échangent les principes gazeux.*

Son argumentation porte alors sur les points suivants:

> *Modification dans la constitution du sang. - A l'étude des modifications que présente l'air après son passage dans les organes respiratoires, il convient de faire succéder un examen analogue concernant les changements qui ont eu lieu dans le sang. De nombreuses recherches ont eu pour but de déterminer les différences que l'on peut constater chez les animaux supérieurs entre le sang rouge et le sang noir. La première et la plus saillante est celle de la couleur ; je n'y reviens pas, elle est suffisamment connue. Mais il faut y ajouter que*
>
> *1° Le sang rouge est plus chaud que le sang noir ; Davy estime la différence à environ 1°,3 ;*
>
> *2° Le sérum y est un peu moins abondant que dans le sang noir ;*
>
> *3° Le sang rouge contient une plus grande quantité d'oxygène que le sang noir ;*
>
> *4° Le sang noir enferme un excès d'acide carbonique sur la quantité d'oxygène qu'il contient.*
>
> *Ces deux faits résultent surtout des belles expériences de M. Magnus de Berlin, et voici les résultats des évaluations qu'il a obtenues en expérimentant sur des chevaux.*

Quantités comparatives de gaz extraites de 100 centimètres cubes de sang rouge ou de sang noir.

	Acide carbonique	Oxygène	Azote	Somme des trois gaz
Sang rouge	6,49	2,42	1,51	10,42
Sang noir	5 50	1 17	1 01	7 68

On voit donc que le sang contient toujours beaucoup plus d'acide carbonique que d'oxygène ; que le sang rouge renferme une plus grande masse de gaz que le sang noir, mais qu'il fournit plus du double en oxygène, de telle sorte que, proportionnellement, le sang rouge possède plus oxygène et un peu moins d'acide carbonique que le sang noir. Il est certain que dans les expériences de M. Magnus la totalité de l'acide carbonique n'est pas extraite ; on a lieu de croire que le sang veineux contient au moins 1/5ème de son volume d'acide carbonique. M. Magnus n'aurait donc guère obtenu que le quart de la quantité réelle.

On peut affirmer, en résumé, que dans la respiration le sang augmente les quantités de gaz qu'il tient en dissolution, et que cette augmentation porte surtout sur l'oxygène qui s'accroît dans la proportion de 1 à 2, tandis que pour l'acide carbonique cette proportion n'est que de 5 à 6 et pour l'azote de 2 à 3.

Mais le fait capital qui ressort de ces expériences, c'est que l'acide carbonique existe tout formé dans le sang. Ce fait a changé les idées que l'on avait à une certaine époque sur la nature des phénomènes respiratoires.

Depuis les recherches de Lagrange (1795) jusqu'à celles de Focillon (1857) un grand nombre de travaux suggèrent que la respiration ne se limite pas aux poumons, que les animaux sans poumons... et que même les tissus respirent. De même, De Saussure reprenant un travail de Ingen Housz et Sénébier montre qu'à l'obscurité les plantes absorbent de l'oxygène et rejettent du gaz carbonique. En dépit de ces évidences, l'idée que la respiration est seulement l'affaire des poumons des animaux se maintient durant de nombreuses années encore.

Avec le recul, on peut mettre en lumière de nombreux obstacles empêchant de fonder cette idée nouvelle, en particulier le transport d'oxygène par le sang pose problème. La dissolution, seul phénomène mis en avant, ne pouvait alors expliquer qu'une quantité nettement insuffisante de ce gaz par rapport aux besoins préssentis.

Ainsi, suite aux objections de Lagrange et pendant au moins 60 ans, vont se succéder une série ininterrompue de recherches pour tenter de démonter l'existence de quantités importantes de gaz dans le sang (Mitscherlich, Tiedemann, Guelin, Magnus).

Par exemple, Magnus, grâce à une pompe à vide établit la présence dans le sang d'azote, d'oxygène et de gaz carbonique. Sa conclusion confirme le travail de Lagrange : "Il est probable que le gaz oxygène est absorbé dans les poumons et transporté par le sang dans le corps ; ainsi sert-il dans les capillaires pour une oxygénation et sans doute pour la formation d'acide carbonique" [1]. Il est aussitôt critiqué par Gay Lussac et Magendie entre autres. Dans ce même temps, il indique que le sang total transporte plus d'oxygène que le sérum, sans toutefois porter son intérêt sur les globules rouges.

Liebig est un des premiers à suggérer l'idée des globules rouges, en même temps que celle du rôle éventuel d'un composé ferreux rouge. Dans la première édition d'Animal chemistry (1842), il note déjà que "les corpuscules du sang contiennent un composé de fer", et ajoute que "la présence constante du fer dans le sang rouge fait conclure qu'il est essentiel à la vie animale, et depuis que les physiologistes ont montré qu'il n'intervient pas dans la nutrition, on peut dire sans aucun doute qu'il assure un rôle dans la respiration. Ce composé de fer du sang doit être un composé oxydé, car il peut être décomposé par le sulfite d'hydrogène, de la même manière que les oxydes de fer ou les composés de fer similaires". De plus, Liebig complète son étude en insistant sur "la tendance des composés de fer à prendre l'oxygène ou à perdre l'oxygène en fonction des corps mis en contact", et en précisant que le fer est présent, sous forme d'une combinaison avec des constituants de l'organisme". Il conclut alors sur le fait que "les corpuscules du sang artériel contiennent un composé de fer qui est saturé en oxygène... (qu'il perd) lors du passage à travers les capillaires... et le composé riche en oxygène est transformé par la perte d'oxygène en un composé pauvre en oxygène".

La suite de l'histoire de cette question sera longue et délicate, les chercheurs buteront sur une série de difficultés aux niveaux chimique, biochimique, stéréochimique et thermodynamique. Avec le modèle des *transitions allostériques* de Monod, Wyman et Changeux [2], la solution actuelle est encore très contestée.

---

1 Magnus - *Ueber die im Blute enthaltenen Gaze* - Trad. Ann. Sc. Nat. 2ème série, tome VIII, 1837.

2 Ce point est à lui seul une histoire à rebondissements où les travaux de Teichmann (1852), Hoppe Seyler (1854), Aider (1925), Pauling (1934), Haurowitz (1935), Roughton et Wyman... demanderaient à être analysés.

Fig. 7. — Chien respirant un mélange gazeux.

Fig. 21. — Poche de caoutchouc pour coiffer les animaux de petite taille.

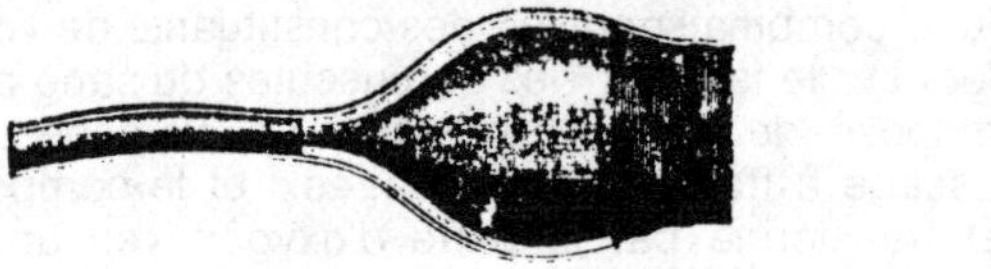

Fig. 22. — Muselière de bois et caoutchouc (ouverte).

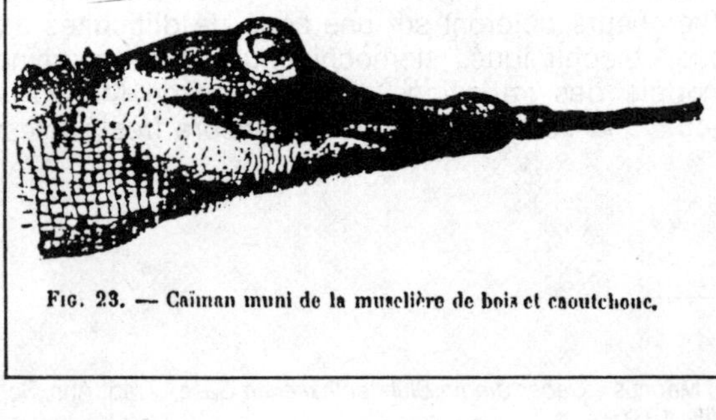

Fig. 23. — Caïman muni de la muselière de bois et caoutchouc.

Fig. 28 : *Matériel pour l'étude des échanges gazeux et du métabolisme. Paul Bert, 1870.*

La respiration des tissus.

Quant au lieu de la respiration, le problème sera travaillé significativement vers 1870 par P. Bert [1]. Certes, Spallanzani avait bien avancé sur cette voie à la fin du XVIIIème siècle, mais peu l'avaient suivi et ces travaux étaient restés peu connus. Pourtant son expérimentation est intéressante comme le montre le texte ci-dessous [2], mais alors le débat était ailleurs.

> *Je cherchai si la chair de l'homme et sa peau auraient quelque influence sur l'air. Dans ce but je pris quelques petits morceaux de la peau et de la chair d'un cadavre fraîchement mort, je les plaçai sous des tubes contenant 29,71 centimètres cubes, ou 1 pouce 1/2 cube d'air commun fermé par le mercure ; je les tins sur mon fourneau à la température de 13° à 20° pendant 41 heures.*
>
> *La peau absorba tout le gaz oxygène, et produisit 4° d'acide carbonique.*
>
> *La chair absorba 17° 1/2 de gaz oxygène et produisit 4° 1/2 d'acide carbonique ; mais ce morceau de chair n'offrit pas à l'air une surface aussi grande que la peau.*
>
> *Un autre morceau de cette chair dans le gaz oxygène et avec les mêmes circonstances absorba 49° de ce gaz.*
>
> *Dans le même moment je variai cette expérience en la faisant à la température de 7° pendant le même temps et dans l'air commun ; chacun des morceaux de cette peau et de cette chair pesait 15,33 grammes ou 289 grains, comme les précédents.*
>
> *Le morceau de chair absorba 17° de gaz oxygène et produisit 3° d'acide carbonique.*
>
> *Le morceau de peau absorba 14° 1/2 de gaz oxygène et produisit 4° 1/2 d'acide carbonique.*
>
> *Il résulte donc de ces expériences que la chair et la peau humaine aborbent le gaz oxygène de l'atmosphère ; que la différence de la température influe sur cette absorption, comme dans les autres animaux, et que l'absorption de ce gaz est plus grande dans le gaz oxygène que dans l'air commun.*

Spallanzani fait d'autres observations dans d'autres conditions et avec d'autres tissus avant de conclure :

> *Il résulte donc de ces expériences :*
>
> *1. Que la peau et la chair des hommes absorbent le gaz oxygène et produisent l'acide carbonique : la chaleur augmente ces effets.*

---

1 P. Bert - *Leçons sur la Physiologie comparée de la respiration* - J.B. Baillère. Paris, 1870

2 Spallanzani - *Mémoire sur la respiration*, trad. Franç. 1803.

2. La peau absorbe plus de gaz oxygène que la chair, mais moins qu'une grenouille.
3. Il y a autant d'acide carbonique produit par la peau et la chair dans l'air commun que dans le gaz hydrogène, elles absorbent le gaz hydrogène.
4. Les cheveux absorbent le gaz oxygène, produisent l'acide carbonique et l'azote.

P. Bert reprend d'ailleurs ces travaux, il les cite longuement, de même il se réfère à d'autres études qui se révélèrent peu convaincantes de Bernard, Liebig, Matteuci et Valentin, avant de proposer la méthodologie suivante :

Nous opérons toujours sur des animaux qui viennent d'être tués, et dont les tissus sont séparés du corps avec la plus grande rapidité possible. Ces animaux sont mis à mort par hémorragie. Ce n'est pas que nous redoutions beaucoup l'influence du sang retenu dans les tissus sur l'intensité des échanges gazeux : Spallanzani et, bien plus tard, J. Liebig ont montré qu'elle est de peu de conséquence ; mais il importait d'employer toujours le même genre de mort.
Les tissus, une fois séparés du corps, sont coupés en petits morceaux mesurant environ un centimètre cube. On dispose alors ces fragments en plusieurs étages, sur des grilles de cuivre, et dans des éprouvettes renversées sur le mercure. Ces dispositions ont pour but de rendre aussi également que possible les surfaces avec lesquelles l'air se trouvera en contact, et de le faire circuler facilement autour des fragments de tissu qui, sans les grilles de soutien, s'affaisseraient irrégulièrement. Il est évident, en effet, que l'absorption d'oxygène et l'exhalation d'acide carbonique doivent s'opérer à la superficie des fragments, et que plus étendue sera celle-ci, plus grande sera l'intensité des phénomènes d'échange.
Ces nombreuses mesures sur différents tissus effectuées à l'aide de l'appareillage suivant lui confirment l'existence d'une telle respiration, et son mécanisme est précisé.

Exemple 1 : *un métis de chacal et chien est tué par hémorragie ; immédiatement les tissus dont l'indication suit sont arrachés du corps, coupés en morceaux, disposés comme il a été dit plus haut dans les éprouvettes dont la capacité est proportionnellement au poids des tissus employés ; le rapport est de 50 grammes pour 180 centimètres cubes. La température est de 10 degrés ; dans la nuit, elle a dû s'abaisser près 0 degré ; 24 heures après le début de l'expérience, elle est encore de 10 degrés ; on procède à l'analyse des gaz et il est ainsi constaté que :*

	cc.		cc.
100 gr. de muscles ont absorbé	50,8	d'oxyg. et exhalé	56,8 d'ac. carb.
100 gr. de cerveau	45,8	....	42,8
100 gr. de reins	87,0	....	15,6
100 gr. de rate	27,3	....	15,4
100 gr de testicule	18,3	....	27,5
100 gr. d'os brisés, avec leur moelle .	17,2	....	8,1

La hiérarchie descendante établie par cet exemple, quant à l'intensité de l'absorption d'oxygène par les divers tissus, ne s'est jamais démentie, quelle que fut la durée de l'expérience ; mais la valeur des différences est sujette à de grandes variations.

Exemple 2 : *Chien. Les tissus n'ont été laissés que deux heures dans l'air ; la température était de 17 degrés.*

	cc.		cc.
100 gr. de muscles ont absorbé	53,0	d'oxyg. et exhalé	39,8 d'ac. carb.
100 gr. de reins	21,8	....	34,2
100 gr. de rate	13,9	....	26,6
100 gr. d'os brisés, avec leur moelle .	10,6	....	12,6

Exemple 3 : *Chien. Analyses faites après vingt-deux heures de séjour ; la température a oscillé autour de 10 degrés.*

	cc.		cc.
60 gr. de cœur ont absorbé	21,60	d'oxyg. et produit	24,40 de CO^2
60 gr. de foie	9,4	....	12,07

Le cœur se comporte à peu près comme les muscles, et donne parfois même une consommation plus grande d'oxygène, ce qu'il ne faudrait pas rapporter au sang qui reste adhérent à ses fragments, car la rate qui en contient certes davantage, n'occupe dans notre liste qu'un rang inférieur.
On peut remarquer encore que la hiérarchie relative à l'exhalation de l'acide carbonique ne correspond pas à celle de l'absorption oxygénée, et qu'il ne paraît y avoir aucun rapport entre ces deux termes de l'échange gazeux, envisagés pour un même tissu : nous reviendrons tout à l'heure sur les conséquences de ce fait qui est très général. Je crois inutile de multiplier des citations d'expériences qui ne seraient, sauf des différences de détails, qu'une répétition.

Il est inutile d'ajouter quelque chose, surtout que le consensus semble alors s'établir sur l'existence d'une respiration tissulaire.

L'énergétique respiratoire.

Les ferments.

Le problème de la combustion a été un autre obstacle d'importance car comment une telle combustion pouvait-elle se passer *lentement*, sans *émission de lumière et sans destruction des tissus* ? D'ailleurs pouvait-on faire l'analogie entre la combustion et la respiration... et même entre oxygénation, combustion et respiration ? C'est le pas franchi par Lavoisier quand il annonce, dès 1777, que "la respiration est une combustion lente d'une portion de carbone que contient le sang, et que la chaleur animale est entretenue par une portion de calorique qui se dégage, au moment de la conversion de l'air vital de l'atmosphère, en gaz carbonique, comme il arrive dans toute combustion du carbone" [1]..

Ces mémoires, qui renouvellent la problématique, seront le point de départ d'un ensemble de discussions sur la question de l'énergétique durant tout le XIXème siècle, en même temps qu'étaient envisagés, le lieu de cette combustion, ou ses modalités. Tour à tour, Allen et Peppys (1808), Dulong (1823), Desprezt (1824) pour ne citer que les principaux, évaluent le rapport entre l'oxygène entrant et le gaz carbonique sortant, pour conjecturer sur les éléments de cette combustion. Berzelius (1840) et surtout Liebig [2] (1842) cherchent les constituants du sang qui peuvent intervenir. Les protéines du sang, appelées alors *protéines vitales* sont mises en avant. Il faut dire que les techniques utilisées ne peuvent détecter aucun sucre dans le sang artériel, et les lipides sont considérés comme des substances trop désorganisées pour être utiles [3].

De plus, de 1820 à 1850, grâce au développement de la thermodynamique [4], de nouvelles mesures de production de chaleur sont effectuées. Liebig, notamment, reprend implicitement la loi de sommation de la chaleur pour jeter les bases de ce qui deviendra l'étude du *métabolisme*.

---

1 Travaux qu'il reprit avec Laplace et Seguin (voir précédemment).

2 Liebig - *Animal chemistry* - 1842.

3 Un autre argument avancé pour corroborer cette idée est que les protéines végétales passent dans le sang sans changement chez les herbivores !

4 Suite aux travaux de Watt sur la machine à vapeur, la calorimétrie est établie (notamment par Laplace et Lavoisier), elle débouche sur la loi de sommation de la chaleur (Hess, 1840) et sur l'introduction de l'unité *calorie* (Favre, 1853).

Cependant les données calorimétriques sont difficiles à obtenir avec précision ; les sources d'erreurs sont encore nombreuses, difficilement repérables. Les résultats obtenus par Liebig sont trop approximatifs, le plus souvent inexacts pour convaincre. Il est vrai que Helmholtz, pourtant fervent protagoniste de la nouvelle thermodynamique, se demandait encore si l'on pouvait faire une égalité entre la chaleur de combustion d'une substance et la somme des chaleurs de combustion du carbone et de l'hydrogène contenues dans celle-ci.

Il fallut ainsi attendre la fin du X!Xème siècle, avec les développements de la 2ème loi de la thermodynamique et les concepts d'entropie et d'enthalpie, (Clausius, Kelvin 1850-1852), de la thermodynamique appliquée à la chimie (Gibbs, Helmholtz 1847), et de la calorimétrie, notamment à oxygène (Thomson 1875, Berthelot 1881, Rubner 1894). Berthelot, en particulier, propose de mesurer la production de chaleur, en regardant le rapport entre le carbone et l'hydrogène échangés durant la respiration, et de déterminer la chaleur de combustion des protéines et des lipides du chien et des constituants organiques de l'urine. Il trouve alors, ce qui semble aujourd'hui normal mais qui fut aussi difficile à établir, que la chaleur produite par un animal égale la chaleur de combustion des éléments [1].

Ce problème pratiquement résolu, une foule d'autres étaient alors aperçus : ceux liés à l'étude des réactions chimiques de la respiration . On commence à peine à soupçonner la suite de réactions concernant l'oxygénation ou l'importance des protéines *vitales*, en tant que catalyseurs des phénomènes respiratoires.

Le point de départ de cette idée, évidemment retenue par la postérité, est l'étude déjà ancienne des fermentations. Il s'avérait, en effet, que ces réactions étaient également productrices d'énergie et Traube se dépêcha de généraliser cette théorie à toutes les réactions catalysées par les ferments.

Cette idée n'est cependant pas plus convaincante pour ses contemporains que ne le fut sa théorie de l'ozone. Il est vrai qu'au moment où Traube développe sa théorie chimique des fermentations, Pasteur connaît un grand succès avec son idée des micro-organis-

---

1 Il fallait en particulier toujours dépasser l'obstacle du vitalisme bien présent, pour ramener les réflexions à un déterminisme strictement physico-chimique. Sur le plan strictement conceptuel, il fallait également introduire des idées aujourd'hui habituelles, mais hélas jusqu'alors inconnues, de réaction endothermique, réaction exothermique, et d'énergie libre.

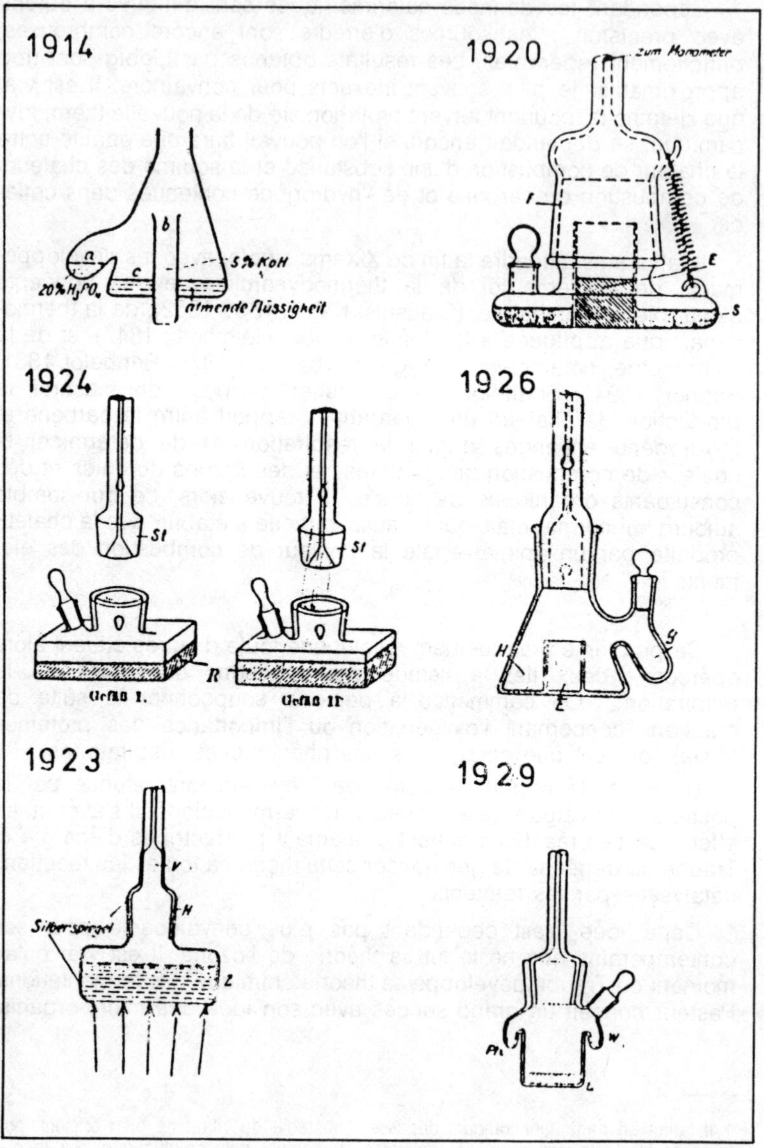

Fig. 29 : *Evolution des manomètres au XXème.*

mes. Or, ces deux théories paraissent alors complètement incompatibles...

Des catalyseurs aux transporteurs d'électrons.

La question d'une éventuelle intervention de ferments ne pourra être reprise que dans les années 1890, quand Englet et Bach (1897), Baeyer et Villiger (1900) corroborent expérimentalement l'existence de réactions chimiques catalysées. Elle sera le point de départ de recherches intéressantes, car, entre temps, A. Jacquet (1890) avait déplacé le problème en montrant que des extraits aqueux de tissus animal contenaient des "catalyseurs" pour l'oxydation de certaines substances (par exemple l'alcool benzénique ou le salicylaldéhyde).

Cette idée de catalyse par un ferment permet alors de reprendre l'hypothèse exprimée par Dumas (1840): "la combustion peut être conçue comme une combustion par étapes". Hoppe Seyler [1] peut ainsi écrire que : "dans le protoplasme, les synthèses et les catalyses se déroulent suivant des séries d'étapes intermédiaires. Toutefois, il ajoute qu'il ne s'agit pas toujours de la même sorte de réactions chimiques, il s'agit plutôt d'une série de réactions", et un peu plus loin, il conçoit une séquence de réactions chimiques séparées et une direction définie de production qui forme une organisation chimique.... et qui peut expliquer sa vitesse et certainement ses fonctions.

En 1875, il était clair que le procédé de combustion ne pouvait plus être comparé comme l'auraient fait Laplace et Lavoisier à une *"cuisson de corps carbonés dans un fourneau"*. Mais les explications sur cette combustion lente, effectuée à une température compatible à la vie, semblaient peu crédibles. On avait bien, depuis le milieu du siècle, avancé un certain nombre d'analogie mais sans convaincre. Liebig avait suggéré une oxydation lente, due aux mouvements accélérés des molécules dans le sang. Mayer avait proposé une oxydation favorisée, mais en même temps freinée, par la surface des capillaires poreux, à la manière du platine facilitant l'oxydation des composés organiques (travaux de Davy et de Döbereiner). Bence Jones avait pensé aux rôles des membranes dans cette oxydation, et Lehman avait suggéré un rôle important des bases.

D'autres encore, mettaient en avant l'importance de structures

---

1 Hoppe Seyler introduit par ailleurs le terme d'hémoglobine en 1864.

biologiques particulières pour *activer* l'oxygénation tout en la limitant. Une d'entre elles fut appelée *ozone* par Schonbein (1840) à cause de son odeur. Cette idée est reprise en 1862 par A. Schmidt qui développe une véritable théorie de l'ozone, expliquant les oxydations respiratoires, et par W. Kuhne, qui précise que "l'oxyhémoglobine contient réellement de l'oxygène qui donne la réaction ozonique, et qui est plus oxydante que l'oxygène courant".

Toutefois, les arguments expérimentaux sont rares et peu convaincants. Ils seront combattus par Pfluger [1], et cette théorie disparaîtra sans bruit, au bout de quelque temps, faute d'adeptes !

En 1920, une étape nouvelle peut être établie ; elles est décrite cette fois au niveau cellulaire, comme *une chaîne de réactions catalysées* débouchant sur la production d'un travail et de chaleur, nécessitant de l'oxygène transporté par l'hémoglobine avec dégagement de gaz carbonique. Toutefois, la chaîne des produits chimiques intervenant dans les réactions, est encore presque totalement ignorée. Elle est seulement pressentie comme une hypothèse explicative par rapport aux données en présence. Le rôle de l'oxygène au niveau de la réaction, semble pratiquement inconnu, il est seulement nécessaire, et l'accent est alors mis sur des réactions de déshydrogénations qui surgissent de toute part.

Le point de départ de cette nouvelle hypothèse de travail semble être l'étude de Schardinger (1902), qui, en particulier, avait nettement porté l'attention sur la possibilité d'un transfert d'atome d'hydrogène, et sur des interventions d'oxydants comme le bleu de méthylène appelé alors *accepteur d'hydrogène.* Une série de travaux vont compléter cette idée, d'abord J. Parnas (1910) présente une aldéhyde mutase, un des premiers catalyseurs connus, capable de transformer un aldéhyde en alcool et acide suivant la réaction :

$$2\ R\ CHO + H_2O \rightarrow R\ CH_2OH + R{-}COOH$$

Ensuite, Einbech (1913) décrit une série de transformations entre : l'acide succinique → acide fumarique → acide malique. Ces différents travaux amènent Wieland à proposer une théorie de la déshydrogénation : "si les procédés oxydatifs peuvent être considérés comme des déshydrogénations, comme il a été démontré dans de nombreux cas, cela détermine dans le même temps une réaction : l'hydrogène activé doit être pris par un accepteur". Malgré ces déficiences aujourd'hui nettement visibles, en particulier dans la caractérisation des déshydrogénations, de nombreux chercheurs acceptent cette théorie. Elle va même jusqu'à englober l'idée de

---

1 Pfluger - *Gasometrik des Blutes* - Zentralb f. d. medic. Wissensch. 1866.

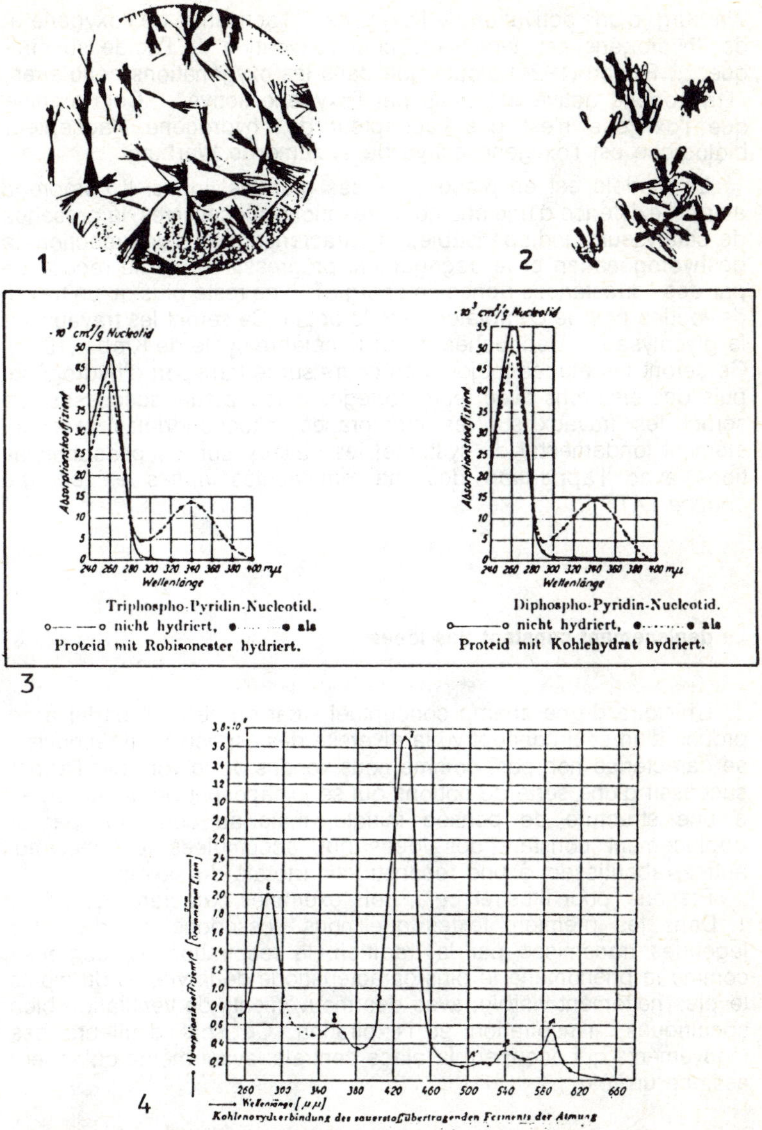

Fig. 30 : *Cristallisation de la luminoflavine (1) et du picrolomate de nicrotramide (2). Warburg, 1938. Spectre d'absorption du NADP et du NAD (3) - Warburg, 1938. Spectre d'action de la photodissociation de la co-cyto-chromoxidase (4) - Warburg 1932.*

Warburg, d'une activation de l'oxygène : "l'activation de l'oxygène et de l'hydrogène est nécessaire pour l'oxydation de l'acide succinique".... Flusch (1924) ajoute que dans les oxygénations cellulaires, "l'hydrogène activé est *brulé* par l'oxygène activé"... Cela signifie que l'oxygène n'est pas l'accepteur de l'hydrogène, l'accepteur biologique est l'oxygène activé du système de Warburg".

Le modèle est en place dans ses grandes lignes. Il comprend alors : l'existence d'une chaîne de réactions successives, la présence de catalyseurs, indispensables et caractéristiques d'une réaction, la déshydrogénation et le dégagement progressif d'énergie récupérée par des "substances riches en énergie". Il ne reste plus qu'un travail de routine pour le compléter dans le détail. Ce seront les travaux sur la glycolyse qui déboucheront sur le célèbre cycle de Krebs (1949). Ce seront les études toujours en cours sur le transport d'hydrogène, puis des électrons avec leurs cortèges d'accepteurs successifs. Ce seront les travaux sur les membranes mitochondriales et enfin, élément fondamental du système, les travaux sur les phosphorylations avec l'apparition des macromolécules *riches en énergie comme l'ATP* [1].

Le déplacement constant des idées.

L'histoire de ce champ conceptuel - car on ne peut parler à ce propos d'un seul concept vu la diversité des aspects qu'il recouvre - se caractérise non pas, comme nous venons de le voir, par l'apport successif d'une série de notions qui se juxtaposent progressivement à une structure de pensée initiale, mais au contraire, par un déplacement constant des idées qui, accumulées les unes aux autres, aboutissent à une reconstruction totale du savoir.

Prenons, pour illustrer cela, trois exemples caractéristiques :
1. Dans les premiers textes que nous possédons, ou dans les légendes transmises par la tradition, la respiration est comprise comme le phénomène le plus caractéristique de la vie, ou du moins le plus nettement visible, avec des mouvements de ventilation bien spécifiques : l'inspiration et l'expiration. Ce sont d'ailleurs ces mouvements qui occupent la place centrale, avant même qu'on leur assigne un rôle.

---

1 Chacun des éléments nécessiterait une étude historique particulière tant ils ont été avancés et acceptés difficilement.

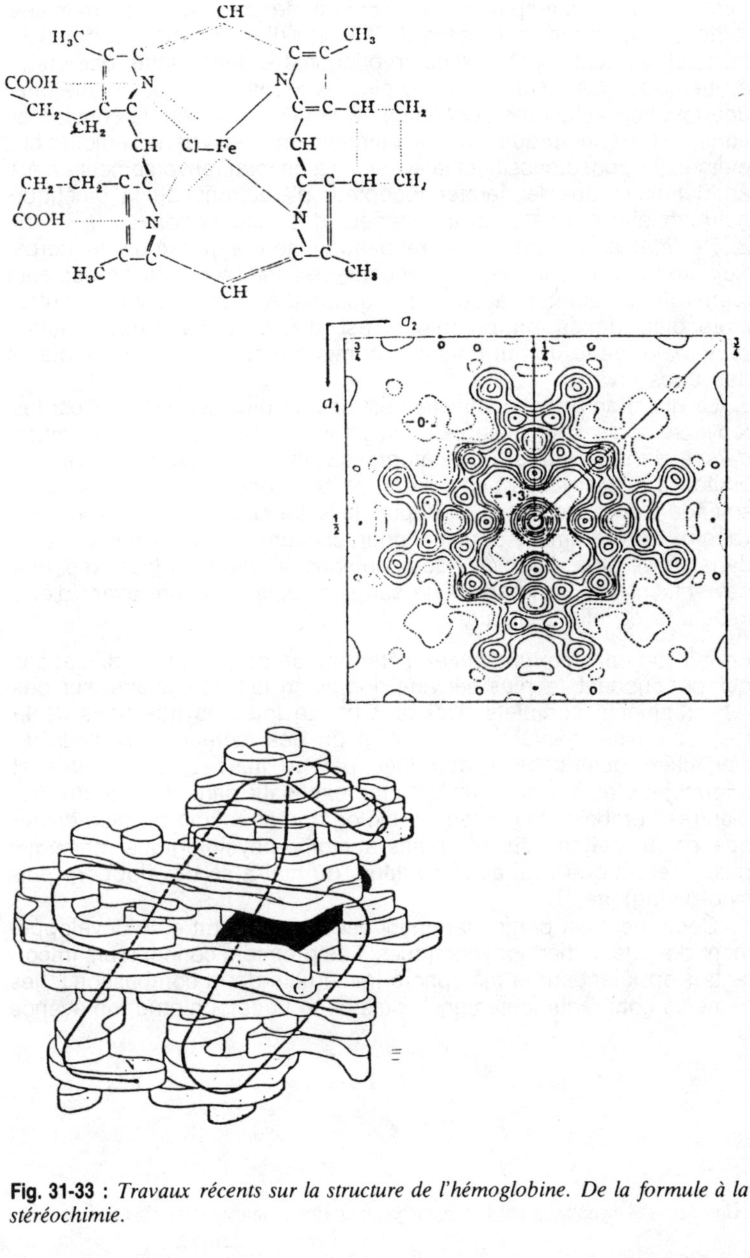

Fig. 31-33 : *Travaux récents sur la structure de l'hémoglobine. De la formule à la stéréochimie.*

Actuellement, la respiration est considérée comme un phénomène difficilement perceptible, situé à l'intérieur d'un organite cellulaire [1] ; l'aspect ventilation est devenu un phénomène secondaire, particulier à quelques types d'animaux. De plus, la respiration n'est même plus une fonction autonome et centrale ; à la limite, on peut la considérer comme un sous-produit de la nutrition, car l'oxygène, aujourd'hui élément supposé passif - et là aussi il y a un total renversement - n'est en définitive que le dernier récepteur d'électrons de la cinétique nutritionnelle qui se situe à l'intérieur des mitochondries.
2. De même, au début, la respiration sert à rafraîchir le corps. Aujourd'hui au contraire, ses mécanismes internes sont producteurs d'énergie, notamment avec la production d'ATP et de diverses autres molécules riches en énergie. C'est d'ailleurs sa caractéristique principale, celle qui lui donne son importance pour la quasi-totalité des êtres vivants.
3. La question de la localisation est encore plus significative car les renversements sont multiples. On pense d'abord à une respiration *diffuse* dans le corps. Puis, progressivement, la respiration va être limitée à des organes particuliers les poumons ou le cœur. Mais la science n'en reste pas là, et depuis le XVIIème siècle, le phénomène va être constamment déplacé pour en faire un phénomène diffus dans l'ensemble du corps ; des poumons où elle était localisée, elle devient ensuite un phénomène sanguin, puis tissulaire avant d'être cellulaire et infra-cellulaire.

En fait, on constate une suite ininterrompue de petites modifications qui débouchent le plus souvent, lorsqu'on fait des bilans, sur des renversements complets d'idées. Chaque fois, les questions de la respiration se trouvent - et c'est là un des moteurs essentiels de l'évolution des idées -, abordées par un autre angle de vue et reformulées au travers d'un système explicatif particulier, fourni par d'autres composantes du savoir biologique ou même physico-chimique en la matière, sur les plans anatomo-physiologique, chimique puis énergétique (qui aura d'ailleurs du mal à se développer), puis cyto-biologique.

Cet aspect est particulièrement net avec l'apport et le développement des idées thermodynamiques. Les premiers concepteurs importants s'appuient sur la métaphore immédiate de la combustion : "les aliments sont cuits lentement", puis avec la calorimétrie, on avance

1 Une nouvelle hypothèse fait des mitochondries des organismes symbiotes !

l'analogie : "respiratoire = combustion = oxydation", avant de passer aux idées actuelles de "système ouvert à l'entropie négative" [1].

L'apport cellulaire a été, dans ce contexte, également primordial : dans un premier moment, il centre l'étude de la respiration à son niveau, puis à l'intérieur d'un de ses organites, les mitochondries, dans un second moment il fournit un ensemble d'outils pour en comprendre son utilité (nécessité de synthèse) et ses caractéristiques (champ de réactions successives localisées sur des membranes spécifiques et catalysées par une enzymatique contrôlée génétiquement, etc...) [2].

Avec le développement de la théorie cellulaire, c'est la cellule qui est prise comme unité de base de la respiration et avec le développement du microscope électronique, et celui plus tardif des traceurs radioactifs, on arrivera à se poser des questions sur le rôle interne des mitochondries. Aujourd'hui le nouveau concept de compartiment semble reprendre un certain nombre de ces apports.

Quelques références

Hippocrate (460-377) - *Traité des Maladies Sacrées*
Aristote (384-322) - *Traité des parties des animaux (tome 2)*
Galien (IIème siècle après J.C.) - *Opéra Ommia*
Vesale (1514-1564) - *De humani corporis fabrica, 1543*
Harvey (1578-1657) - *Exicitation anatomica de moter cordis et sanguinis in animali* Francfort, 1628

---

1 L'analogie est souvent, dans un premier temps, un moteur pour faciliter la compréhension des mécanismes. Ainsi on constate dans ce domaine l'analogie combustion - respiration, puis combustion lente - respiration, combustion - respiration - oxydation - etc...

2 La difficulté d'obtenir un consensus, loin d'être inhibitrice est un second facteur d'évolution. Elle favorise la prise de recul, la confrontation, la recherche d'arguments nouveaux. A court terme, elle peut paraître stérile car elle n'est pas exempte de querelles de personnes ; à long terme, on constate qu'elle induit des reformulations d'idées anciennes dans un cadre de référence et une problématique nouveaux, c'est-à-dire en fait la production de modèles neufs.

Malphighi (1628-1694) - *Duae Epistolae du Pulmonibus, 1661*
Mayow (1640-1679) - *Médico-physical Works, 1674.*
Hales (1677-1761) - *Hémostatique ou la statique des animaux, 1744*
Hales (1708-1777) - *Primea linege physiologie, 1769*
Priestley (1733-1804) - *Expériences sur les différentes espèces d'air, 1777*
Lavoisier (1743-1761) - *Expériences sur la respiration des animaux, 1777 ; (avec Seguin) Premier mémoire sur la respiration des animaux, 1789 ;*
(avec Seguin) *Premier mémoire sur la transpiration des animaux, 1790 ;*
Œuvres complètes (posthume 1862)
C. Bernard (1813-1878) - *Leçons sur les échanges des substances toxiques et médicamenteuses, 1857*
Leçons sur les propriétés des êtres vivants, 1866
Spallanzani (1729-1799) - *Mémoires sur la respiration (trad. Franç.), 1803*
Liebig (1803-1873) - *Animal Chemistry, 1842*
Ueber die Respiration der Muskeln, 1850
Magnus (1802-1870) - *Ueber die im Blute enthaltenen Gaze, 1837*
Bert (1833-1886) - *Leçons sur la physiologie comparée de la respiration, 1870*
Hoppe Seyler (1825-1895) - *Recherches sur les propriétés optiques et chimiques de l'hémoglobine, 1864*
Recherches sur les différences entre le spectre de l'oxyhémoglobine et de l'hémoglobine oxycarbonée, 1965.
Physiologische Chemie (1877-1881)
Warburg (1883-1970) - *Action catalytique de la substance vivante, 1928*

Pour en savoir plus

Marcel W.A. *A contribution to the history of the respiration of man. London. S. et A. Churchill. 1897.*

Mendelsohn E. *Heat and life : the development of the theory of animal heat. Cambridge Miss Harvard, 1964.*

Grmek M. *Raisonnement expérimental et recherches toxicologiques chez Claude Bernard. Droz - Genève, 1973.*

Risse G.B. Bellows, *Particles and combustion : 17th. Century respiratory physiology.* Communication colloque Ischia - 1984.

2

Vers la compréhension des êtres infiniment petits...

"Microzoaires, microphytes, aérobies, anaérobies, microgermes, micrococci, microzymas, bactéries, bactéridies, vibrions, microdermes, conferves, ferments, monades, animalcules, corpuscules, torules, penicillium, aspergillus, infusoires, leptothrix, leptothricum, spores de l'achorium, de favus, de l'oïdium, du muguet, organismes de l'acide tartrique droit et gauche, zymases septiques et septicémiques, etc...".Quand, le lundi 11 mars 1878, à la séance hebdomadaire de l'Académie des Sciences, le vieux chirurgien Charles-Emmanuel Sédillot propose le mot *microbe* [1] comme nom généri-

---

1 "De l'influence des découvertes de M. Pasteur sur les progrès de la chirurgie", in *Comptes rendus de l'Académie des Sciences,* Tome 86, 1878, p. 634. L'histoire du choix du mot est retracée, sur le plan strictement linguistique, par Emile Benveniste, dans *Problèmes de Linguistique Générale,* Paris : Gallimard, Collection Tel, Tome 2, p. 164-168. Il importe de dire que deux conceptions existent fréquemment sur l'origine du mot "Microbe" : soit on pense que c'est Pasteur lui-même qui l'inventa, soit on pense que le mot est beaucoup plus ancien. Pourtant de nombreux livres mentionnent le rôle de Sédillot, sur lequel nous reviendrons. Nous reviendrons aussi sur le rôle que la *dénomination elle-même* a joué dans l'histoire du mouvement microbien.

que, il veut faire cesser "les discussions interminables entre les partisans des microzoaires et des microphytes" [1].

Pourtant, il y a là bien plus qu'une simple volonté de mettre tout le monde d'accord en employant un mot qui ne préjuge en rien de la nature animale ou végétale de ces organismes. Sédillot pense et dit, en fait :

- S'il faut un nouveau nom pour désigner les infiniment petits, c'est que les anciens ne remplissent plus leur rôle et qu'il est désormais devenu inutile de leur chercher une origine dans un règne ou dans l'autre. Le problème a changé de terrain : on était sur celui des classificateurs, voire celui de l'anatomie microscopique, on pénètre, avec les *microbes*, sur le terrain médical ;

- "Les noms de ces organismes sont très nombreux et devront être définis et en partie réformés" [2] : l'ancien monde doit être réinterprété à la lumière des nouvelles découvertes ;

- "Ces organismes forment un monde... dont l'histoire, à peine commencée, est déjà féconde en résultats et en prévisions" [2].

Non seulement des résultats sont déjà là, mais la valeur heuristique est grande : d'autres sont *prévus*.

Ces "transformations dans la vision du monde", comme les dénomme Thomas Kuhn [3], sont attestées par d'autres indices. En 1880, une nouvelle rubrique apparaît à l'index des Comptes Rendus de l'Académie des Sciences, celle des "Maladies infectieuses" ; à partir de 1883, la rubrique "Fermentations" change de visage : alors que la communication de Sédillot, en 1878, figurait à cette rubrique et que, pendant cinq années, cette rubrique était aussi complétée par un renvoi terminal - Voir la rubrique "Maladies infectieuses" -, à partir de 1883, plus de renvois, plus d'articles à connotation médicale, seuls restent des articles que nous définirions comme "biochimiques" (sur les alcaloïdes, le pancréas-ferment, la nitrification...). Enfin, en 1885, c'est la consécration : une rubrique "Microbes" apparaît - elle est extrêmement fournie et ne renvoie que pour quelques articles *seulement* à la rubrique "Maladies infectieuses" [4].

---

1 Docteur Trouessart, *Les microbes, les ferments et les moisissures*, Paris : Félix Alcan, 1886, Bibliothèque Scientifique Internationale, p. 4.

2 Sédillot, Charles-Emmanuel, *ibidem*, p. 634-635. Il faut signaler la pertinence des remarques de Sédillot qui, comme bon nombre d'auteurs de l'époque, n'était pas avare de réflexions épistémologiques.

3 Kuhn, Thomas, *La Structure des Révolutions Scientifiques*, Paris : Flammarion, 1970 2ème édition, p. 156-157, Collection Champs.

4 L'emploi du mot "microbe" se généralise relativement rapidement. Certes Pasteur loue et emploie le mot dès le 29 Avril 1878, devant la même académie, dans une

Les livres subissent le même sort. Emile Duclaux, un pastorien, qui a publié en 1882 un "Ferments et Maladies" [1], explique dans l'avertissement de sa nouvelle production, en 1886, "Le Microbe et la Maladie" : "On m'invite depuis longtemps à préparer une seconde édition de mon livre "Ferments et Maladies", j'ai cru plus utile d'écrire un livre nouveau... Puisse "le Microbe et la Maladie" retrouver le succès de "Ferments et Maladies" dont il est, en somme, une nouvelle édition *refondue et considérablement diminuée, car il dit plus en moins de pages*" [2]. Refondre, dire plus en moins de pages, passer du pluriel au singulier, de l'absence d'article aux articles définis et généraux - le, la -, ce ne sont plus "des ferments", c'est "le microbe", ce ne sont plus "des maladies" c'est "la maladie", on était dans la rubrique "ferments" et, là aussi, comme à l'Académie des Sciences, on devient autonome : le mot est maintenant partout dans la communauté scientifique.

Ce n'est pas tout. Un autre pastorien, Le Docteur Trouessart, dans la préface de son livre [3], déplore - nous sommes également en 1886 - que "le nombre des ouvrages qui traitent des microbes, nombre déjà considérable", soient "tous écrits pour un public spécial de médecins ou de naturalistes : un livre destiné au public proprement dit est encore à faire". C'est une lacune qu'il a essayé de remplir "en publiant une oeuvre simple, élémentaire, ainsi qu'il convient à un ouvrage de vulgarisation, et, cependant, complète", car, si "tout le monde parle aujourd'hui de microbes, bien peu de personnes qui ont ce mot à la bouche se font une idée bien nette des êtres dont ils prononcent le nom". Enfin, pour le lire avec fruit, il suffit de posséder les notions élémentaires de Sciences Naturelles qui font partie désormais du programme de l'Instruction Primaire", c'est dire que le

---

communication intitulée : "la théorie des germes et ses applications à la médecine et à la chirurgie". Mais très souvent, Pasteur parlera de "parasites microscopiques". Le premier article dont le titre contient "microbe" sera un article sur les microbes de poissons marins (en 1883, et d'autres que Pasteur). En tout cas, il ne semble pas qu'on puisse dire avec Emile Benveniste que Pasteur l'emploie "quasi-naturellement" (op. cit.) ou avec René Vallery-Radot que "Pasteur allait lui faire faire le tour du monde" (*La vie de Pasteur*, Paris : Flammarion : 1900, p. 352). Il faut signaler ici une sorte "d'effet médiatique" : d'une part l'article de Pasteur a dans son titre l'expression "application", contient dans son corps le mot "microbe", d'autre part, l'article de Sédillot a dans son titre l'expression "influence", contient dans son corps l'invention du mot "microbe" ; les deux articles sont seulement distants d'un MOIS. On aura tôt fait de gommer ce mois, ou, plus exactement, d'oublier Sédillot pour le remplacer par Pasteur dans l'invention du mot et de transformer ce qui n'était au départ qu'une simple influence en une application absolument nécessaire.

1 Duclaux Emile, *Ferments et Maladies*, Paris : Masson, 1882.

2 Duclaux Emile, *le Microbe et la Maladie*, Paris : Masson, 1886. C'est moi qui souligne.

3 Docteur Trouessart, *ibidem*.

Docteur Trouessart a "l'espoir que ce modeste volume trouve sa place dans la Bibliothèque d'Instruction Secondaire et dans la Bibliothèque Populaire".

La nomination devient bien plus qu'un simple outil mais un véritable phénomène qui interagit avec le savoir qu'elle est censée désigner : volonté de s'infiltrer dans tous les réseaux de la communication des connaissances scientifiques de la Société [1].

Dernière indice de la popularité insolente de "la nouvelle et heureuse expression de Mr. Sédillot" [2]: les journaux de vulgarisation de la santé s'en emparent. A l'intérieur de ces journaux - souvent défenseurs de la nouvelle cause microbienne -, le microbe devient la proie des humoristes : nous sommes, dès lors, au bord de l'inconscient collectif. Un seul exemple suffit : deux fois, à un mois d'intervalle, "Le petit Moniteur de la Santé" [3] mobilisera le petit microbe - la première fois dans une chronique où le lecteur observera la très consciente perception de l'événement en ce 7 Février 1886 *seulement* !, la deuxième fois dans un "Carnet de Diafoirus", où le lecteur reconnaîtra ce qui fut, fort probablement, la première occurence d'une boutade qui circule encore de nos jours (voir fig. 34-35). Le mot est servi par trois phénomènes, pour le moins : la maladie est un point d'accroche psychologique depuis

---

1 Le microbe va profiter d'un réseau parfaitement en place depuis quelques années : celui installé par le mouvement des médecins hygiénistes qui, dans les années 1870-1880, ont cherché à introduire l'hygiène dans les Ecoles Primaires, comme en témoignent les débats à l'Académie de Médecine et aux nombreuses Sociétés de Médecine Publique et les manuels d'hygiène à destination du Primaire comme ceux d'Elie Pécaut (*Cours d'hygiène*, Paris : Hachette, 1882 et *Petit cours d'hygiène en 10 leçons*, Paris : Hachette, 1883) : voir sur ce sujet Raichvarg Daniel, "L'hygiène en trois actes", in *Signes et discours dans l'Education et la Vulgarisation Scientifique*, Sixièmes Journées Internationales sur l'Education Scientifique, Paris : Université Paris VII, UER Didactique des Disciplines, 1984, p. 761-766. Cependant, la dispute sera violente avec certains purs du mouvement, les tenants du terrain (comme le Docteur Peter) contre les Pastoriens, les tenants du microbe.

2 Pasteur Louis, *ibidem*, p. 1037.

3 Supplément hebdomadaire sur la médecine, l'hygiène et la science du "Petit Moniteur", un grand quotidien de l'époque. Cette fois-ci, le microbe a été favorisé par l'expansion de la presse (dite "politique" par le XIXème siècle). "Le petit Moniteur de la Santé" revendique, dans son numéro d'Avril 1887, parmi ses abonnés, un grand nombre d'instituteurs. Le microbe sera aussi servi par un extraordinaire courant de vulgarisateurs médicaux dont l'éthique était de "voir gai", selon la formule du Docteur Monin (allocution prononcée le 17 Avril 1893 au CLième banquet de la réunion amicale de la presse scientifique)! Nombreux étaient les journaux qui, dans la deuxième partie du XIXème siècle, vulgarisaient les récents résultats de la Science.

très longtemps mais, pour la première fois, on peut, pour ainsi dire, mettre un mot sur un visage - l'humeur ou la phlogose étaient d'inextricables brouillards, le microbe, extérieur, peut faire parler de lui en termes quasimilitaires et la guerre sociale que certains voudraient voir engager peut se transformer "naturellement" en guerre contre les maladies - ; le concept - une maladie - un microbe - est, dans sa forme vulgarisable, d'une grande simplicité et un discours médical sur les symptômes extrêmement tortueux sera remplacé par un discours médical sur *la cause* ; enfin, les sonorités elles-mêmes n'inspirent pas non plus une forte sympathie, notamment la deuxième partie, "-crobe", "-cr" ne sont pas réellement amicales !

Ainsi, sont déjà en place trois facteurs qui rendront, en un siècle, visible (trop visible ?) cette sorte de révolution scientifique. Le premier est le gommage du temps : en deux mois, le mot est inventé par l'un et repris par l'autre ! -, en sept ans, il est partout ; il n'en faut pas plus cacher l'émergence des idées nouvelles : par un excès de nominalisme, le mot efface les idées - Sédillot, plus modeste, dans l'article déjà cité, parle des "premiers travaux de Mr. Pasteur sur les fermentations", qui datent des années 1850, soit trente ans !.

Le deuxième facteur est le gommage des hommes : l'association Sédillot-Pasteur [1] disparaît dans les mémoires au profit du seul dernier ; bien d'autres acteurs, au rôle très important dans le déplacement des idées, disparaissent aussi, nous le verrons. Enfin, le troisième facteur est le gommage du jeu des idées, lui-même : Sédillot parle "d'influence", Pasteur "d'application" et c'est cela que l'histoire retiendra - tout commence, tout se réalise dans une logique scientifique aux apparences linéaires. Ces trois gommages assureront un effet-point sur un homme : Pasteur.

Tout au long de ces pages, nous montrerons au contraire les éléments qui ont joué un rôle dans la construction de cette pensée scientifique le plus souvent de façon limitative :

- la volonté de généraliser au plus vite de bons résultats obtenus dans un champ scientifique à un autre champ sans tenir compte du niveau inégal atteint par ces autres champs scientifiques ;

- la liaison entre plusieurs champs théoriques : les perceptions des phénomènes de génération - et, plus spécialement, de généra-

---

1 Le rôle de Sédillot est bien plus important que celui d'un simple inventeur du mot : ancien chirurgien de l'Ecole de Médecine de Strasbourg, il a été à la pointe du progrès en ce qui concerne l'introduction du microscope dans le diasgnostic médical (voir infra).

Deuxième Année. N°. 6 7 Février 1886.

LE

PETIT MONITEUR

DE LA SANTÉ

MÉDECINE, HYGIÈNE, SCIENCE

Sommaire. — L'Actualité Médicale (La Microbiomanie). — Les Maladies latentes (La Goutte). — Notes de Chirurgie journalière (Corps étrangers sous les paupières ; dans le gosier). — Hygiène de la Première Enfance (Le Sevrage). — Erreurs et Préjugés (La variole en Chine). — Hygiène alimentaire. — Les Petits Moyens en Médecine. — Connaissances utiles (Les cas d'exemption). — Variétés. — Feuilleton.

L'ACTUALITÉ MÉDICALE

— CHRONIQUE —

La Microbiomanie.

Aimez-vous le bacille ? on en a mis partout. Bacille par-ci, bacille par-là, hurrah pour le bacille ! bacille *for ever !!* Pour Dieu ! ce citoyen pourra se vanter d'avoir fait parler de lui ! Humeur, phlogose, cellules, bactéries, etc., etc., ce chevalier *virguliforme* a fait litière de tout, criant au monde entier : *Me me adsum !*... moi seul, et c'est assez !

De fait, il est le roi du jour, en attendant qu'il soit à son tour détrôné.

Jadis, l'*humeur* eut la même puissance. *Peccante* ou non, elle se portait tantôt au cerveau, tantôt à l'estomac, tantôt sur une plaie.... c'était le beau temps des dépuratifs et des apothicaires !

Aujourd'hui, les bonnes femmes, seules, l'ont en vénération.

Un certain jour, l'on s'aperçut que ce n'était pas çà du tout et que *le pelé, le galeux d'où venait tout le mal* était : le sang ; la phlogose apparut, avec elle la gastrite, cette bouteille à l'encre de l'époque. Et l'on saignait ! on ressaignait ! on jugulait !... Ce pauvre sang, bouc émissaire des péchés d'Israël était versé, répandu avec une audace !... Le beau temps de la lancette et des couteliers !

Comme pour les humeurs, on s'aperçut bientôt que ce n'était encore pas çà ! Voilà le sang remplacé par la cellule, le produit plus ou moins hétérogène. Il y en avait pour tous les goûts : de rondes, de carrées, prismatiques, en fuseau, avec ou sans nucléoles...

Il paraît que ce n'était pas encore çà, et que le vrai, le seul géniteur et père de toutes les maladies est, en définitif, ce coquin de bacille en virgule, accent circonflexe, accent grave, point d'exclamation, d'interrogation (l'espèce la plus commune à notre humble avis) qui se niche partout. Bacille du choléra, de la phthisie, de la pneumonie, de la blenorrhagie, de la fièvre, des cors aux pieds... il n'est pas encore découvert, mais cela viendra.

En attendant, et pendant aussi que les savants se divisent en deux légions parfaitement ennemies, les uns combattant

Fig. 34-35: Le Petit Moniteur de la Santé. *La révolution microbienne, vue par*

pour, les autres contre l'existence du petit parasite, la tenue du microbe paraît en train de créer dans le vulgaire une sorte nouvelle de folie que je recommande à M. Legrand du Saulle : je la nomme la *microbiomanie*.

Voici en effet, ce que je lis dans *le Petit Journal de la Santé*, signé des initiales d'Octave Sully :

L'on a récemment observé en Angleterre un patient qui paraît absolument sain d'esprit quand on commence à converser avec lui. Mais au bout de quelque temps, après avoir raisonné, discuté comme tout le monde et fait preuve d'un parfait bon sens, il se met à parler incidemment de *son bacille*. On lui demande ce qu'il veut dire. Il raconte alors qu'un bacille est enfermé dans son sang depuis deux ans.

Un jour qu'il regardait le soleil, raconte-t-il, il vit distinctement le bacille entrer dans un de ses yeux, d'où il a pénétré dans le sang. Il dessine le bacille sous forme d'une ligne droite de deux centimètres et demi environ, terminé par une boule ovale qui l'intrigue beaucoup.

On lui a suggéré que ce pourrait bien être un globe sanguin ; l'idée lui plaît assez, mais reste toujours le filament, le bacille véritable, qui circule dans le sang.

Il est vraisemblable que ce monomane n'est pas seul de son espèce.

Et l'on va prochainement voir, c'est certain, l'argot par lequel on désignait autrefois l'état d'un homme qui a perdu l'esprit, modifié de la façon suivante.

On ne dira plus d'un toqué : *Il a perdu la boussole ; il a une araignée dans le cerveau, un cerceau dans la lanterne ; il est maboul, toc-toc, fêlé, etc.* ; on dira désormais : IL A SON BACILLE.

Dr A. DIMANCHE.

Deuxième Année. N° 10. 7 Mars 1886.

LE

PETIT MONITEUR

DE LA SANTÉ

MÉDECINE, HYGIÈNE, SCIENCE

LE CARNET DE DIAFOIRUS

Maman surprend Bébé entrain de fouiller dans tous les meubles.
— Ah ça, qu'est-ce que tu cherches ? lui demande-t-elle.
— C'est la bonne qui m'a dit que t'avais un polichinelle dans le tiroir ; dis-moi dans lequel !

∴

Aux Tuileries, une nourrice à une autre :
— Est-ce qu'il prend bien le sein, vot' nourrisson !
— Comme un p'tit homme !

∴

Mme Chapuzot arrive, effarée, chez son médecin :
— Venez vite ! ma fille se tord ; je crois qu'elle a le choléra.
— Vraiment ?
— Oui, c'est en mangeant des fruits ; vous comprenez, elle aura avalé un crobe.
— Vous voulez dire : un microbe ?
— Oh ! ce doit être un crobe entier ; pensez donc, quand on est dans ces états-là !...

ses contemporains.

tion spontanée -, les points de vue sur l'évolution, les méthodes de classification seront en constante dialectique avec nos infiniment petits ;

- le rôle particulier que peut jouer un outil dans l'avancée de la pensée scientifique - ici, le microscope, mais aussi les infusions, les cultures -, beaucoup plus complexe que celui d'une simple mise au jour d'un fait nouveau ;

- enfin, la distance qui peut exister entre la science-qui-se-fait et la science-qui-convainc la Cité Scientifique - (au moins !) - permanence de certains modes de pensée, d'une volonté de ne pas voir et de ne pas comprendre qui renvoie pratiquement aux théories de l'argumentation

Puisque Sédillot nous indiquait un changement de terrain, nous examinerons d'abord comment les infiniment petits ont été pris en compte par quatre terrains jusqu'à l'époque pastorienne - les terrains seront représentés ici par quatre groupes de scientifiques aux objectifs divers (les micrographes, les naturalistes, les chimistes et les médecins). puis, nous essaierons de comprendre la structure de cette sorte de révolution scientifique. Enfin, nous regarderons comment le nouveau paradigme s'est mis à fonctionner.

Les terrains d'évolution des infiniment petits.

Le terrain des micrographes :

Les *petits animaux*, comme Anton von Leeuwenhoek les décrit dans sa Sixième Lettre à la société Royale Anglaise, datée du 7 Septembre 1674, sont indissolublement liés à l'objet qui les révèle, le microscope [1].

Cependant, nous montrerons que, ce que le microbe révèle est bien plus un paraître qu'un être et que, passé l'instant-même de leur naissance sous les yeux de Leeuwenhoek, ils vont devenir l'enjeu de débats qui n'en feront pas encore des objets biologiques autonomes mais des supports à une kyrielle de théories qui orienteront bien des regards.

---

1 Tout a été dit sur le microscope de Leeuwenhoek : simple transfert d'une technique commerciale, habileté de Leeuwenhoek...

Pour l'heure, ce sont plutôt des objets d'amusements [1] : toute la nature animée et inanimée défile sur la platine.

> "*A peu près à deux heures de distance de cette ville (1), il y a un lac à l'intérieur des terres, appelé le berkelse, dont le fond est, en de très nombreuses places, marécageux ou tourbeux. Son eau en hiver est très claire mais au milieu de l'été, elle devient blanchâtre et il y a alors des petits nuages verts flottant dans elle ; ce qui selon les paysans de l'endroit est causé par la rosée qui tombe souvent à cette époque et qu'ils appellent "la miéllée". Cette eau est abondante en poissons, qui sont très bons et très savoureux. Passant justement tardivement sur le lac, à un moment où le vent soufflait plutôt fortement, et voyant l'eau telle que je viens de la décrire, j'en ai pris un petit peu dans une fiole de verre, et, examinant cette eau le lendemain, j'ai trouvé flottant dedans, des particules de terre et quelques bandes vertes enroulées en spirale à la façon des serpents et arrangées en bonne ordre comme les serpentins de cuivre ou d'étain que les distillateurs utilisent pour refroidir leurs liqueurs après la distillation (2). La circonférence complète de chacune de ces bandes était à peu près de l'épaisseur d'un cheveu. D'autres particules n'avaient que le début de ces dites-bandes mais ne consistaient en tout qu'en de très petits globules verts assemblés entre eux : et il y avait aussi beaucoup de ces petits globules aussi. Parmi ceux-ci, nageaient beaucoup de petits animalcules (3) dont certains étaient arrondis alors que d'autres, un peu plus gros, étaient ovales. Sur ces derniers, j'ai vu deux petits jambes près de la tête et deux petites nageoires à l'extrémité du corps (4). D'autres étaient quelque peu plus longs qu'ovales, et ceux-ci se déplaçaient très lentement et étaient peu en nombre (5). Ces animalcules étaient de différentes couleurs, certains étaient blanchâtres et transparents, d'autres étaient verts avec de très petites écailles brillantes, d'autres étaient verts au milieu et blancs en avant et en arrière (6), d'autres gris. Et les déplacements dans l'eau de la plupart d'entre eux étaient si rapides, si variés, en haut, en bas et sur elles-mêmes, que j'avoue ne pas avoir pu ne pas m'étonner en les voyant. Je juge que ces créatures étaient mille fois plus petites que les plus petites que j'avais vues dans la peau de fromage, la farine, le moisi et autres...*"
>
> (1) Probablement Delft - (2) Spirogyre - (3) Protozoaires - (4) Rotifères - (5) Ciliés - (6) Euglène.
>
> Passage complet de la première mention par Leeuwenhoek des animalcules dans sa lettre du 7 Septembre 1674, in "*Antony Van Leeuwenhoek and his "little animals"*", Clifford DOBBEL, Swets and Zeitlinger, Amsterdam, 1932, p. 109-111 (Trad. auteur).

---

1 Ledermuller, Martin Frobenius, *Première, Deuxième, Troisième Cinquantaine d'Amusements Microscopiques tant pour l'esprit que pour les yeux*, Paris : Delanoy, 1764, 1766 et 1768.

L'étonnement est, en fait, déplacé : ce n'est pas le fait de *voir* de toutes petites créatures qui étonne, c'est de les voir présenter des déplacements rapides et dans tous les sens. Leeuwenhoek ne fait que dire une difficulté de l'observation au microscope, une sorte de leurre : si les animalcules se déplacent vite, c'est essentiellement à cause du champ de vision réduit. Cependant, cet étonnement est révélateur d'une perception du monde microscopique très particulière : contrairement à ce que certains auteurs penseront - Raspail, notamment -, Leeuwenhoek ne pensait pas qu'il lui "était révélé un monde nouveau" et que ce monde devait "se régir par des lois nouvelles" [1], bien au contraire, la dialectique entre le monde visible et le monde invisible doit nous arrêter un peu.

Le principe est, en fait, très simple : il y a une stricte prolongation du visible dans l'invisible, les deux mondes sont équivalents - fors la taille, bien évidemment -.

Première conséquence : pour décrire l'invisible, on utilise sans hésitations des analogies avec le monde visible - il faut bien se faire comprendre ! -. Leeuwenhoek, dans la page citée, mobilise les objets techniques sortis de son quotidien (les serpentins, puisqu'il est lui-même issu d'une famille de distillateurs), des animaux plus gros (les serpents), des organes d'animaux plus gros (les vaisseaux, les jambes, les nageoires). Mais, inversement :

Deuxième conséquence : on *doit retrouver* dans l'invisible toutes les parties du visible. On a déjà vu des nageoires et des jambes, on verra plus en poussant le raisonnement à son terme. Dans sa lettre du 20 Mai 1679 [2], Leeuwenhoek, à ceux qui demandent ce qu'il est "capable de voir dans une goutte d'eau", répond : "Ces petits animaux sont des millions de fois plus petits qu'un grain de sable et ces petits animaux sur lesquels je ne discerne aucun pied, doivent malgré cela être fournis d'instruments pour la locomotion, et ces

---

1 Raspail, François-Vincent, *Essai de chimie appliquée à la physiologie*, Paris, 1830, p.5. "Mais une idée fatale s'empara des esprits : dès le moment que l'assemblage de 2 ou 3 lentilles eût permis à l'homme de contempler des molécules inabordables, son penchant au merveilleux le porta à s'écrier : un monde nouveau est révélé ! Et ce monde lui sembla se régir d'après des lois nouvelles ; tout parut inexplicable... La portée des yeux n'influe pas sur la nature des corps... Raccourcissons le foyer de la loupe, verrons-nous différemment ? Non, nous verrons beaucoup plus". La réalité est plus complexe que ne le pense Raspail !

2 Citée dans "*Antony Van Leeuwenhoek and his" "little animals*", Clifford Dobbel, op. cit. p. 187-192. Selon toute probabilité, Leeuwenhoek parle de bactéries.

instruments consistent en partie, en vaisseaux sanguins qui convoyent la nourriture et en nerf qui les font bouger". Et de nous gratifier d'un splendide calcul de proportions dont le résultat est le suivant : "pour résumer :

- de la même façon qu'un sixième de largeur de cheveu est pour uné longueur de 8600 kilomètres,

- ainsi est un des très petits vaisseaux dans les très petits animalcules, par rapport à l'épaisseur d'un grain de sable (de telle taille que 80 d'entre eux collés l'un à côté de l'autre donnent un pouce).. Ainsi, vous avez la merveilleuse proportion que je pense être dans les parties secrètes de la Nature ; .. il apparait aussi que nous n'en avons découvert encore qu'une bagatelle en comparaison de ce qui gît toujours caché dans le "Grand Trésor de la Nature"". Sans aucun problème, dès lors, le micrographe de Delft observe, dans les spermatozoïdes, des "grands et petits vaisseaux, si variés et si nombreux que, sans aucun doute, ce sont des nerfs et des veines" [1]. Cent cinquante ans plus tard, il faut noter que le micrographe alsacien Mandl émettra l'hypothèse d'un artéfact - "Si on a parlé de la formation de vaisseaux dans le sperme ou dans une goutte de sang desséchée", c'est, justement, qu'on est en présence "d'altérations dues au dessèchement" [2] -. Leeuwenhoek, lui, voulait, devait les voir !

Mais ce n'est probablement pas dans ce sens-là - visible vers invisible - que se fait la nécessité théorique. "Le microscope n'a pas été appelé pour dépasser les limites du domaine fondamental de visibilité, mais pour résoudre un des problèmes qu'il posait - le maintien au fil des générations des formes visibles" [3]. En effet, très rapidement, le microscope ne sert plus aux micrographes pour étudier les animalcules - en tout cas, peu de publications de cette époque en gardent trace - mais pour travailler sur les problèmes de génération.

Un grand nombre de lettres de Leeuwenhoek traitent des spermatozoïdes et de la génération spontanée : "si la deuxième n'existe pas, alors les premiers sont, assurément, les germes nécessaires et ce, d'autant plus qu'ils contiennent toutes les parties du futur adulte en réduction - comme tout animalcule qui se respecte -", semble

---

1 Leeuwenhoek, Anton von, *Collected letters*, Amsterdam/Holland :1939, Vol.1, p. 293 et 295, Lettre 35 de Novembre 1677.

2 Mandl, *Traité de microscopie, section II : Anatomie et Physiologie des Infusoires*, Paris, J-B Baillière, 1839, p. 184.

3 Foucault, Michel. Les mots et les choses, Paris, Gallimard, 1966, Bibliothèque des Sciences Humaines, p. 145.

nous signifier Leeuwenhoek. D'importantes observations seront systématiquement interprétées dans ce cadre théorique : dans la lettre du 5 Octobre 1677, ironisant sur ceux qui pensent que les anguilles sont "produites par la corruption de mares puantes" ou "par la rosée du mois de Mai", Leeuwenhoek explique qu'il a découvert "dans l'estomac des anguilles, des petits vers qui bougeaient un peu, ..., qui avaient un boyau allant de la tête à la queue et, vers la queue, le boyau présentait un mouvement dû à d'autres petits vers". En disséquant un ver du premier type, il mit à jour "plus de 200 petits vers" [1]. Il est clair que Leeuwenhoek décrit ici un nématode vivipare parasitant l'anguille, il est non moins clair encore qu'il a une perception remarquablement correcte et une dissection extrèmement fine, il est non moins clair, enfin, qu'il y a une étrangeté : "Leeuwenhoek n'a pas vu que cette friture pouvait difficilement être formée dans ...*l'intestin* d'un poisson !" [2]. Nous avons ici un bon exemple d'une observation satisfaisante dont l'interprétation s'appuie sur des présupposés : il fallait trouver des exemples d'emboîtements des germes - ce qui n'est qu'une hypothèse supplémentaire à fournir contre la génération spontanée.

Deux problèmes épistémologiques retiennent l'attention :

- Il est difficile de dire si ce sont les observations qui ont amené les théories ou le contraire. Mandl, continuant des raisonnements épistémologiques, remarque que "le Volvox globator, décrit pour la première fois dans la lettre du 30 Août 1698, a donné l'origine à l'opinion fameuse que tous les hommes étaient emboîtés l'un dans l'autre depuis Adam" [3]. Or, dès la description des vers de l'anguille, en 1677, la théorie des emboîtements est... en germe ! Querelle de dates, querelle, sans doute assez stérile, des origines. Ce qu'il faut constater, c'est que *toutes* les observations sont ramenées à des problèmes de génération et, plus particulièrement, pour les premiers micrographes, à une vindicte contre la génération spontanée [4].

---

1 Leeuwenhoek, Anton Von, *op. cit.*, p. 241, Lettre n°33.

2 Leeuwenhoek, *ibidem* p. 241, note 4 de D. Schierbeek.

3 Mandl, op.cit., p. 443. L'auteur continue en expliquant le pourquoi de cette assertion : "Les Anciens ont pris le polypier entier du Volvox globator pour un individu entier et les véritables individus internes pour des jeunes, de sorte qu'en observant sur ces derniers des divisions spontanées, ils ont cru pourvoir apercevoir cinq à six générations à la fois, ce qui a fait naître l'hypothèse des emboîtements".

4 Dans un article d'une Encyclopédie Méthodique du début du XIXème siècle, les premiers mots que Bory de Saint-Vincent consacre aux Infusoires sont : "ils semblent lier les végétaux et les animaux par des nuances infinies de la molécule inorganique à la

- Le deuxième problème est celui des obstacles à la compréhension et à l'acceptation d'une théorie, mais également, celui de la compréhension elle-même des obstacles par les défenseurs d'une théorie. Cent cinquante ans après Leeuwenhoek, Mandl décrit les artefacts. En 1700, un certain Andry [1] conteste d'abord la génération spontanée en ces termes : "Quelques philosophes prétendent que les vers et plusieurs autres insectes s'engendrent de la seule corruption par une combinaison fortuite de matière sans aucune semence". Puis, il donne deux arguments a contrario : "si ces philosophes pouvaient m'expliquer deux choses, l'une comment le désordre du hasard peut arranger avec tant d'ordre les parties organiques d'un animal, et l'autre d'où vient qu'on voit s'engendrer aucune espèce nouvelle d'insectes, comme cela devrait arriver dans leur système, je trouverais leur opinion supportable". Les deux arguments ne sont pas du même ordre : le premier fait référence à un obstacle de l'expérience immédiate - comment concevoir l'organisé à partir de l'inorganisé ? -, obstacle que l'on retrouve dans les conflits entre épigenèse et préformation. Le deuxième anticipe sur un obstacle particulier, la volonté de lier systématiquement plusieurs théories - ici, la théorie de la génération spontanée et celle, non encore clairement exprimée, de l'évolution [2]. En tout cas, il y a déjà une certaine perception des difficultés de conviction de certaines positions scientifiques, à travers ce qui ressemble plus à une argumentation qu'à un discours scientifique [3].

Plus loin, enfin, Andry mobilise ce qu'on peut appeler *l'analogie-retour* : "les vers spermatiques de l'homme ont une tête beaucoup plus grosse que les vers spermatiques d'autres animaux : ce qui s'accorde avec la figure du fœtus humain, qui, quand il est petit, ne paraît qu'une grosse tête sur un corps long, ce qui semble en accord

---

molécule organisée par le mystère de leur premier développement, qui *s'opère néanmoins par un corpuscule reproductif et non par une sorte de génération spontanée* ainsi que l'ont avancé à tort quelques auteurs" (c'est moi qui souligne), in Bory de Saint-Vincent, Article "Histoire Naturelle des Zoophytes", in : Encyclopédie méthodique, Paris : Mme Veuve Agasse, 1824.

1 Andry, *De la Génération des Vers dans le Corps de l'Homme*, 1700, p. 12 Andry entend "vers" sous un sens plus large que le nôtre : les spermatozoïdes notamment, sont des vers.

2 C'est à partir d'un argument de ce type que les évolutionnistes seront aussi les spontanéistes - si l'évolution est démontrée, alors la génération spontanée aussi... - Voir infra.

3 A moins que tout discours scientifique ne soit qu'un discours proche de l'argumentation !

avec le fait qu'un ver est le raccourci de l'animal qui doit venir" [1]. Le ver spermatique *doit* être le raccourci, serions-nous tenté de conclure. Théorie préformationniste et génération non spontanée trouvent un aliment de choix en la personne des animalcules et par l'intermédiaire du microscope ; inversement, elles dirigent le regard qui se penche vers l'oculaire. De cette dialectique, l'ensemble reçoit un tel élan que les deux théories ont le vent en poupe dans la société savante de l'époque : le vitalisme flamboie.

Ainsi, que le microscope ait permis l'observation... d'observables nouveaux, cela ne fait, évidemment, aucun doute. Cependant, comme nous l'avons vu avec Leeuwenhoek notamment, lorsque des animalcules sont vus, rien n'est élaboré à partir d'eux : le microscope entre dans un cadre de l'époque. Le microscope n'a pas *directement et immédiatement* ouvert un champ d'exploration nouveau. Ce n'est pas dans l'objet technique qu'il faut chercher une quelconque rationalité aux observations nouvelles. Mais, mouvement dialectique oblige, le simple fait de manipuler encore et toujours affinera les qualités du microscope et des micrographes, chacun, nous le verrons, intégrant les observations selon ses prises de position théoriques [2].

Un deuxième point de technique soulevé par les micrographes est constitué par les *infusions*. Trois remarques s'imposent :

C'est encore Leeuwenhoek qui réalise la première infusion. Cependant, regardons de plus près. Le 11 fevrier 1675, il met du poivre dans l'eau parce qu'il se demande "s'il était possible que les globules de poivre soient constitués de très petits tubes (qui piquent la langue) et que ces petits tubes soient impossibles à voir à cause de leur petite taille" [3]. Le 24 avril 1676, il observe une autre eau qui, depuis trois semaines, contient un peu de poivre [4]. Mais c'est encore Ledermuller qui présente les infusions comme une *technique proprement dite* : lorsqu'en hiver, l'on ne sait où prendre aucune créature vivante pour le Microscope, l'on n'a qu'à prendre une

---

1 Andry, *op. cit.*, p. 283.

2 Ledermuller reprochera, par exemple, à Buffon ses médiocres qualités de micrographe : Le "célèbre Mr. Buffon n'a pas pris un bon Nro 0 ou 00 dans un microscope manuel simple" faute de quoi, il est obligé de les donner "dans son histoire naturelle pour de simples molécules" (Ledermuller, Martin, *Troisième Cinquantaine d'Amusements Microscopiques*, op.cit. introduction. Nro 0 et 00 sont différentes lentilles grossissantes). Le technicien Leeuwenhoek, lui, verra trop bien !

3 Leeuwenhoek, Anton von, *Collected Letters*, op.cit., p. 265.

4 Dobbel, Clifford, *Antony von Leeuwenhoek and his "Little animals"*, op.cit., p. 131-132 (trad. auteur). Leeuwenhoek ne précise jamais l'eau dont il part, ce qui nuit à l'efficacité de toutes ses observations. Mais, il ne pouvait le savoir...

poignée de foin, la mettre dans un grand pot, verser de l'eau dessus et le laisser un couple de jours dans la chambre" [1]. Simple analogie avec l'eau du lac, pour Leeuwenhoek, solution à un problème, pour Ledermuller.

La deuxième remarque concerne la dénomination d'infusoires. Bory de Saint-Vincent la conteste, la trouvant "impropre puisqu'elle indiquerait comme habitation exclusive des êtres les infusions seules" [2]. Il propose donc de remplacer *infusioires* par un nom plus général *les microscopiques*, en 1826. Cette tentative, qui ne fut pas couronnée de succès et qui n'avait pas beaucoup d'utilité - les animalcules étant déjà classés - a cependant son intérêt car elle indique une défiance envers un nom qui traine encore dans beaucoup de livres de l'époque [3] et qui charrie avec lui des connotations non neutres.

Car, et c'est notre troisième remarque, la technique des infusions n'est pas neutre du point de vue des théories qui nous occupent. C'est encore Mandl qui explicite ce problème : "les infusions des matières animales devaient toujours démontrer la génération spontanée". Suit une très belle analyse de la situation particulière des infusions dans lesquelles apparaissent soudain beaucoup d'êtres : "il n'est pas nécessaire d'admettre cette hypothèse (de la génération spontanée) pour expliquer l'immense formation des êtres, les nouvelles observations ayant démontré presque partout l'origine des oeufs. Dans l'espace de peu de jours, il peut naître plusieurs millions d'individus soit par des oeufs soit par des divisions.. Une *alimentation substantielle et de bonne qualité* est une des conditions essentielles à ce développement rapide : cette circonstance favorise la production des animalcules dans les infusions, qui contiennent les débris de substances animales et végétales. On conçoit facilement que l'air toujours chargé de poussière peut porter une quantité immense d'oeufs qui, déposés dans des circonstances favorables, donnent lieu à des êtres nouveaux" [4]. Chemin faisant, Mandl contre

---

1 Ledermuller, Martin, *Première Cinquantaine d'Amusements Microscopiques*, op.cit., p. 118.

2 Bory de Saint-Vincent, *Essai sur les Microscopiques*, Paris : Imp. Veuve Agesse, 1826, p. 2.

3 Et dans beaucoup de livres actuels !

4 Mandl, *op.cit.*, p. 429-430. Bory de Saint-Vincent (op.cit., p. 2) rappelle que c'est Otto Friedrisch Muller qui inventa le mot ; or, nous le verrons, Muller est spontanéiste et ira jusqu'à classer les spermatozoïdes dans le groupe des infusoires à queue (les cercaires) : ils auront pour nom "Cercarius gyrinus" et seront "in infusione animali raro" mais pas... "nulo" ! (Muller, O-F, *Animalcula infusoria Fluviatilia et Marina"*, 1786, p. 119).

un argument qui sera toujours opposé par les spontanéistes [1] - "comment expliquez-vous la soudaine multitude de petits êtres ?" -. Il propose une hypothèse ad hoc - l'alimentation de qualité - qui nous apparait, après coup, comme correcte, mais qui n'eut visiblement pas l'approbation collective des *savants* sinon le débat Pasteur-Pouchet n'aurait pas eu lieu ! Enfin, introduisant l'air dans son propos, il décrit un obstacle sur lequel butent nombre de travaux : la solution au problème des infusions n'est pas dans l'eau mais dans l'air - difficile de se décentrer, difficile aussi que cet air qui mit en péril la physique (Pascal), la chimie (Lavoisier).

"On ne peut pas nier l'existence d'organes qui nous échappent dans les Microscopiques, avec plus de fondement qu'on aurait pu nier l'existence de ces êtres-mêmes, avant l'invention du précieux instrument qui nous les révéla" [2]. Nier la génération spontanée, ne pas nier les mini-organes, ne pas nier le non-être de ces êtres-là, trois variations autour d'une même idée : la séparation de la matière et de la vie.

Cet aspect du vitalisme a donc joué un rôle majeur dans les progrès de la compréhension de la Nature au carrefour du XVIIème et du XVIIIème siècles.

Le terrain des Naturalistes.

Air et microscope, vitalisme et mécanisme sont aussi présents dans les débats qui président à l'installation des animalcules dans la Nature comme *objet biologique* propre et indépendant [3] - c'est la signification de cette mise en classification.

Linné les avait regroupés en un *Chaos* qui, en n'en disant pas plus que les micrographes-descendants de Leeuwenhoek, avec leur *animalcules de premier ordre*, leurs *poissons des infusions* ou leurs *anguilles de pâte*, nous disait cependant beaucoup. Il nous signifiait, d'abord, que les animalcules étaient ailleurs, qu'ils servaient à autre chose : ils étaient sur le terrain des recherches sur la génération. Il nous signifiait aussi que lui-même était en difficulté pour les classer !

---

1 Pouchet, grand opposant de Pasteur sur le terrain de la génération spontanée, critique, par exemple, ceux qui estiment que la scissiparité est suffisamment rapide pour donner autant d'infusoires ("Embryogénie des Infusoires Ciliés. Réponse aux observations de Mr. Coste", in *Comptes Rendus de l'Académie des Sciences*, Séances du 8 Août 1864).

2 Bory de Saint-Vincent, *op.cit.*, p. 1-2.

3 En liberté surveillée du coin de l'oeil par les théories d'autres champs, tout de même !

Ce n'est que dix ans après la mort de Linné que les animalcules reçoivent la vague classificatrice : en 1786 est publié "le magnifique Traité du Naturaliste Danois" [1], Otto Fredericus Muller - *Animalcula Infusoria, Fluviatilia et Marina* [2].

Les difficultés de la mise en classification sont, au moins, de deux ordres. D'une part, classer, c'est avoir beaucoup d'échantillons à se mettre sous l'œil : or, si Linné[3] a un nombre important de groupes à absorber, les micrographes travaillent depuis peu et ont les yeux tournés vers les semences et la génération. D'autre part, classer c'est arriver à *limiter et filtrer* et parvenir à *"transcrire en langage des observables"* [4] : or, les opposants à la génération et partisans du préformisme sont à la pointe du progrès et cherchent mille et une structures... ils ne les trouvent pas, n'arrivent pas à les préciser - situation déroutante pour des classificateurs.

En décrivant ainsi ces difficultés, nous décrivons le profil de ceux qui pouvaient réussir, dans un premier temps, cette classification. S'il fallait peu voir les structures, réduire le côté vivant des animalcules, garder son regard *en surface* et, par conséquent, limiter les caractères, cela ne pouvait venir que du côté des spontanéistes puisque cela leur permettait de trouver le chaînon manquant. S'il fallait travailler un maximum sur les infusions qui mettent à la disposition des observateurs une multiplication de cas, s'il fallait scruter ces infusions, cela ne pouvait aussi venir que de spontanéistes qui y trouvaient un aliment de choix tant il mettait dans l'embarras les *autres.*

De plus, au milieu du XVIIIème siècle, les spontanéistes ont repris le dessus : Buffon a trouvé l'hypothèse ad hoc - "les animalcules ne partent plus de rien mais de la décomposition de la matière infusée qui libère des molécules organiques". Needham chauffe du jus de mouton, l'enferme et voit apparaître des animalcules (1745). Partant de zéro, de la molécule la plus petite, les animalcules ne peuvent donc avoir beaucoup d'organes, et certainement pas d'organes sexuels. En introduisant dans le monde des animalcules cette *simplification théorique*, on peut commencer à classer sur quelques critères.

L'introduction du livre de Muller est un credo spontanéiste : "nous

---

1 Bory de Saint-Vincent, *op.cit.*, p.8.

2 Muller, O-F, *op.cit.*

3 Et les sociétés non-européennes qui réalisent des prodiges dans leurs classifications du monde animal et végétal (voir Levi-Strauss, Claude, *La Pensée Sauvage*, Paris : Plon, 1962).

4 Foucault, Michel, *op.cit.*, p.147.

avons vu, et avant moi, les illustres Needham et Wrisberg, des vésicules globuleuses ou bien de très petits points dans la pellicule... Ainsi donc les parties végétales et animales, par leur décomposition, se résolvent en vésicule... et des animalcules infusoires et spermatiques se forment... ainsi de ces molécules brutes sont faits des animalcules *très simples* et très petits...de celles-ci, une abondance de petits animaux évoluent, tous genres de figures animales et végétales apparaissent en pleine lumière" [1]. Lorsque le terrain aura été débroussaillé par la simplification spontanéiste, alors les non-spontanéistes (ou panspermistes) reviendront sur le sujet et proposeront, eux-aussi, leur classification, en restructurant quelque peu (vers 1830, seulement). Mais voyons d'abord la première classification, celle de Muller, effectivement simple : présence ou absence d'organes extérieurs, forme, transparence sont les critères retenus [2].

Ordre Ier. Sans nul organe extérieur.

** Epaissis.*

1. *Monas ; corps ponctiforme. (10 espèces.)*
2. *Proteus ; corps variable. (2 espèces.)*
3. *Volvox ; corps sphérique. (12 espèces.)*
4. *Enchelis ; corps cylindracé. (27 espèces.)*
5. *Vibrio ; corps alongé. (31 espèces.)*

*** Membraneux.*

6. *Cyclidium ; corps ovale. (10 espèces.)*
7. *Paramoecium ; corps oblong. (5 espèces.)*
8. *Kolpoda ; corps sinueux. (16 espèces.)*
9. *Ginium ; corps anguleux. (5 espèces.)*
10. *Bursaria ; corps excavé. (5 espèces.)*

Odre II. Ayant des organes externes.

** Nus.*

11. *Cercaria ; glabres, ayant une queue. (22 espèces.)*
12. *Trichoda ; velus ou ciliés. (89 espèces.)*
13. *Kerona ; ayant des appendices corniculés. (14 espèces.)*
14. *Himatopus ; ayant des appendices cirreux. (7 espèces.)*
15. *Leucophra ; velus à toute la surface. (26 espèces.)*
16. *Vorticella ; ciliés à l'orifice. (75 espèces.)*

*** Munis de test.*

17. *Brachionus ; ciliés à l'orifice. (22 espèces.)*

---

1 Muller, O-F, op. cit., *Préface*. Traduction de l'auteur.

2 Bory de Saint-Vincent, *Essai sur les microscopiques*, op.cit. p.9-10.

Commentant cette classification, Bory de Saint-Vincent considère que "de tels genres sont en général artificiels et insuffisants". Dont acte, nous essaierons de voir ce qui ne va pas. Mais il ajoute que "Muller, en faisant connaître une si considérable série nouvelle d'êtres animés, craignait sans doute d'effrayer les naturalistes, en multipliant trop les divisions destinées à les renfermer. De là ce grand nombre de Microscopiques compris par lui dans des groupes dont ils n'ont en rien le caractère, et où leur présence forme disparate" [1]. Interprétation très légèrement différente de la nôtre mais qui la complète : la simplification que nous considérions nécessaire d'un point de vue épistémologique, devient cette fois-ci nécessaire d'un autre point de vue : celui des arguments pour emporter la conviction de ses pairs.

Cependant, ce ne sont pas de rajouts dont aura besoin cette première classification, ce sont de véritables restructurations. En analysant quelques unes de ces restructurations - rendues évidentes après coup - on aura une idée de quelques uns des obstacles qui les rendaient difficiles à contourner.

Les Cercaires sont, ici, des entités indépendantes : pour les relier aux Trématodes, il faut sortir de l'élément liquide dans lequel on les trouve et aller chercher la solution ailleurs - or, Muller et les spontanéistes restent rivés à l'infusion -; il faut, aussi, accepter le concept de cycle de vie - or, là aussi, les travaux de Swammerdan relatifs aux insectes furent reconnus essentiellement par les panspermistes [2] -. Deux expressions différentes de la pensée vitaliste qui seront en oeuvre chez Van Beneden - embryologiste et spécialiste des vers des années 1850 et qui *donnera la solution*.

A l'intérieur des Cercaires, nous trouvons les spermatozoïdes [3]. Les spermatozoïdes ne peuvent qu'être des productions spontanées sans liaison avec la vie [4].

Les Ciliés sont éclatés en plusieurs endroits : il faudra de

---

1 Bory de Saint-Vincent, *ibidem*, p. 10.

2 La liaison des théories préformationnistes, des théories sur les métamorphoses et du vitalisme, autour de Swammerdam est développée par Schierbeek, dans *Jan Swammerdam, 1637-1680, his life and work,* Amsterdam/Holland : Swets and Zeitlinger, 1967, essentiellement p. 112 à 122.

3 Voir note 4 page 105.

4 Voir André Giordan, Tome II, chap. *Fécondation.*

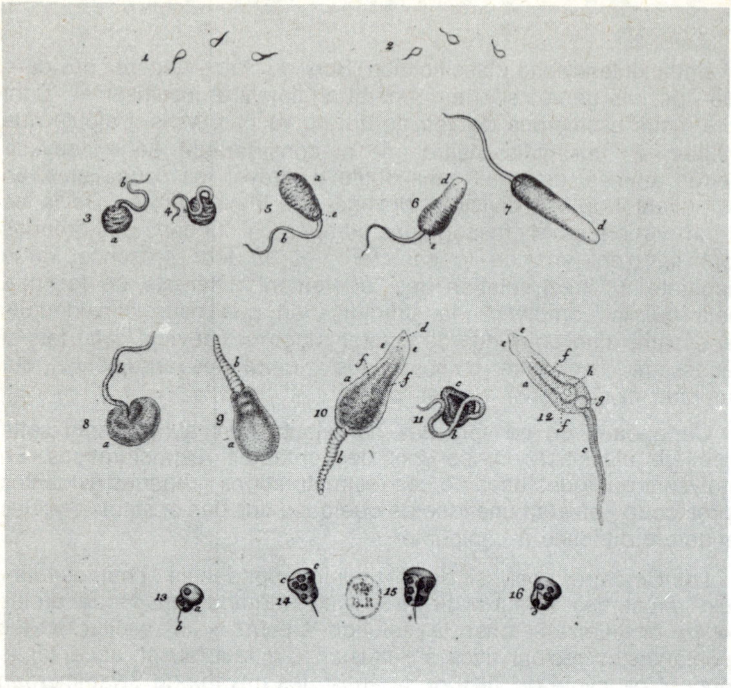

Fig. 36: *Tableau XVIII du Livre d'O.F. Müller :* Animalcula Infusoria Fluviatilia et Marina, *1786 (Cliché BN).*
1 : *Cercaria gyrinus (animalculis spermaticis, in infusione raro).* - 2 : *Cercaria gibba (in infusione Tamarisci).* - 3-7 : *Cercaria inquieta (in aqua marina):* a *corpus,* b *cauda,* c *os,* d *oculi,* e *vesicula.* - 8-12 : *Cercaria lemna (in aquis paludis):* a *corpus,* b *cauda contracta,* c *cauda producta,* d *apertura oris,* e *oculi,* f *viscera,* g *vesicula major,* h *vesicula minor.* - 13-16 : *Cercaria turbo (in aquis paludis cum Lemna minor).*

Il faut remarquer que, à l'intérieur des Cercaires, la classification se fait suivant la localisation et que le nombre de "viscères" augmente avec la taille. D'un point de vue historique, il est assez difficile de s'y repérer. L'outil de travail est le livre de Dujardin : Histoire Naturelle des Zoophytes Infusoires (op. cit.) *qui précise les appellations successives de ces Infusoires. En « piochant » à plusieurs endroits de son livre (notamment pages 145, 146, 676), nous arrivons à la situation suivante :*
Cercaria gyrinus = *Spermatozoïde* - Cercaria gibba = *un Amphimonas à queue (monadines)* - Cercaria inquieta = *phase du cycle des Distomes (Douves...)* - Cercaria lemna = *idem* - Cercaria turbo = *Urcéolarien (voisin des Stentors).*
Au total, parmi les 20 genres de Cercaires, nous pouvons comptabiliser, avec Dujardin, les spermatozoïdes, 2 Helminthes, 8 Rotifères, 5 Monadiens, 1 Euglénien, 1 Thécamonadien, 1 Péridinien, 1 Urcéolarien. Une analyse du même type peut être réalisée sur le genre Vorticelle qui contient, outre les vrais Vorticelles, des Rotifères notamment.

meilleurs outils pour comprendre les cils et la théorie cellulaire pour intégrer l'appareil nucléaire des Paramécium, Kolpoda et autres Vorticella. Nous avons également trouvé chez un auteur retraçant, en 1885, la compréhension du phénomène de conjugaison, le Docteur Lanessan, ce qui fut, probablement, une des clés du problème : "les anciens auteurs admettaient une scissiparité longitudinale, indépendamment de la scissiparité transversale...et Balbiani, en 1858, ne l'attribua pas à une division d'un individu mais au contraire à la conjugaison de deux individus distincts : la conjugaison des infusoires est identique à la reproduction sexuelle des Métazoaires" [1]. La même observation peut être interprétée de deux façons différentes et, dans le cas de Balbani, c'est la croyance en une potentialité des infusoires de toutes les fonctions qui dirige l'interprétation.

Les Vibrios, enfin, ne sont pas les futurs vibrions bactériens mais encore des Nématodes. Bory de Saint-Vincent les interprète d'ailleurs comme des *colonies sériales de monades* [2] : tourné vers le bas de l'échelle, il cherche la solution dans l'eau et vers l'invisible. Aucune surprise de les trouver dans les infusoires.

Le première installation des animalcules dans la classification a

---

1 Lanessan, J-L de, *Manuel d'histoire naturelle médicale, tome second : Zoologie Médicale*, Paris : Doin, 1885. p. 91-94. Il décrit, notamment, les deux versions du jeu des nucléoles et des noyaux, selon les deux théories. Il donne trois autres renseignements intéressants : 1 - "Balbiani a repris la question récemment... le nucléole passe par la bouche qui joue ainsi le rôle d'un véritable organe mâle". Soit, pour continuer l'analogie avec les Métazoaires, il FAUT trouver un organe copulateur - quel qu'il soit. - 2 - "Chez les Métazoaires, l'acte essentiel de la reproduction consiste en la conjugaison de l'œuf et du spermatozoïde, deux éléments qui ont la valeur morphologique de Cellules". Ce qui fonde une identité de fonction - relative, on le sait maintenant - entre les deux gamètes, c'est la théorie cellulaire. - 3 - "La lacune profonde qui existe entre Infusoires et Métazoaires serait heureusement comblée". Il faut désormais interpréter toutes les nouvelles observations - ou reprendre les anciennes - grâce à la théorie nouvelle up-to-date : la théorie de l'évolution - modèle Darwin.

Lanessan conclut de taçon bien intrigante : "mais des recherches récentes faites par Butshli contredisent cette manière de voir". Il n'en dit pas plus...

2 Bory de Saint-Vincent, "Histoire Naturelle des Zoophytes", in *Encyclopédie Méthodique*, op.cit., p.524. Citons le passage complet : "Vibrio : en se desséchant sur le porte-objets, le corps des espèces anguiformes se divise en petits étranglements qui le font apparaître composé de globules disposés pôle à pôle comme de petits colliers de perle ; on dirait de ces sortes de petits globules formés par les espèces du genre Monade. Il y a donc déjà articulation, mais tellement microscopique, que le dessèchement est nécessaire pour divulguer cette disposition organique et pour confirmer le soupçon où nous sommes que les Vibrionides seraient une complication de Monades globuleuses astreintes par quelque loi qui nous reste inconnue à mener une vie commune, laquelle serait différente de celles dont jouissent les pandorines en ce que la disposition des Monades serait ici sériale au lieu d'être en glomérules". Les pandorines sont les volvox. Ceci dit, dure est la loi !

donc été rendue possible par une philosophie de type mécaniste. Il y aura, là aussi, un rapide élément de blocage : déjà pris dans la tourmente de deux grands problèmes biologiques - la génération et la classification -, les animalcules vont se trouver aux premières loges avec la théorie de l'évolution naissante, pur produit de la pensée mécaniste également de certains savants du début du XIXème siècle, dont Jean-Baptiste Lamarck.

Lamarck ne pouvait que se satisfaire de "ceux qui n'offrent de l'animalité que les plus faibles ébauches" [1], car, "s'il n'est jamais arrivé et il n'arrivera jamais que des matières non organisées.. aient, par un concours de circonstances, formé directement un insecte", "les premiers linéaments de l'organisation, les premières aptitudes à recevoir des développements internes donnent l'existence aux corps vivants les plus simples" [2]. Conjuguer *simplicité d'organisation* avec *évolution des organismes* donnera "l'étonnante dégradation dans la composition de l'organisation" [3] et conduira à "l'anéantissement progressif des organes" et des fonctions [4]. Les polypes ont déjà perdu la tête, ils perdent le sentiment, le mouvement ordonné, les gemmes reproducteurs, ne se reproduisant plus que par scission, simple conséquence de leur seule faculté : celle de s'agrandir - ils ont, eux, encore, un appareil alimentaire très élémentaire, un canal - et finissent par perdre obligatoirement tout organe particulier, ne croissant que par intussusception : il n'y a plus rien.

Produit direct de la Nature, le Monas termo est, pour Lamarck, le terme apparent de l'animalité, celui que "les naturalistes sont enfin parvenus à découvrir dans le règne animal et à classer *méthodiquement*", cette phrase est la *dernière* de l'ouvrage de Lamarck, "Système des animaux sans vertèbres", juste avant le mot "fin" : après, il n'y a vraiment plus rien ! [5].

Ainsi, nous empruntons la conclusion de ce point à Lamarck : "c'est parmi ces corpuscules gélatineux, transparents, que se trouvent les premières ébauches de l'animalité, opérées directement

---

1 Lamarck, J-B, *Recherche sur l'organisation des corps vivants*, Paris : Muséum d'Histoire Naturelle, An X, p.14.

2 Ibidem, p.104.

3 Ibidem, p.13.

4 Ibidem, p.110-111.

5 Bory de Saint-Vincent, *Essai sur les Microscopiques*, op.cit., p.17. Bory paraphrase son maître de la façon suivante : "nous n'avons jamais pu y saisir le mode de reproduction, même tomipare (en se coupant en deux). Ce sont de véritables générations spontanées dans le sens raisonnable du mot".

par la nature, en un mot, les générations spontanées. Sans doute, elles échapperont toujours à nos sens à cause de leur extrême petitesse et de leur état particulier ; et conséquemment *elles ne nous seront jamais connues que par des voies d'induction*. Mais cette condition à laquelle les bornes de nos sens nous réduisent, n'anéantit nullement les inductions auxquelles nous arrivons par examen suivi des faits bien observés" [1]. Les colpodes, vibrions, protées, volvoces, monades n'ont pas de canal alimentaire. Ils ne doivent surtout pas en avoir ! Le mécanisme des spontanéistes avait, par réduction, permis un bond en avant, le nouveau mécanisme des spontanéistes-évolutionnistes, en empêchant de voir les structures, devient un obstacle par...induction [2].

En cherchant à tout prix l'équivalent de chacun des organes des corps visibles dans le corps des invisibles, le panspermisme avait amené à une impasse, mais il apportait un pas décisif : reconnaître aux animalcules une dignité particulière, ce qui avait lancé la micrographie. Pour progresser à nouveau, mouvement de *retour pendulaire* [3], il fallait partir d'un panspermisme rénové qui laisserait de côté les problèmes de génération - ou qui les considérerait comme résolus -, mais qui laisserait aussi de côté la théorie de l'évolution naissante, trop encline à enfouir les animalcules dans les profondeurs du classement, pour ne plus s'occuper *que* des animalcules et, sans doute, forger de nouvelles techniques et de nouvelles hypothèses. L'exemple de Van Beneden et des cercaires est caractéristique [4] : son vitalisme ne s'exprime plus dans un débat sur la génération spontanée mais dans une recherche d'une spécificité du vivant - ici, les cycles de vie -, même si, dans la foulée, il s'occupe de l'œuf d'ascaris [5]. Cependant, avec Van Beneden, Balbiani et

---

1 Lamarck, J-B, ibidem, p.36.

2 Les divisions des Infusoires données par Lamarck, dans "*Cours de Zoologie du Muséum d'Histoire Naturelle sur les Animaux sans Vertèbres*", Paris : D'hautel, 1812, p. 16-17, sont une copie conforme de celles données par Muller, sauf que les noms sont en Français : Protée, Enchélide, Vibrion, Kolpode, Bursaire, Tricode... et surtout PARAMECE. Ca fait tout drôle de la voir écrite comme cela !

3 L'expression est de Georges Canguilhem, " Aspects du vitalisme", in *La Connaissance de la Vie*, Paris : Vrin, 1971, p. 85.

4 Voir p.109

5 Balbiani, sur la conjugaison des Ciliés, a la même démarche, en introduisant dans la biologie des infusoires une idée vitaliste s'il en fut : la théorie cellulaire. Voir "la théorie Cellulaire" de Georges Canguilhem, in *La Connaissance de la Vie*, Paris : Vrin, 1971 et

1 LES MAMMAUX..	Vivipares et à mamelles; 4 membres articulés dépendans du squelette. Des poumons; du poil sur quelque partie du corps.	Une colonne vertébrale, faisant la base d'un squelette articulé	Cœur à deux ventricules et le sang chaud. Un cerveau et des nerfs.	
2 LES OISEAUX....	Ovipares et sans mamelles; 4 membres articulés dép. du squelette; des poumons adhérens; des plumes sur la peau.			Plus de mamelles Plus de diaphragme complet.
3 LES REPTILES...	Ovipares et sans mamelles; 4 membres ou 2, ou aucun, dép. du sq. des poumons en tout temps, ou seulement dans le d[er] âge. Ni poils ni plumes sur la peau.		Cœur à un ventricule et le sang froid. Un cerveau et des nerfs.	
4 LES POISSONS....	Ovipares et sans mamelles; des branchies en tout temps ou au moins dans le 1er âge. Des nageoires; ni poils ni plumes sur la peau.			Squelette incomplet et dégradé. Plus de bras dépendans du squelette. Plus de larinx, plus de voix. Plus de paupières. Plus de poumons. Plus de vrai squelette.
5 LES MOLLUSQUES.	Ovipares, à corps mollasse, non articulé ni annelé, ayant un manteau variable. Des branchies.		Un cerveau dans les uns, une moelle alongée dans les autres. Des artères et des veines.	
6 LES ANNELIDES..	Ovipares, à corps mollasse, alongé, annelé, sans pattes articulées, ne subissant point de métamorphose. Des branchies.			
7 LES CRUSTACÉS..	Ovipares, ayant le corps et les membres articulés, la peau crustacée et ne subissant point de métamorphose. Des branchies.			Plus de cœur.

8 Les Arachnides.	Ovipares, ayant en tout temps des pattes articulées, des yeux à la tête, et ne subissant point de métamorphose. Des stigmates et des trachées.	Point de colonne vertébrale ; point de véritable squelette.	Une moelle longitudinale et des nerfs. Point d'artères ni de veines.	P'us d'artères ni de veines. Plus de glandes conglomérées pour les sécrétions.
9 Les Insectes....	Ovipares subissant des métamorphoses, et ayant, dans l'état parfait, des yeux à la tête, six pattes articulées, des stigmates et des trachées.			
10 Les Vers........	Gemmovipares, à corps mou, régénératif, ne subissant point de métam., n'ayant jamais d'yeux, ni de pattes articulées. Des stigmates.			Plus d'yeux. Plus de langue. Plus de sexe déterminable.
11 Les Radiaires..	Gemmovipares, à corps régénératif, dépourvu de tête, d'yeux, de pattes art., et ayant dans ses parties une disp. à la forme rayonnante. Des trachées aquifères.		Aucun organe spécial pour le sentiment, ni pour la circulation. Jamais de tête.	Plus de tête.
12 Les Polypes.....	Gemmipares et fissipares, à corps presque généralement gélatineux, régénératif, et n'ayant aucun organe spécial int. autre qu'un canal intestinal à une seule ouverture. * Dans le d^er ordre, que le genre *monade* termine, tout organe spécial est anéanti, la génération n'est plus que *fissipare*.			Plus d'organe spécial pour le sentiment, ni pour le mouvement des fluides. Plus de gemme régénérateur. Anéantissement de tout organe particulier.

Fig. 37 : *Tableau du règne animal, montrant la dégradation progressive des organes spéciaux jusqu'à leur anéantissement.*
J-B Lamarck, Recherche sur l'organisation des corps vivants, *Discours d'ouverture de l'An X, Paris : Museum d'Histoire Naturelle 1802.*

quelques autres, nous sommes en 1850. La solution au problème - le renouveau de la classification sur des bases vitalistes - est légèrement antérieure : 1830 - 1840, et se trouve dans un double déplacement :

- un déplacement physique spectaculaire - générateur d'un véritable spectacle quand on observe les débatteurs - qui mettra en opposition, et pour longtemps, les Universités Allemandes et les Universités Françaises. Pendant que Cuvier et Geoffroy Saint Hilaire discourent de l'évolution, les Universitaires Allemands, s'appuyant sur un vitalisme omni-présent [1], traitent de la théorie cellulaire ;

- un déplacement théorique : les animalcules n'entreront plus en résonance avec la théorie de la génération ou la question de l'évolution mais avec la question cellulaire qui, finalement, apportera une grande partie de la solution - du point de vue des naturalistes, s'entend, car du point de vue des chimistes et des médecins cela ne sera pas encore le cas.

Le nouveau grand traité de micrographie des animalcules est de Ehrenberg [2], en 1838. Trois ans plus tard, Dujardin publie une "Histoire naturelle des Zoophytes infusoires" et parle d'Ehrenberg dans les termes suivants : "sa classification basée sur des faits entièrement erronés relativement à l'organisation des infusoires a été admise par les auteurs qui n'avaient nul souci de vérifier les faits annoncés. Mais les vrais observateurs furent d'abord frappés de

---

"Histoire des origines de la théorie cellulaire" de Marc Klein, in Regards d'un biologiste, Paris : Hermann, 1980.
Dans une très belle "Note sur la Génération dite Spontanée lue à la Société de Médecine de Paris", le Docteur Felix Andry, en 1854, salue les travaux de Van Beneden en ces termes : "Toutes ces conquêtes d'un travailleur moderne n'ont pu s'accomplir qu'en désarmant proportionnellement, qu'en resserrant d'autant plus sur leur terrain les anciens défenseurs de la génération spontanée". Bel et clairvoyant hommage !

1 Le poids de la philosophie vitaliste ainsi que le rôle des Universités Allemandes sont expliqués dans l'article de Canguilhem déjà cité et dans l'article de Klein, aussi cité, de même que dans "Sur les Débuts de la théorie cellulaire en France", de Klein également, op.cit.

2 Il existe évidemment, la version originale, en Allemand. Nous donnons la référence de la version française : "Recherches sur l'organisation des infusoires", in : Traité pratique de microscopie, de Mandl (op.cit.). Une remarque de Mandl, dans sa préface (p.III) s'inscrit dans cette sociologie de la science que nous mobilisons ici: "Peut-être cette tâche (la traduction du travail d'Erhenberg) était-elle plus facile à remplir par l'auteur (ici, Mandl lui-même) à cause de sa familiarité avec une langue presque maternelle, qui, malheureusement pour les Allemands, n'est que très peu cultivée en France". Dans ce passage, il y a beaucoup plus qu'un regret. Il y a aussi le rôle que joueront les universitaires de Strasbourg - comme intersection des deux courants, allemand et français - Est-il besoin de rappeler que Pasteur fit ses premiers grands travaux à .... Strasbourg : il y aura plus qu'une coincidence.

stupeur par l'annonce des découvertes du micrographe de Berlin" [1].

Quels sont les "erreurs" d'Ehrenberg ? [2].

En fait, il s'agit d'un seul type "d'erreurs" mais il est capital et multiforme. Ehrenberg est d'opinion d'admettre "l'existence d'organes très complexes dans les plus petits êtres" [3]. Car pour Dujardin, nous pourrions dire : même effet, même cause ! Il est inutile de considérer comme "une nécessité absolue d'accorder aux infusoires un système d'organes locomoteurs, dérobés, par leur extrême petitesse, à tous les moyens d'observation ; et le mot *génération spontanée* cesserait peut-être de présenter une idée absurde, si on l'appliquait à des êtres dans lesquels l'existence des organes locomoteurs et digestifs serait désormais problématique, à des êtres que l'on voit se produire indifféremment dans toutes sortes d'infusions, même dans celle d'opium, de noix vomique..." [4]. Même discours, même arguments que Lamarck et consorts.

Ce qui nous intéresse ici, ce sont les types d'arguments dans le détail, opposés par Dujardin : extraordinaire pérennité de ces arguments, quasi-identiques depuis la découverte des Infusoires, le débat mécanisme-vitalisme a, dans l'emploi des révélations du microscope, trouvé une nourriture de qualité. Par exemple, Ehrenberg, "dès le commencement, insista sur l'organisation intérieure d'infusoires : à l'aide de substances colorées organiques, il est parvenu à reconnaître un organe nutritif composé chez presque tous les infusoires" [5]. Et, comme "le canal intestinal des infusoires polygastriques peut se présenter sous quatre formes différentes" , nous avons là un critère de classification extrêmement important : on ne classe désormais plus les infusoires d'après des caractères externes mais des caractères internes. Bel hommage rendu aux tout-petits : ils ont des organes de grands. Dujardin contre : "Non, la classification doit s'établir sur les caractères extérieurs". Animaux sans organes locomoteurs, pourvus d'expansions variables, d'un ou

---

1 Dujardin, *Histoire Naturelle des zoophytes Infusoires*, Paris : De Roret, 1841, p.14.

2 Petit point de technique de l'historien des sciences : il est parfois très intéressant de comparer ce que deux auteurs se disent sur un même sujet. D'une part cela nous montre les points de friction, d'autre part, le niveau de réflexion épistémologique des auteurs.

3 Dujardin, "Sur les organismes infusoires", in *Annales de Sciences Naturelles*, Paris : 1835, 2ème série, tome IV, p. 364.

4 Dujardin, ibidem, p.363.

5 Mandl, op.cit. 426 et 438. Certains animalcules n'ont ni bouche ni anus, d'autres ont une bouche et pas d'anus, d'autres un canal réunissant les diverses cavités stomacales , d'autres enfin ont tout : les rotifères.

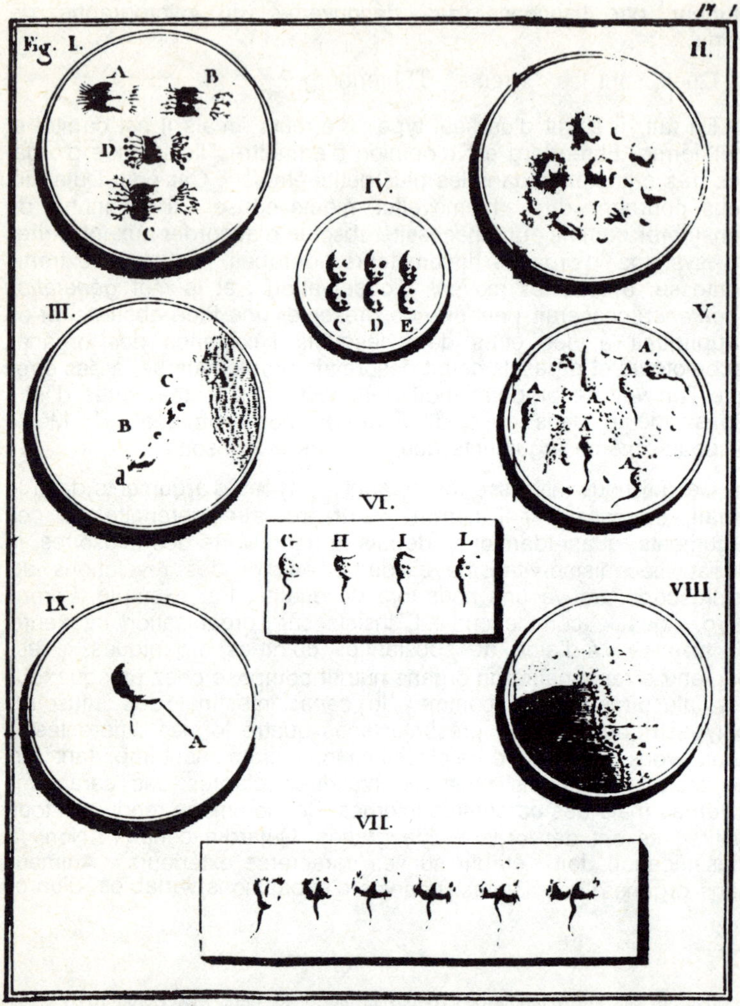

Fig. 38: *Observation de divers animalcules (protozoaires) par Spallanzani, 1787.*

plusieurs flagelles, ciliés sans téguments, à tégument lâche contractile.. En un mot, Ehrenberg place son vitalisme au mauvais endroit, Dujardin a raison dans son mécanisme - la classification actuelle ressemble à la sienne - mais se trompe dans l'argumentation. Le vitaliste veut aller trop loin à l'intérieur, le mécanisme veut trop rester en surface. Difficile dialectique !

- Ehrenberg détermine "par le calcul, les dimensions des estomacs des plus petits infusoires et suppose des particules alimentaires de 1/36000 de ligne destinées à remplir les estomacs de 1/600 de ligne ; il fixe enfin la grosseur de leurs oeufs qui devrait être de 1/6000 de ligne" [1]. Le calcul de Leeuwenhoek toujours d'actualité ? Dujardin lui reproche de ne "pas s'inquiéter des limites problables de la divisibilité des substances organiques" [2].

- Ehrenberg assimile des "points rouges" à des yeux - il a, d'une certaine façon, raison -, Dujardin : de toutes façons, il "ne nous servira qu'une seule fois à distinguer un genre" [3].

- Chez les Rotifères, Ehrenberg voit un organe contractile "en rapport très intime avec les testicules", "c'est pourquoi il le nomme organe éjaculateur ou muscle éjaculateur du liquide séminal mâle" [4]. Dujardin pense que la vessie contractile des Rotifères pourrait bien être un organe respiratoire.

- Ehrenberg, fin manipulateur de colorants, suppose "un appétit particulier, admettant qu'une Paramécie dans un liquide coloré à la fois par de l'indigo et du carmin *choisit* parmi les corpuscules en suspension, pour remplir exclusivement tel ou tel de ses estomacs". Dujardin répond : que nenni ! pas de sens du goût ! Simple phénomène physique : "mais pour qui voudra considérer le mode d'intromission des aliments ou des substances colorées, il paraîtra plus rationnel d'admettre que l'animalcule s'est trouvé successivement à différents endroits ou que le mélange était imparfait" [5].

- Ehrenberg voit des estomacs, organes *permanents* de digestion. Impossible ! dit Dujardin ! Il n'y a là qu'une "des propriétés les plus étranges du sarcode" - plus ou moins notre cytoplasme - : il a la possibilité de "produire spontanément, dans sa masse, des vacuoles

---

1 Dujardin, Histoire Naturelle des Zoophytes infusoires, op.cit., p.98.

2 Dujardin, ibidem.

3 Dujardin, ibidem, p.123.

4 Ehrenberg, " Sur un système d'organes internes, simples, doubles ou multiples, très irritables qui se voient chez les Infusoires polygastriques et qui sont peut être les organes sexuels mâles", in *Annales des Sciences Naturelles*, Paris : 1835, 2ème série, tome III, p. 289.

5 Dujardin, ibidem, p.73.

ou petites cavités sphériques.. s'agrandissant peu à peu". Le langage est celui d'un spontanéiste : "produire spontanément". En aucune façon, conclut Dujardin, on ne peut garder "ce fait (les estomacs) pris par Ehrenberg (l'autre) pour base de sa classification" [1].

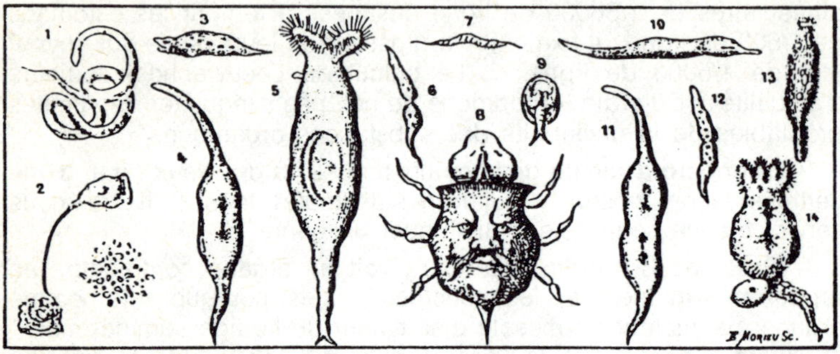

Fig. 39: *Organismes de diverses infusions, d'après Joblot.*
1: Aiguillule ou serpent du vinaigre - 2, 3, 4 et 11 :Organismes d'une infusion de paille de blé - 5: Chenilles aquatiques dans une infusion de roses, oeillets et jasmins (c'est un rotifère) - 6 et 12: Animaux observés dans l'eau des huitres à ècailles (Monas en voie de division ?) - 7, 10, 13 et 14 :Infusoires divers qualifiés de poissons très petits grenades, barbues.... - 8 :Animal nouveau à masque d'homme (?) - 9 :Crustacé nageant dans une infusion d'oeillets.

Renvoyons dos à dos les deux protagonistes, et cela pour deux raisons.

D'abord, Dujardin reconnaît lui-même la validité de la séparation des Rotifères des autres infusoires par Ehrenberg : "ce sont des animaux presque aussi petits que les infusoires mais ils sont doués d'une organisation bien plus complexe et qu'on aurait à peine soupçonnée avant les découvertes de Mr. Ehrenberg". Or, le raisonnement d'Ehrenberg est le même dans tous les cas de figures : les Rotifères ont tous les organes (un intestin, une bouche, voire un cou) qui les relient aux animaux supérieurs. Mais si Dujardin est prêt à accepter, pour eux, le raisonnement, il le refuse pour les animalcu-

---

1 Dujardin, *"Sur les Organismes infusoires"*, op.cit., p.367.

les car, "en définitive, nous ne savons rien de précis sur la génération de ces animaux.." "Non, il ne faut sans doute pas croire à la génération spontanée, si on l'entend à la manière de Lamarck" mais on peut supposer que "pour les animaux inférieurs, les changements de climat, de demeure, de nourriture doivent produire peu à peu dans les individus des modifications considérables qui déguisent à nos yeux les formes primitives" [1]. Tant qu'on n'accepte pas la non-génération spontanée, on n'accepte pas que les infiniment petits puissent être doués de toutes les fonctions de la vie - et déjà, pouvons-nous anticiper, doués de la capacité de porter la mort.

Ensuite la classification actuelle est un compromis entre les deux points de vue : importance des organes locomoteurs et des cycles de vie. Haeckel en donne une version très proche de la nôtre en 1879 [2]. Il nous précise le rôle intégrateur qu'a joué la théorie cellulaire, car dit-il, "c'est dans cette conception de l'organisme des Protistes que se trouve, selon nous, la condition essentielle pour le bien comprendre" [3]. Ce ne sont pas des *organes* au sens macroscopique du terme qu'il fallait chercher à l'intérieur des Protistes, mais des entités fonctionnelles d'un autre ordre : cette perception clôt le débat, d'une certaine façon. Elle le fait repartir sur d'autres bases aussi ! Haeckel se lancera à la recherche de nouvelles et hypothétiques *monades* [4], descendantes théoriques du Monas termo de Lamarck. Il recherchera aussi les formes de passage entre les Protistes polycellulaires et les animaux dits complets - embryologiquement parlant, théorie de l'évolution oblige : cela le poussera vers la *loi biogénétique fondamentale* et la *gastrea,* qui, évoquant la gastrula, sera le pendant de la monade... mais de l'autre côté de la chaîne !

Sur le terrain des Naturalistes, un problème nouveau a surgi, entre temps, avec les bactéries, infusoires d'un autre ordre de grandeur comme nous le verrons. Il faut revenir à la phrase de Sédillot : les débats sur les bactéries reprenant tous les arguments avancés par les Naturalistes depuis Leeuwenhoek. Sédillot nous dit : "peu importe tous ces arguments, ce qui compte, c'est que les microbes sont capables d'être des porteurs de maladie". Nous comprenons alors mieux ce qu'il nous signifie : la discussion sur la dernière monade est d'une grande stérilité. Soit ! Mais, en même temps, il nous demande d'avoir un présupposé vitaliste : quand il veut

---

1 Dujardin, *Histoire Naturelle des Zoophytes Infusoires*, op.cit., p.107.

2 Haeckel, Ernst, *Le règne des Protistes*, Paris : Reinwald, 1879, p. 6 à 22.

3 Ibidem, p.22.

4 Thuiller, Pierre, "Requiem pour un Bathybius", in : *Le petit Savant Illustré*, Paris , Seuil, 1980, p. 47-50.

congédier les opposants, il prend partie pour un groupe de protagonistes ! C'est probablement dans cette prise de position que s'explique une partie du mouvement pastorien...et des oppositions qu'il déclencha !

Le terrain des médecins

Ce terrain est plein d'intérêt puisque Sédillot nous signifiait que les deux premiers, sur lesquels gambadaient les infiniment petits n'étaient plus, d'une certaine façon, opératoires et qu'il valait mieux les laisser en friche pour consacrer son temps à cultiver cette nouvelle terre visiblement plus fertile. [1]. C'est indiscutablement dans les ouvrages et articles tentant de donner une explication des situations pathologiques complexes, les maladies à cibles multiples, que nous trouvons des types de discours sur lesquels pourront se greffer une problématique prenant les microbes pour objet. En effet, si un homme, seul dans son coin, présentait des signes nets de maladie, sa solitude posait relativement peu de problèmes : dérèglement de ses humeurs, phlogoses, gastrites [2] renvoyaient bien à un changement qui pouvait rester interne à l'individu. Mais que dire des épidémies, plus ou moins étendues, très fréquentes, disparaissant avec la même soudaineté qu'elles étaient venues ? Soudaineté, ampleur, rapidité, invisibilité...voilà des qualificatifs qui laissent une très large place à des interprétations où les fantasmes pouvaient aller bon train, mais qui ont produit deux grandes théories explicatives, des théories suffisamment contradictoires pour être la base de classifications médicales et, là encore, de débats intenses : la théorie des miasmes et la théorie des contages [3]. Chacune portera

---

1 Du point de vue de l'histoire des Sciences, il y a une difficulté : les théories médicales sont nombreuses et anciennes, les discours médicaux très variés. La porte d'entrée que nous avons choisie nous est donnée par récurrence, c'est-à-dire par une réflexion après coup dont l'origine fut, pour nous, la lecture d'articles des années 1880 essayant de replacer microbes dans l'espace libéré par les miasmes et les contages (voir introduction et infra).

2 Voir "La Microbiomanie", page 96.

3 Se greffe avec la médecine, une difficulté nosographique : les Anciens appelaient-ils... un chat un chat ? La peste d'Athènes, vers les 400 avant J-C, était un typhus, la peste du Décameron.. une grippe. Un livre peut servir de guide à une méthode : *Les maladies à l'aube de la Civilisation Occidentale,* de Mirko D. Grmek, Paris : Payot, 1983. Nous avons volontairement limité notre travail à après 1669, très exactement, date du plus ancien livre que nous citons, d'une part parce que ces deux théories sont nettement exprimées, d'autre part, parce que ce vieux livre (d'Athanasius Kircher, voir *infra*) est encore en *latin,* ce qui complique notre approche de façon très compréhensible.

ses techniques thérapeutiques et, surtout, ses significations théoriques propres : nous les détaillerons. Mais nous dirons aussi les tentatives avortées de restructuration et un très important problème socio-professionnel, l'usage de la micrographie en médecine [1].

L'unité des deux théories explicatives est réalisée dans le fait que, pour rendre compte des maladies qui atteignaient plusieurs malades en même temps, les médecins ont proposé des modes de propagation qui *extériorisent*, à un moment ou à un autre, l'agent de transmission. A partir de là, tout semble les opposer.

Il se fait une belle unanimité sur la définition des *miasmes*. Le Docteur Ozanam, par exemple, nous dit que "c'est dans l'air qu'il faut chercher généralement les éléments de maladies purement épidémiques" et que, selon toute probabilité, "les molécules émanées de toutes les substances de la nature y forment des combinaisons infinies et inconnues qui donnent naissance à cette multitude de phénomènes physiques et morbidifères" [2]. Ces *émanations délétères*, ces *effluves marécageux* ont aussi reçu le nom de *miasmes* et les maladies, le nom de *maladies miasmatiques*, nous précise Joseph Sédillot [3]. Ce dernier avance plusieurs preuves de cette assertion - les molécules responsables du mal - : les maladies miasmatiques sont caractérisées par une propagation extrêmement rapide et par une extension étonnante - peu de gens y échappent -; elles se portent essentiellement sur les membranes muqueuses, ainsi les fièvres intermittentes, les catarrhes et les dysenteries ; elles sont enfin spécifiques de certaines régions - les pays marécageux où, objectivement, il se passe quelque chose dans l'air, les pays où "les volcans vomissent l'infection et la mort" [4]. Deux techniques d'évitement sont alors proposées. D'une part, puisque les maladies miasmatiques nécessitent l'air dans leur genèse, alors il faut développer "la purification de l'air atmosphérique par le chlore" mais certainement pas par les "parfums gras qui vicient l'air (myrrhe, encens, camphre) et retiennent les émanations

---

1 L'introduction du microscope ne fut pas chose facile, comme on le verra. L'hagiographie pastorienne fait accroire que seul Pasteur eut des difficultés avec des médecins de son époque. Là encore, le problème est beaucoup plus général et bien plus complexe qu'une simple querelle de personnes et ce, bien avant les années 1860-1890. Mais, il faut faire un effet-point sur l'homme ! (voir note 1, page 135 et introduction).

2 Ozanam, *Histoire Générale et Particulière des Maladies Epidémiques*, Lyon : chez l'auteur, 1835, Tome 1, p.31.

3 Sédillot, Joseph, *Notice sur la fièvre jaune, la peste et le typhus considérés comme non-contagieux*, Paris : Ballard, 1820, p.4. Remarque : nous ne connaissons rien des rapports familiaux pouvant exister entre Charles-Emmanuel Sédillot et Joseph Sédillot.

4 *Ibidem*, p.5.

putrides qui sont plus pesantes que l'air atmosphérique [1]. Poids, gras, émanations : rigoureuse physique ! D'autre part, puisque l'ennemi est extérieur, il faut être le plus vigoureux possible pour l'attendre de corps ferme, il faut une fortification du patient lui-même. Ce qu'Ozanam nous explique pour le Choléra : "Cette maladie ne se communique pas par le contact des malades, elle est épidémique" et, comme "l'équilibre se perd dans les proportions des éléments de l'air, les individus faibles ou déjà maladifs en ressentent plutôt les effets que les robustes" [2]. Déséquilibre compensé par un rééquilibre : non moins rigoureuse physique !

Donc, il faut :

> *1° Ne pas s'effrayer de l'approche de la maladie parce que la peur affaiblit les forces et dispose le corps à l'impression morbide ;*
> *2° Eviter avec soin tout ce qui peut exciter les passions de l'âme telles que la crainte, la tristesse, la mélancolie et le désespoir ;*
> *3° Se coucher de bonne heure, ne point passer les nuits ;*
> *4° Se nourrir bien, manger peu à la fois, mais au moins toutes les quatre heures, excepté le temps de repos.*

Quand il n'y a pas rapidité de propagation, les maladies se transmettent de proche en proche par un *contage* [3] qui est "un agent morbide spécifique qui se communique par le contact d'un malade à un corps sain" [4]. "L'air ne peut être l'agent de transmission car il y aurait rapidité de contagion" , donc la contagion peut se faire soit par absorption si la maladie a une relativement grande extension (gale) soit par insertion si elle a une faible extension (syphilis, rage ou hydrophobie).

Sédillot écrit que "le virus est des humeurs plus ou moins nuisibles qui, sorties de l'animal et transmises par un moyen quelconque à un autre animal suscitent des maladies conformes à celles qui leur ont donné naissance" [5]. Ozanam précise que l'agent

---

1 Ozanam, *Conseils sur les moyens de garantir le choléra*, p.6.

2 Ozanam, ibidem, p. 6. On peut, évidemment, considérer cette description du rôle du terrain comme de la médecine psychosomatique avant l'heure.

3 *Le Petit Robert*, Edition de 1979, citant son origine latine (tangere : toucher), en fait un mot trop récent (1863). Dans la définition de "contagion", il y a un léger déplacement de sens, "la contagion est la transmission d'une maladie par contact direct ou par l'intermédiaire d'un contage" : l'agent par transmission direct est aussi appelé "contage". Enfin, le Petit Robert parle de "miasmes contagieux", ce qui pour nos auteurs ne pouvait être : la spécificité des maladies miasmatiques était de ne pas être contagieuses (voir le débat, infra).

4 Ozanam, *Histoire Médicale Générale et Particulière des Maladies Epidémiques*, op.cit., p. 41.

5 Ozanam, ibidem, p.41.

du contage est *un virus* qui est "un liquide ou une substance élaborés par le corps malade et qui peut se transmettre" [1]. Un peu plus tard, en 1863, Ricord proclame avoir reconquis "la source du virus" - ici, celui de la syphilis - "à la pointe de la lancette"[2]. Quelles représentations du virus se faisaient les anciens médecins, à partir de ce qu'ils récupéraient ainsi et quelles conséquences en tiraient-ils ?

Trois débats vont, par une analyse serrée des arguments des uns et des autres, nous le préciser. Le premier débat oppose deux médecins Lyonnais, Jean-Baptiste Goiffon et Jérome-Jean Pestalozzi, en 1721. Il porte sur le caractère contagieux ou non contagieux, transmissible ou miasmatique de la Peste de Marseille [3]. Le deuxième débat oppose Ricord (déjà nommé) et Auzias-Turenne, en 1853. Il porte sur des expériences de syphilisation, transposition à la syphilis - avec quelques modifications - de la technique célèbre de variolisation [4]. Le troisième, enfin, nous donne un protagoniste connu, Joseph Sédillot. Il porte sur la contagiosité de la fièvre jaune.

Le texte de Jean-Baptiste Goiffon que nous présentons ne doit pas nous tromper : il ne représente que trois pages sur les quelque cent de son volume, l'essentiel étant consacré à des conseils, à des recettes. C'est une différence très nette avec les deux autres débats et pourtant c'est celui qui est le plus porteur d'avenir. Voyons cela :

> *Tout bien confidéré, peut-être qu'il n'y auroir ny abfurdité ny témérité de penfer que toutes les communications qui fe font même par attouchement & aplication immédiate ne procédent pas d'un levain inanimé, & qu'il y a d'autres Maladies que la Pefte qui dépendent de quelqu'autre genre de vers. Il y a des Auteurs qui croyant que la Verole & les maux Venériens qui fe communiquent de cette dernière façon ont leur caufe dans de petits vers, & on a imprimé, à ce que j'ay apris dans ce moment, depuis peu à*

---

1 Sédillot, ibidem, p. 3-4.

2 Ricord, Philippe, *Lettres sur la Syphilis*, Paris : J-B Baillière, 1863; p.168. Ricord est le médecin de Napoléon III.

3 Goiffon, Jean-Baptiste, *Observations faites sur la peste qui règne à présent à Marseille et dans la Provence, suivi d'une réponse à la lettre de Monsieur P.*, Lyon : André Laurens, 1721, "P." est Pestalozzi. Pestalozzi, Jérome-Jean, *Avis de précaution contre la maladie contagieuse de Marseille,* Lyon, 1721.

4 Ricord, ouvrage cité, mais aussi : *Traité pratique de l'inoculation appliquée à l'étude des maladies vénériennes.* Les deux furent opposés dans un "*Rapport à Monsieur le préfet de Police sur la question de savoir si M. le Docteur Auzias-Turenne peut être autorisé à appliquer ou à expérimenter la Syphilisation à l'infirmerie de la Prison Saint-Lazare*, Paris : Union Médicale, 1853. Le débat tourne en faveur de Ricord : Auzias Turenne n'est pas autorisé !

Monpelier une Differtation, fous le nom d'un Medecin nommé Riberty, que l'on attribue à un célébre Profeffeur en l'Université de cette même Ville, par laquelle il foûtient cette opinion, qui fuivant les Obfervations faites avec les microfcopes paroît avoir beaucoup de vrai-femblance, & femble confirmer par les vers que l'on découvre avec les yeux dans le vinaigre, dans les cloaques, dans les eaux croupiffantes & encore dans certains fujets dont on fe fert pour fermer & levain. Ne peut-on pas préfumer, qu'il y en ait dans le petit lait aigri comme dans les autres liquides corrompuës, & principalement dans celui que l'on garde en Campagne dans des mulettes ou les ventricules des jeunes Animaux pour fervir de préfeure & faire prendre & cailler le lait. Ce lait & petit lait ou plûtôt ce chyle pourra-t-il fervir des années entières gâté & corrompu fans que les vers ne s'y engendrent ? Puifqu'on ne fçauroit garder la chair même des Animaux, fur tout en Eté, que peu de jours fans que les vers ne s'y mettent. pourquoi ne penferoit - on pas de même de plufieurs levains, tant liquides que folides ; car tout eft fujet à la corruption, & les vers la fuivent de près, s'ils ne la précedent. La petite Verole & la Rougeole qui font reconnuës pour Maladies contagieufes ont peut-être leur caufe, auffi-bien que plufieurs Maladies épidemiques dans quelque efpèce particulière de petits ver ou infectes imperceptibles qui s'infinuent dans le corps de ceux qui deviennent Malades, & s'attachent aux habits de ceux qui les transferent. Quand à la Pefte des beftiaux qui regnoit il n'y a que peu d'années dans prefque toute l'Europe, on ne fait aucune difficulté de croire qu'elle précedoit de quelque genre de petits vers repandus dans le foin, ou fur les herbes dont ils fe nourriffoient en Campagne : les ulcéres que la plûpart de ces Animaux malades avoient à la langue & à la bouche confirment ce fentiment ; & c'eft fans doute à cause de la différente nature & de la diverfité d'efpéce de ces infectes, que la Pefte qui aflige le Genre Humain n'affecte point les Beftiaux, & que celle des beftiaux ne fe communique pas aux Hommes.

Ce texte [1] est explicite : le contage *peut être* un être vivant, du type ver ou insecte, très petit. Est-ce un animalcule ? Probablement oui, pour deux raisons : la première est d'ordre sémantique puisqu'un auteur plus ancien, le Père Athanasius Kircher signalait, au tout début de l'usage du microscope, que de "toutes les matières putrides sont engendrées des *vermes*"[2] et que ce terme reste ambigu, polysémique, signifiant aussi bien *insectes* que *vers* ou

---

1 Goiffon, J-B, *op.cit.*, p. 29, 30 et 31.

2 Kircher, Athanasius, *Scrutinium Physico-Medicum, Contagiosae Luis, quae dicitur Pestis quo Origo, Causae, Signa*, 1669 , p.63 (trd. auteur), voir note 3, page 122).

animalcules dans le langage d'O-F Muller [1] ; la deuxième est de l'ordre du raisonnement scientifique - la généralisation après une observation - puisque le même Kircher précisait que "les petits vers propagateurs de la peste sont si ténus, si petits, si exigus que tous nos sens les éludent et qu'ils peuvent ne pas tomber sous le sens d'un très puissant microscope" [2]. Il est sûr que Kircher et les autres ne *voyaient* pas le bacille de Yersin et que cette observation, fausse pratiquement mais interprétée correctement, n'eut aucune valeur heuristique, mais cela permit l'élaboration de techniques prophylactiques : comme les petits vers peuvent "pénétrer dans les tissus et les linges", c'est dans la vie de l'homme privé que l'on peut se conserver de la contagion de la peste. Goiffon [3] entreprend aussi une diatribe que Kircher avait entamée, contre trois thérapies : le purgage, le saignare et le vomire.

> *Puifque la Saignée, les Purfatifs & les Vomitifs ne peuvent rien contre ce venin de quelque nature qu'il puiffe être, & qu'aucun Médecin ne fauroit fe vanter d'avoir employé avec fuccez aucun de ces trois Remédes pour éteindre ny venin, ny poifon. Ce fera donc à des Spécifiques à des Antidotes & Alexitéres & un mor à des contre-poifon & domte-venins qu'il faudra s'apliquer, c'eft-à-dire à des Alterans qui foient formellement contraire en propriété & en vertu à ce venin & qui foient propres pour exterminer & anéantir cet ennemi mortel.*

La technique thérapeutique proposée est claire : il faut des "contrepoisons et des dompte-venins" qui renvoient, notons-le, à une sorte d'action chimique du contage.

L'idée d'un *contagium vivum* est donc bien ancienne. Une raison de la non-ouverture de recherches dans cette direction tient sans doute aux modalités de travail de la médecine à cette époque mais aussi aux hypothèses émises quant à l'origine du contage lui-même,

---

1 Voir supra.

2 Kircher, *ibidem*, p. 239. Quand Pasteur reprendra le même argument contre Peter celui-ci dira ne pas voir les microbes dans du sang. On peut aussi rapprocher l'observation de Kircher de celle de Pouchet, en 1835 : "Le pus sécrété autour du gland affecté de chancre est le seul qui m'ait présenté au microscope des animalcules vivants ; ces animalcules ne sont autres que les Vibrio Lineola de Muller, *qui se produit dans beaucoup d'infusions...* Le pus des bubons syphilitiques ne contient pas d'animalcules, celui de la blennoragie n'en renferme pas nón plus", Pouchet, "Animalcules observés dans les matières purulentes et le produit des sécrétions des organes génitaux de l'homme et de la femme", in *Comptes rendus Hebdomadaires de l'Académie des Sciences,* Paris, 1836, p. 385. Encore une observation n'ouvrant pas un nouveau champ de recherches mais surtout révélateur de la complexité du problème - des infections secondaires pouvant se greffer très facilement.

3 Goiffon, J-B, *Ibidem*, p.37.

du premier contage, si l'on veut. Le passage du texte de Goiffon sur la peste des bestiaux semble contenir la possibilité d'une source toujours externe du contage. Moins évident apparaît le discours d'Ozanam sur le même sujet : "le développement spontané des contages démontre que leurs éléments existent dans la dégénération des humeurs animales" [1]. L'existence de ce contagium vivum n'est donc pas incompatible avec la génération spontanée : or nous sommes précisément dans une période où les tenants du spontanéisme ont le dessus. D'où blocage, d'où le contage ne devient pas objet de recherches, d'autant plus que cette idée du contagium vivum est très débattue. Pestalozzi, sur la Peste de Marseille, conteste l'origine animale. Voyons ses arguments en citant un long passage car il nous baigne dans le style polémique de l'époque - les débatteurs reprennent les hypothèses des adversaires et s'inscrivent en faux par de nouveaux arguments -.

"La cause de cette terrible maladie ne peut être qu'un agent très actif aussi réel qu'invisible. Quelques-uns croient, comme le R.P. Kircher, et son idée paraît très plausible que le germe pestilentiel est une multitude innombrable de petits vers, dragonaux ou insectes vivants, qui voltigent en l'air comme des essaims et s'attachent à tout, ou du moins leurs oeufs prêts à éclore. Si l'on admet pour cause de peste ces insectes invisibles, on a une grande facilité d'expliquer comme quoi le germe de peste s'attache à toutes sortes de draps, laines.... Chacun est convaincu par le secours du microscope que toute la nature fourmille en vers et en petits animaux.. Mais tous ces insectes ne sont ni meurtriers, ni homicides ; ils ne peuvent être l'auteur de la peste ; nous l'aurions toujours... Il faut donc que les partisans de ce système en supposent une espèce particulière et en cela il n'y a pas une difficulté bien grande... Peut-on croire sans scrupules ni doutes que cette petite graine ne perde sa fécondité dans l'espace de vingt-cinq ans ? Car si cela était possible, l'on ne pourrait jamais détruire la peste entièrement... Cette objection a porté quelques auteurs à croire que le levain pestilentiel était un amas de particules salines volatiles qui peuvent être l'ouvrage de la nature. Par exemple, les histoires nous apprennent que sans aucune communication suspecte avec des pays éloignés infectés, la peste s'est souvent formée après une année de famine, après un long séjour des troupes militaires, en fuite d'une grande bataille ou après un tremblement de terre... Il peut se faire certains mélanges de parties salines volatiles qui seront des levains de maladie". Le praticien conclut : "tout cela sont des idées qui peuvent donner

---

1 Ozanam, *ibidem*, p.57.

matière à grandes disputes et qui ne conduisent à rien pour la pratique... Supposé encore que l'on admette ce germe animé, il n'est pas probable que ces insectes soient par eux-mêmes les auteurs des différents symptômes - dissoudre, coaguler, gangrène - sans admettre une matière saline volatile qui soit leur venin. La question roulera uniquement sur la nature de ce venin, soit qu'il vienne de ces légions invisibles d'insectes ou d'ailleurs".

Le contagium vivum avait les apparences d'une notion vitaliste, mais il cachait son mécanisme, la génération spontanée. Ici, cette idée bute aussi sur une notion vitaliste - le cycle de vie - qui pourra rendre compte de la perte de fécondité possible, par le jeu des porteurs-sains ou des réservoirs à microbes, se heurte aussi à une médecine des symptômes qui fait mobiliser par Pestalozzi un venin plutôt qu'une action du contage sur les fonctions [1].

Le deuxième débat montre que la question du contage est indissociable de la maîtrise d'une technique importante :la technique des inoculations. Alors que les maladies miasmatiques nous cantonnent soit dans l'air, à la recherche d'une hypothétique pluie de miasmes, soit dans l'individu, à la recherche du meilleur terrain possible, le contage n'est pas porteur du même fatum : la pointe de la lancette le désigne et, sur lui, peut s'exercer le médecin qui, au départ, mobilise plus une certaine forme de magie homéopathique qu'autre chose : c'est la variolisation [2] et sa variante, la vaccination de Jenner. Intéressons-nous à ce que veut faire le Docteur Auzias-Turenne lorsqu'il sollicite l'autorisation de syphiliser les prisonnières. Il s'agit d'inoculer le pus de chancres anciens ou "en voie de terminaison", d'en inoculer un certain nombre contenant le virus syphilitique.

L'analogie avec la variole est grande : toutes deux sont des maladies présentant des symptômes cutanés. Hélas pour lui, le Docteur Auzias-Turenne voit ses travaux vérifiés par une commission (d'éthique ?). Du 4 Octobre 1851 au 29 Octobre, Marie Schoemakers, prostituée de 34 ans subit 49 inoculations, 49 auto-inoculations puisque elle est "syphilisée" par son propre virus. Le 29 Octobre , ne constatant plus aucune réaction à l'inoculation, les médecins de la Commission sont "donc en droit de croire cette femme syphilisée, ou plutôt mise à l'abri de l'action du virus chancreux ; il ne s'agit plus, pour nous en convaincre,que de faire la contre-épreuve, c'est-à-dire

---

1 Pestalozzi, Jérome-Jean, *Avis de précaution contre la maladie contagieuse de Marseille*, Lyon, 1721, p. 31 à 37.

2 Pour une rétrospective historique, lire De Raymond, Jean-François, *Querelle de l'inoculation ou préhistoire de la vaccination*, Paris : Vrin, 1982.

de soumettre à l'inoculation d'un pus actif, pris sur une autre personne". Cet *essai* est commencé le 1er Novembre. Le 12 Novembre, après la 57ème inoculation, "une des ulcérations abdominales fait tellement de progrès" que les médecins sont "forcés de la cautériser".

> *Le 14 Novembre, les chancres continuent de faire des progrès... Nous hésitons sur les conséquences de ces inoculations. Où nous arrêterons-nous ? Où est notre boussole ? Nous ne trouvons rien pour nous guider... Comme la malade s'impatiente, et redoute de nouveaux essais, nous respectons sa répugnance bien légitime, car son ventre est couvert de cicatrices et présente de plus quatre chancres suppurant : nous décidons que toute expérience sera suspendue et nous tâcherons de guérir le plus vite possible les chancres qui restent à cicatriser.*

L'autorisation sera refusée. Par-delà l'émotion que nous pouvons avoir à lire le récit de ces médecins, il faut dire qu'on est bien loin à ce moment d'un virus "atténué" au sens moderne du terme : la syphilisation ressemble bien plus à une mithridatisation [1]. Le virus est plus un poison qu'un être vivant, nous sommes encore, semble-t-il, dans une perspective mécaniste.

Enfin, lorsque Sédillot clame la non-contagiosité de la fièvre jaune - et, donc, en fait une maladie miasmatique -, il dit le faire car "la solution de ce problème intéresse à un égal degré la santé publique, le commerce des Deux Mondes, la politique des Etats" [2], la conséquence de la non-contagiosité de la fièvre jaune étant que "les mesures sanitaires qu'on prétend lui imposer" devraient "être changées". On voit l'importance pratique qu'ont de telles disputes mais, surtout, à la lumière des connaissances actuelles sur le virus amaril, on comprend un peu mieux le fonctionnement de la pensée scientifique : la fièvre jaune n'est évidemment pas transmissible *dans les conditions européennes* puisque manque le principal artisan de la transmission : le moustique. Facile à dire, beaucoup plus difficile à comprendre ! L'air fonctionnera toujours comme obstacle épistémologique tant qu'il ne sera considéré que comme porteur de propriétés physico-chimiques.

Génération spontanée du contage, air physico-chimique, virus-poison, autant de blocage dus à une médecine trop mécaniste. Finalement, la dispute maladies contagieuses - maladies miasmati-

---

1 Ce terme s'imposera plus nettement encore avec les interprétations que Pasteur fera de sa "vaccination" contre la rage.

2 Sédillot, ibidem, p.19.

ques est stérile, donc les catégories qui les fondaient : ce n'est pas en termes d'espace et de temps que peut se faire la séparation des maladies. Là encore, il faut s'éloigner d'une interprétation des maladies en catégories physiques, autre forme de mécanisme.

... qu'on lise les ouvrages de tous ceux qui croient à la contagion de la peste, de la fièvre jaune et du typhus, et particulièrement ceux de la plupart de nos honorables confrères de l'armée d'Orient, on n'y rencontrera pas un fait bien avéré, qui prouve la contagion des maladies pestilentielles, au lieu que les exemples contraires y fourmillent. Ici, c'est le médecin en chef, M. le baron Desgenettes, qui, déployant une grandeur d'ame et une fermeté de caractère au dessus de tout éloge, s'inocule de la matière d'un bubon pestilentiel; et ne prend pas la peste. Là, c'est le chirurgien en chef, le baron Larrey, non moins courageux, qui plonge ses mains dans les cadavres des pestiférés, sans y rencontrer le prétendu virus mortifère. Ailleurs, ce sont les divers médecins et chirurgiens de l'armée qui rivalisent de zèle et affrontent à l'envi tous les dangers pour secourir les malades. Quelques-uns d'entre eux, à la vérité, contractent la maladie au milieu des foyers d'infection, et périssent victimes de leur humanité et de leur honorable dévouement. Mais nulle part les pestiférés isolés, ou placés loin des lieux infects, n'ont communiqué la maladie à ceux qui les ont secourus; et partout cette prétendue virulence s'est montrée inerte dès que les causes locales qui l'avaient produite ont cessé d'agir.

Fig. 40 : *La guerre des bubons n'aura pas lieu... (Sédillot, op. cit., p. 11) ou : un exemple peut valider une hypothèse fausse : la peste n'est pas miasmatique !*

Tous les médecins que nous avons cités ne posent pas le problème du diagnostic microscopique : ils restent sur le terrain des symptômes extériorisés - la peau, les inflammations, les humeurs ne sont pas passées au crible. On peut se demander ce qui se serait passé si cela avait été le cas. Mais, précisément, pourquoi cet objet, déjà prometteur, était-il si peu utilisé ? Nous allons voir un nouveau

Publications de L'UNION MÉDICALE, Année 1853.

RAPPORT

A

M. LE PRÉFET DE POLICE

SUR LA QUESTION DE SAVOIR

SI M. LE DOCTEUR AUZIAS-TURENNE

Peut être autorisé à appliquer ou à expérimenter

LA SYPHILISATION

A L'INFIRMERIE DE LA PRISON SAINT-LAZARE.

PAR MM. LES DOCTEURS

MÊLIER, Président. Philippe **RICORD**, **DENIS**, **CONNEAU**,

Et **MARCHAL** (de Calvi), Secrétaire rapporteur.

Publié par décision de M. le Préfet de police.

PARIS,

AUX BUREAUX DE L'UNION MÉDICALE,

Rue Saint-Georges, n°. 12.

1853

Fig. 41 : *Une commission d'éthique modèle 1853 !*

visage des débats scientifiques, un conflit d'ordre socio-professionnel, un objet devenant sujet de discordes.

En effet, le 3 Octobre 1854 débute une discussion à l'Académie de Médecine, une discussion qui allait devenir *longue et mémorable* [1], "La discussion sur la curabilité du Cancer" [2]. Longue, car elle dura jusqu'en Août 1855 ; mémorable, par la tournure violente qu'elle prit souvent, non pas sur les pronostics de vie du cancéreux mais sur l'outil de diagnostic des tumeurs : le microscope !

Les premiers arguments *contre* portent sur la faillibilité du diagnostic microscopique comparée à l'infaillibilité du diagnostic clinique : un des plus célèbres chirurgiens de l'époque le Docteur Velpeau, montre successivement, le 24 Octobre 1854, "plusieurs tumeurs qu'il avait diagnostiquées avant leur ablation et que l'examen ultérieur a vérifié être telles" qu'il l'avait annoncé [3]. C'est ainsi qu'il ne faudrait pas, "pour chercher à réhausser les services du microscope, oublier la valeur des signes cliniques" [4]. Le Docteur Barth se fait légèrement plus conciliant : "Quelle est l'utilité du microscope ? Son intervention est-elle nécessaire pour déterminer la nature de la lésion ? Ne doit-on déclarer qu'il n'y a cancer que lorsque le microscope a fait voir la cellule cancéreuse ?... Je ne combattrai donc pas le microscope dont l'application au diagnostic des tumeurs est extrêmement utile ; mais il ne saurait être substitué au scalpel ; ajouté au scalpel, c'est un précieux moyen auxiliaire" [5].

Les micrographes cliniciens doivent rester, avec leur microscope, des auxiliaires des chirurgiens, et ce, d'autant plus que leur outil n'est pas fiable.

Voyons les arguments de ce type. Le 3 Octobre 1854, le Docteur Gerdy considère que "le microscope qui éclaircit en général les objets en les grossissant, les obscurcit quelque fois, et révèle l'existence d'une foule de caractères au milieu desquels on se perd : cellules de toutes sortes et de toutes formes, rondes, sphériques, ovoïdes avec ou sans noyau, les unes avec queues, les autres avec

---

1 Klein, Marc, "A le recherche de l'unité élémentaire des organismes vivants, in *Regards d'un biologiste*, op.cit., p. 102.

2 "Discussion sur la Curabilité du Cancer", in *Bulletin de l'Académie Royale de Médecine*, Paris, Année 1854 et année 1855.

3 Velpeau, "Discussion sur la curabilité du Cancer", in ibidem, p. 105.

4 Ibidem, p.27.

5 Barth, "Discussion sur la Curabilité du Cancer", in ibidem, p. 9 - 10.

cornes, et puis des globulins... les caractères visibles à l'œil nu sont, pour moi, plus certains" [1]. Peisse ajuste l'argument : lorsqu'on soumet à l'inspection du microscope des portions de matière quelconque organique ou inorganique, alors les images qu'il produit, *quoique toujours parfaitement fidèles optiquement parlant*, n'ont aucun sens pour l'esprit ; n'étant pas délimitées, circonscrites si on permet le terme, par une idée qui les fixe, elles varient au gré" [2]. Les micrographes manquent de cadre de référence, remarque pertinente, sans nul doute. Hélas, pour lui, Peisse se trompe quand il veut opposer la technique des micrographes cliniciens à celle des micrographes naturalistes ; il poursuit : " lorsque les choses sont des objets et des formes analogues à des objets et des formes connus de l'observateur, comme par exemple les animalcules, et dans ces animalcules, les détails de sa structure anatomique, l'observateur sait et comprend ce qu'il voit ; par cela-même, il sait ce qu'il faut regarder et il peut continuer sa recherche indéfiniment" [3].

Nous avons vu plus haut ce qu'il en était de ce raccrochage au référentiel que constituait le macroscopique pour interpréter le microscopique. Les défenseurs du microscope répliquent aussi sur le plan de la technique. Malgaigne précise que si "Mr. Velpeau impute aux micrographes des contradictions" sur le fait que "la même tumeur examinée par plusieurs d'entre eux, n'a pas été reconnue de même nature par tous" et s'il en déduit "que les observations n'ont rien de précis", lui qui ne peut "être suspect d'indulgence pour les micrographes", répond "tout simplement qu'on a donné à plusieurs observateurs des parties différentes d'une même tumeur et qu'il n'y a rien d'étonnant qu'elle se soit trouvée bénigne sur un point et maligne sur un autre" [4].

Barth oppose une "dernière objection au microscope : les caractères qu'il révèle ne sont pas faciles à saisir pour tout le monde et, s'ils sont utiles pour la science, ils le seront beaucoup moins dans la pratique, l'immense majorité des praticiens n'ayant ni le loisir, ni la possibilité de se livrer à ce genre de recherches" [5]. Les retombées d'une science en pleine croissance se posent ici en une sorte de revendication de formation continuée et de demande de changement

---

1 Gerdy, "Discussion sur la Curabilité du Cancer", 3 Octobre 1854, in ibidem, p. 16-17. Les globulins sont les globules.

2 Peisse, *La médecine et les Médecins*, Paris : J-B Baillière, 1857, p. 181-182.

3 Ibidem.

4 Malgaigne, "Discussion sur le Curabilité du Cancer", 31 Octobre 1854, ibidem, p.145. Même argument que Kircher et Pasteur : voir note 2, page 127.

5 Barth, "Discussion sur la Curabilité du Cancer", 24 Octobre 1854, in ibidem, p.105.

dans l'organisation professionnelle. Certains reprocheront à Charles-Emmanuel Sédillot d'avoir, dès 1846, des micrographes dans son service, à Strasbourg : "Toute observation du cancer supposé des lèvres, sans le contrôle du microscope, est donc devenue sans valeur, c'est un fait dont les chirurgiens devront désormais se préoccuper" [1].

Cette position très claire de Sédillot, très avant-gardiste, nous montre que son intervention - 32 ans plus tard, alors qu'il a immigré à Paris après la guerre de 1870 - ne doit rien au hasard : Sédillot fait figure, depuis longtemps, de pionnier dans l'introduction de nouvelles techniques et de nouveaux concepts en médecine [2]. Enfin, retenons un emportement de Velpeau, le 16 Janvier 1855 : la querelle des Anciens et des Modernes tourne au vinaigre. Velpeau s'écrie : "En les appelants *jeune école*, je croyais leur faire un double compliment ; car, au fond, ils ne forment pas une école mais une série d'observateurs qui se servent du même instrument. Voyez le gré qu'ils m'en savent ! Il est vrai qu'ils s'institulent eux-mêmes "L'Ecole Clinico-micrographique". Qui a importé en France la cellule dite cancéreuse ? Mr. Lebert, qui est allemand. C'est donc une cellule allemande qui leur sert de boussole ! En essayant de former école à part, ils s'insurgent donc contre leurs premiers patrons, contre leur mère qu'ils accusent aujourd'hui de se servir de microscopes à grossissements insuffisants" [3] : comment ne pas voir, dans cet

---

1 Sédillot, Charles-Emmanuel, *De l'application de la méthode anaplastique au traitement du cancer*, Strasbourg, 1854, p.11. Il ajoute, plus loin, qu'on lui a "demandé de quelle valeur serait la connaissance des cellules cancéreuses dans le cas de tumeurs profondes et inaccessibles à tous les examens microscopiques avant l'ablation. Cette objection si elle était fondée, ne s'appliquerait, en définitive, qu'à un certain nombre de cancers et prouverait seulement les difficultés et les bornes de la science. Il serait toujours d'un immense intérêt pour les malades de connaître, après l'opération, la nature certaine de l'affection et l'homme de l'art y puiserait également des indications utiles" (p.15), ce qui est un bon pronostic sur l'usage futur de ce type de diagnostic ! Enfin, la description qu'il nous donne des cellules cancéreuses nous montre une perception déjà de qualité : "au contraire, comme cela se remarque dans la plupart des cancers, chose caractéristique peut-être, cellules et fibres naissantes paraissent atteintes d'atrophie et d'une espèce de momification qui fait ressembler la cellule à celle d'épithélium fibreux" (p.21)

2 Décidément, le rôle novateur appartient à une université internédiaire ! Klein (op.cit.) rappelle que les importateurs de la théorie cellulaire en France furent... Strasbourgeois aussi !

3 Velpeau, "Discussion de la Curabilité du Cancer", Année 1855, p.445.

énervement, un conflit franco-allemand qui nous rappelle le conflit Ehrenberg - Dujardin [1]

Le microscope s'oppose au scalpel et à la lancette mais il est déjà de qualité. Peisse nous explique que le microscope n'est pas un simple prolongement de la vue : il était possible de voir les bactéries, était-il possible de les interpréter ? Sur une dernière confrontation de cette époque - à propos d'une maladie très fréquente, la gale - nous allons voir que tout le décor technique et théorique était prêt et qu'il ne restait qu'une dernière refonte - un credo en la vitalité des bactéries, une extension de la conviction du monde savant.

Dans sa "*Note sur la Génération Spontanée*", le Docteur Félix Andry, en 1854, considère que, dans une des dernières réunions, a été lu "un travail fort remarquable sur la valeur de l'acarus dans la constitution de la gale et qu'à ce propos, il a été parfaitement réfuté l'erreur de ceux qui, aujourd'hui encore, voudraient soutenir la génération spontanée de cet acarus".

Il estime aussi que la pullulation d'animalcules à la surface du corps ne peut plus être réputée la conséquence d'une altération des humeurs, que l'organisme humain ne détermine pas à sa surface une génération équivoque d'insectes mais, qu'au contraire, c'est l'animalcule parasite qui attaque l'homme et provoque la maladie [2]. Il fait aussi allusion à un ouvrage de l'Italien Cogrossi - n'oublions pas que l'Ecole Italienne a produit Spallanzani -, Cogrossi qui prévoit que "des êtres vivants toujours plus petits seront découverts et rien n'empêche de penser que la cause de la peste bovine soit dans un de ces petits organismes" [3].

A quel niveau microscopique peut se faire la liaison entre la génération non spontanée, les animalcules et les maladies ? Un autre élève de Spallanzani, Augusto Bassi, nous le précise : "Il est des auteurs qui nient le caractère contagieux de la muscardine et qui veulent que cette maladie se développe toujours spontanément. D'autres admettent la contagion mais croient qu'elle peut aussi avoir lieu par génération spontanée. J'ai cru aussi car la ténuité extrême des sporules des Botrytis s'opposera toujours en effet à ce qu'on puisse constater directement qu'il n'en existe pas dans les magnane-

---

1 Voir supra p. 116 à p. 121 et note 1, page 116. Sont déjà en place des morceaux du puzzle qui contribueront à la genèse du Pastorisme : un séjour dans une université à la pointe du progrès, Strasbourg, un débat nationaliste et une confrontation socio-professionnelle.

2 Andry, Félix, op. cit., p. 1. Voir note 5 p. 113.

3 Cité par L. Belloni, "Le contagium vivum avant Pasteur", in *Conf. Palais de la Découverte*, Paris, 1961; p.16.

ries.. Les réflexions que j'ai faites plus tard ont changé complètement ma manière de voir à cet égard et je suis bien convaincu maintenant que la muscardine ne se développe jamais spontanément" [1]. Bassi explique ainsi qu'au niveau microscopique, le problème est réglé puisque l'on sera toujours confronté à une extrême ténuité et que c'est beaucoup plus une histoire de *conviction* et de *réflexion* que de démonstration : cause ou effet, le microbe, quelle que soit sa taille, présentera la même ambiguïté - il faut donc se convaincre pour l'une ou l'autre des deux hypothèses. Félix Andry va même plus loin : il estime démontrée la non-génération spontanée car, "que l'air soit parfaitement purifié de toutes les matières organiques, jamais l'eau en contact, si elle est pure elle-même, ne donnera d'animalcules" [2]. Enfin, l'Italien Rasori en conclut que "les contagions possèdent trois propriétés constantes et essentielles qui sont de se propager pour ainsi dire à l'infini si elles trouvent une pâture pour leur développement, de toujours conserver, tout en se propageant, l'identité de l'espèce, de se reproduire par leurs semences quand elles sont appliquées là où elles n'existaient pas, ou bien avaient cessé depuis longtemps d'exister" et, surtout, que "ces trois propriétés appartiennent toutes exclusivement à la vie, d'où il ressort en conséquence nécessaire que les contagions sont des matières douées de vie" [3].

Un courant d'idées existe pour accepter sans difficulté le pastorisme, mais c'est un courant d'idées parallèle, excentré par rapport aux deux grands courants qui dominent le monde intellectuel et qui, l'un à l'autre, se répondent : les courants allemand et français. L'exploitation des travaux de François-Vincent Raspail - du côté français ! - le montre.

Dès 1829, Raspail reprend la thèse d'une gale animale : "il est évident, disent certains, qu'à l'hôpital Saint-Louis la gale existe sans cet insecte, donc cet insecte n'est pas nécessairement cause de la maladie. Mais, d'un autre côté, il est évident que cet insecte a été vu dans les pustules de gale. L'insecte de la gale serait donc un parasite accessoire dont la disparition et la présence tiendraient à une foule de circonstances qui font paraître et disparaître certains parasites du corps humains. Nous invitons donc à les mieux chercher et je ne doute pas un instant que cet innocent parasite ne soit de nouveau trouvé" [4]. Raspail se rallie au contagium vivum, tout en ne

---

1 Bassi Augusto, *De la manière la plus profitable d'élever les vers à soie et du meilleur moyen de diminuer en général les dommages occasionnés par la Muscardine*, Montpellier : J-B Dumas, 1852, p. 50.

2 Andry, ibidem, p.2-3.

3 Cité par Belloni, op.cit., p.22.

4 Raspail, F-V, "La gale de l'homme est-elle le produit d'un insecte", in *Annales des Sciences d'Observation*, Paris : Juin 1829, p. 11. L'acare n'est évidemment pas un insecte mais un Arachnide.

posant pas la question de la génération spontanée. En même temps, il ne se limite implicitement pour deux raisons, la première relève de son mode de pensée. Il est de ceux, nombreux, qui pratiquent la généralisation hâtive. Quand une observation se révèle exacte, on peut l'étendre. Malheureusement, cela se fera souvent inconsidérement : le clou, la rougeole, la scarlatine, la petit vérole (les maladies à boutons) mais même la rage, sont dus à la piqûre d'un acare ! [1]

CLOUS, BOUTONS DE GROS CALIBRE, CHARBON, FURONCLE, PHLEGMONS, PUSTULE MALIGNE.

ETHYMOLOGIES : PHLEGMON, du grec phlegmonè, qui signifie bouton ou clou enflammé ; de phtégô, allumer, brûler. — FURONCLE, du latin furunculus, qui a la même signification et dérive de furo, être en fureur. — CHARBON, bouton noir comme du charbon. — BOUTON et CLOU, à cause de leur analogie avec ces menus ustensiles. — PUSTULE, en latin pustula, bouton rempli de pus. — PUSTULE MALIGNE ou pustule de mauvaise nature et capable de donner la mort.
CAUSES. Introduction entre cuir et chair d'un corps étranger irritant, d'une écharde barbelée ou d'un acare de gros calibre. Piqûre d'un acare ou tique du chien, d'une guèpe, d'un cousin, etc., dont le dard s'est empoisonné dans le pus de quelque cadavre d'animal abandonné à l'air. Introduction dans la peau par une coupure, ou sur les muqueuses, du produit décomposé d'un cadavre, d'un virus mercuriel ou autre. Ingestion de viandes d'animaux morts du charbon.

ROUGEOLE, SCARLATINE, PETITE VÉROLE, MUGUET, SUETTE MILIAIRE.

ETYMOLOGIES : ROUGEOLE, éruption qui rend la peau toute rouge, en la couvrant de boutons rouges. — SCARLATINE ou ÉCARLATINE, qui rend la peau écarlate. — PETITE VÉROLE, de ver, maladie qui rend la peau comme rongée de vers, et offre une certaine analogie avec la grosse vérole (349). — MUGUET, éruption qui rend la peau blanche comme un muguet. — SUETTE MILIAIRE, éruption qui couvre la peau de petits boutons analogues aux grains de petit millet, et donne des sueurs excessives.

---

1 *Raspail, F-V, Manuel Annuaire pour la Santé pour 1864*, p.211, 335, 338 et 339. Les textes sont repris identiques à cela dans tous les annuaires de la santé de Raspail depuis les années 1840. Nous citons ceux de 1864 car ils maintiennent leur style après les débuts du Pastorisme.

— ÉRUPTIONS, formé de la préposition, en dehors, et rumpere, rompre (la peau), se faire jour en dehors de la peau.
CAUSES. Virus infiltré dans le derme pas le travail sous-cutané d'un insecte indéterminé, qui pourrait bien être un acare fouisseur, si toutefois ce n'est pas une intoxication accidentelle ou héréditaire par l'absorption de substances arsenicales ou mercurielles (351).

RAGE DE L'HOMME, HYDROPHOBIE.

ÉTYMOLOGIES : Rage vient du latin rabies, d'où on a fait rabie, puis rabje (*), enfin raje ou rage. — Hydrophobia, mot grec formé de phobos, frayeur de, hydor, eau.
CAUSES. Invasion d'un centre nerveux, et, chez les chiens, par exemple, du filet de la langue, par un insecte, acare ou helminthe de grande ou petite taille. L'inoculation du virus rabique produit les mêmes effets que le parasitisme de l'insecte.

La deuxième relève de sa conception du virus lui-même et son mode d'action : ce qu'un acare réalise, c'est une introduction d'un poison - parfois mercuriel, parfois purulent - poison qui va déclencher toute une série de symptômes dont le déterminisme s'inscrit dans le renouveau médical, différent cependant du renouveau chirurgical, instauré par Broussais. Ce dernier décrit les maladies miasmatiques de la façon suivante :

"Les vapeurs putrides sont avalées avec la salive, les surfaces digestives sont imprégnées..., la peau peut en souffrir, aussi remarque-t-on sur cette enveloppe des érysipèles, des charbons, des pustules malignes. Ces inflammations accompagnent presque toujours celle des voies digestives, les inflammations glandulaires s'y joignent aussi" . Par analogie, "la syphilis et la gale, contagions non fébriles, ne peuvent avoir lieu que par le contact et l'application immédiate du produit de l'irritation locale sur la peau entière". Quant à la rage, "on pourrait soupçonner que la salive dépravée par l'irritation locale devient un véritable poison pour celui qui la reçoit dans la plaie occasionnée par la morsure de l'enragé" et que "la rage spontanée se développe durant les chaleurs", qu'elle débute "alors par une gastrite, accompagnée de l'irritation de la gorge car on observe toujours l'inflammation dans ces deux parties, lorsqu'on a l'occasion d'ouvrir un chien enragé" [1] .

---

1 Broussais, *Le catéchisme de Médecine Physiologique ou Dialogues entre un savant et un jeune Médecin élève du Pr. Broussais*, Paris, Delaunay, 1824, p. 53, 64, 353 et 356. Il faut noter aussi les conceptions sur les maladies qu'avait Claude Bernard : elles ne sont guère différentes de celles de Broussais. Comme le note Mirko Grmek, "il y a une analogie entre l'action des causes morbides et celle des poisons, analogie qui à la fin du

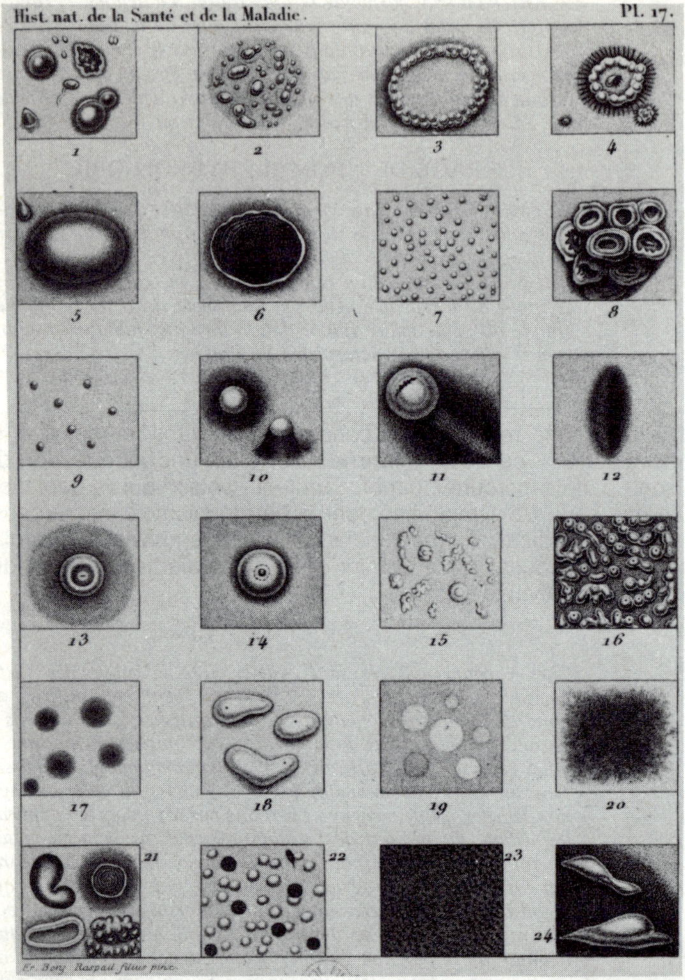

Fig. 42 : *François-Vincent Raspail, Histoire Naturelle de la Santé et la Maladie, 1860, Tome 1, planche 17 (Cliché BN).*
Confondant effet et cause, Raspail interprète les maladies présentant un symptôme cutané comme dues à un événement extérieur : les dermalgies seront soit traumatogènes, soit arsénigènes (arsenic) ou hydrargènes (mercure) comme l'érysipèle ou l'impétigo, soit zoogènes (la rage) ou entomogènes, sarcoptogènes dues aux acares ou psyllogènes (dues à la puce). Dans tous les cas, il s'agit d'un virus chimique, agissant par simple contact ou bien étant introduit - la pustule étant signe d'introduction.

Médecine des symptômes et de l'inflammation, médecine qui fût si importante dans l'émergence d'un nouveau regard médical [1], médecine qui devient un blocage complet dans l'émergence d'un autre nouveau regard médical !

Il faudra mettre entre parenthèses cette médecine, fermer les yeux sur l'inflammation : seul un non-médecin pouvait le faire ?

Le terrain des chimistes

La nouvelle chimie de la fin du XVIIIème et du début du XIXème siècles s'est peu interessée aux infiniment petits, à une exception près mais elle est de taille : le ferment. Le seul infiniment petit que la chimie ait rencontré sur son parcours est la levure par qui le scandale arriva dans les années 1850.

En fait, elle ne s'y intéresse, au début, que de façon indirecte : ce n'est pas le ferment lui-même mais la réaction de fermentation qui entraîne les remarques de Lavoisier, ce qui n'est guère une surprise, puisque, depuis les temps les plus reculés, le levain, le ferment, le bouillonnement de la fermentation sont aux prises avec l'homme [2]. Lavoisier part de l'analogie d'une fermentation avec une combustion : ayant résolu la première, il produit une interprétation de la seconde. Et, tout en reconnaissant la nécessité du ferment dans l'initialisation de la fermentation, il prolonge sa chimie quantitative naissante : il ne peut que constater que "la levure était ressortie comme elle était entrée" [3], et il n'en tient pas compte. Exit, la levure !

D'autres chimistes prennent position sur la fermentation dans la première moitié XIXème siècle [4] et, après ceux-ci, il n'y a pas de surprise à entendre Pasteur parler de cette fermentation : il débute en terrain conquis. Ce terrain est essentiellement celui de Liebig

---

discours bernardien deviendra une identité", ce qui fit que "les découvertes de Pasteur lui paraissaient assez douteuses, les virus étant des poisons" (*Raisonnement expérimental et Recherches toxicologiques chez Claude Bernard*, Genève-Paris : Droz, 1973, p. 410-411).

1 C'est le thème du dernier chapitre de *Naissance de la Clinique*, de Michel Foucault, op.cit., p. 176-198.

2 Dagognet, François, *Méthodes et Doctrine dans l'œuvre de Louis Pasteur*, Paris : Puf, 1967, p. 93-94.

3 Cité par Dogognet, in ibidem, p. 101.

4 Berzélius, Mitscherlich..dont les travaux sont analysés par Dagognet. Nous croyons préférable d'insister sur Liebig contre lequel se construit Pasteur.

auquel s'opposera Pasteur. Nous allons analyser les positions du chimiste allemand qui peuvent se résumer en une interprétation mécaniste très stricte [1], mais aussi en une analogie, un transfert qui peut encore réduire l'étonnement que procure parfois le pastorisme : Liebig passe du ferment aux maladies, et il nous faut par conséquent scruter ce passage de l'un aux autres. En tout cas, chimie, fermentation, ferments, maladies, voilà un cadre qui ne doit rien à Pasteur ! Enfin, les premiers pas de la levure seront rendus pénibles par un aspect de la pensée scientifique que nous avons déjà rencontré : la propension à faire fonctionner un raisonnement qui a fait ses preuves dans un champ de la Science, dans un autre champ qui, hélas ! ne se régit souvent pas par les mêmes lois et qui est, souvent aussi, à un niveau de développement inférieur.

Dans un long volume, *"Traité de Chimie appliquée à la physiologie végétale et à l'agriculture"* [2], Liebig "défend une mécanique qui prolonge et perfectionne celle de Lavoisier" [3]. Le titre en lui-même est déjà une indication précieuse de cette inscription dans le mode de pensée de Lavoisier mais aussi, de façon plus générale, de l'idée que les rapports entre des domaines scientifiques peuvent n'être que du type "application" : c'est l'origine des déboires de Liebig dans son extension à la levure des résultats - efficaces - qu'il a obtenus dans le domaine des engrais - équilibre azote-phosphore-potassium, source du NPK - et qu'il traîte longuement dans la première partie de son ouvrage (350 pages sur les 600). Voyons ses déboires ! Le chapitre "Causes de Fermentation et de Pourriture" débute ainsi :

> *"Ce n'est que dans ces derniers temps qu'on a reconnu qu'un corps, au moment de se combiner ou de se décomposer, exerce souvent une certaine influence sur d'autres substances qui se trouvaient en contact avec lui. Ainsi, par exemple, le platine à lui seul ne décompose pas l'acide nitrique.. Mais les alliages de platine et d'argent, au contraire, se dissolvent avec facilité dans l'acide nitrique. L'oxydation que, dans ce cas, l'argent éprouve de la part de ce dernier, se reporte sur le platine qui décompose alors l'acide nitrique"* [4].

---

1 Liebig est aussi Allemand ! Nouvelle phase du conflit international. Une nette différence qu'il faut détailler : Liebig a une position mécaniste alors que, "d'habitude", l'opposition allemande se caractérisait par une pensée vitaliste certaine.

2 Liebig, Justus, *Chimie Appliquée à la Physiologie Végétale et à l'Agriculture*. Paris : Masson, 1854.

3 Dagognet, ibidem, p. 102.

4 Liebig, Justus, ibidem, p. 361.

Il conjugue l'analogie jusqu'au bout : il conclut, sans hésitation, que "la levure de bière reporte sur d'autres corps l'état de décomposition dans lequel elle se trouve elle-même, et qu'elle "se comporte de la même manière que le peroxyde d'hydrogène avec l'oxyde d'argent : le mouvement qui, par la perturbation de l'équilibre, s'imprime à leurs propres éléments, se communique également aux éléments des corps qui se trouvent en contact avec elles" [1] (ici, le sucre). C'est le *primum movens* de sa théorie.

Trois points soulevés par Liebig vont nous permettre de compléter le tableau de sa pensée. D'abord la question du ferment lui-même : "L'expérience prouve que ce ferment n'est autre chose qu'un corps azoté" [2]. Soit ! Mais pour confirmer l'analogie avec une simple chimie catalytique, le ferment doit n'être que cela : un corps azoté. "On sait que l'alcool et l'acide carbonique doivent leur existence aux éléments du sucre et le ferment à ceux des matières azotées du jus de raisin et on est fondé à croire que la transformation du gluten en matières insolubles est due à une absorption d'oxygène" [3] : hypothèse ad hoc du système - le ferment est une production spontanée. Cette vision spontanéiste éloigne Liebig du vitalisme dominant en Allemagne. Il faut noter que, dans sa carrière universitaire, il refusa la chaire de chimie de l'Université de Berlin - où travaillaient Ehrenberg, mais aussi Kohn, futur "patron" de Koch, c'est-à-dire des chercheurs du courant vitaliste - pour tenir boutique à l'Université de Munich. Dans la même direction, travaille le Français Cagniard-Latour, souvent cité comme premier observateur du bourgeonnement de la levure. Certes, il considère que "la levure est un amas de petits corps globuleux susceptibles de se reproduire, conséquemment organisés et non une substance simplement organique ou chimique comme on le supposait" [4], mais c'est pour ajouter que cette levure " peut naître et se développer dans certaines

---

1 Ibidem,p. 394-395. Dans "*le Développement des idées en Sciences Naturelles*", paru en 1867, Liebig met en garde "le naturaliste qui, pour expliquer un phénomène de la nature, cherche à établir des rapports entre les parties qu'il aperçoit" car s'il est évident "qu'en observant deux faits qui accompagnent invariablement le même phénomène, il part tout d'abord de la supposition que l'un est la condition de l'autre, ou que l'un dépend de l'autre" ceci "n'est qu'une idée qui, au lieu de se fonder sur une raison suffisante, repose uniquement sur une observation, et qui peut indifféremment se présenter ou ne pas se présenter à l'esprit de tout le monde" ("Induction et Déduction dans la Science", in *Le développement des Idées en* Sciences Naturelles, Paris : 1867). La "raison suffisante" de Liebig, pour l'analogie, *ne semble pas très suffisante*... Il est difficile de penser la science en acte !

2 Liebig, Justus, *Chimie appliquée à*..., op.cit., p. 391.

3 Ibidem, p. 423-424.

4 Cagniard-Latour, "Sur la fermentation vineuse", in : *Annales de Chimie et de Physique*, 2ème série, tome LXVIII, 1835, p.221.

circonstances avec une grande promptitude". La perspective est, donc entièrement spontanéiste, confirmée par la découverte de Cagniard-Latour d'un végétal confervoïde de nouvelle espèce, végétal qui prend naissance lorqu'on met en contact de l'eau potable avec de l'air contenant de la vapeur d'acide acétique et qui se présente sous la forme d'une substance floconneuse, blanche d'abord puis verte et qui se trouve être composée de filaments très ténus... Cette conferve est armée de rameaux pointus comme un végétal épineux [1]. Comme pour Cagniard-Latour, pour Liebig, la solution au problème de la levure est dans le potage !

Ensuite Liebig cite une expérience de Mr. Gay-Lussac qui a prouvé que "le jus de raisin exprimé sous du mercure, à l'abri de l'air n'entre pas en fermentation et que ce phénomène s'établit au contraire au bout de quelques heures dès que l'air y a accès". Mais, bien plus, il a démontré que la fermentation s'établit immédiatement si on fait arriver de l'oxygène au jus, or comme on ne peut guère supposer la présence de germes de champignons dans le chlorate de potasse ou le manganèse d'où l'on extrait le gaz oxygène, il n'est pas rationnel non plus d'attribuer la décomposition à des végétaux en développement" [2]. Liebig aurait pu, ici mobiliser une véritable génération spontanée mais il estime que "la théorie qui explique la fermentation par le développement de certains végétaux est donc obligée d'admettre que les êtres vivants peuvent se reproduire sans la présence de germe ou de semence ce qui est tout à fait contraire aux expériences qu'on possède sur les conditions nécessaires au développement des plantes". Liebig n'est pas prêt à admettre une génération spontanée tous azimuths, semble-t-il : ceci le met à une certaine distance de Cagniard-Latour et, paradoxalement, le rapproche de Pasteur et de l'Ecole Allemande, en même temps cela l'ancre dans son hypothèse chimique. On comprend l'artéfact : la solution n'était pas dans le potage, mais elle n'est pas non plus dans l'air - Liebig présente l'autre théorie ainsi : "Les particules de levure

---

1 *Notes sur les travaux Scientifiques de Mr. Cagniard-Latour*, 1851, p. 21. "Découverte d'un végétal confervoïde de nouvelle espèce". On lit aussi : "Mr. Turpin ayant éxaminé ce végétal, a cru pouvoir le considérer comme une espèce nouvelle des Chaetophora Lyng et l'a nommée : Chaetophora Cagniardii par reconnaissance pour le physicien qui avait bien voulu lui communiquer cette intéressante végétation". Ironie : à la page 22, le biographe, commentant les travaux de Cagniard sur la levure écrit : "si l'on excepte Leeuwenhoek, qui du reste, n'avait rien découvert de remarquable, personne, avant Mr. Cagniard-Latour, n'avait examiné au microscope la levure employée aux fermentations et n'avait pu par conséquent en connaître la nature.

2 Liebig, ibidem, p. 368.

seraient des champignons dont les germes pénètreraient de l'atmosphère dans le liquide fermentescible" [1] - Elle est sur la peau.

Enfin, ce n'est pas tout : il faut démontrer que "ce n'est ni la partie soluble, ni la partie insoluble du ferment qui provoquent la fermentation", que c'est "la levure qui provoque la fermentation en vertu d'une altération progressive qu'elle éprouve elle-même dans l'eau et au contact de l'air" [2]. Aussitôt dit, aussitôt fait : "lorsque l'on lessive convenablement de la levure de bière avec de l'eau distillée, froide et privée d'air, en ayant soin de laisser toujours une couche d'eau sur la matière, on obtient enfin un résidu qui n'est plus en état de faire fermenter l'eau sucrée" [3]. Frémy, un anti-pastorien futur, dans son "Cours de Chimie Générale" écrit : "Lorsque l'on traite la levure par l'eau, on obtient un résidu qui est encore un ferment énergique, et c'est ainsi que le pouvoir fermentescible de la levure existe exclusivement dans la partie globulaire insoluble" [4]. Sans doute Frémy lavait-il mal ? Frémy et Liebig sont d'accord sur la partie soluble : "Une décoction acqueuse de levure préparée à chaud et claire, mise en contact dans un vase clos, avec de l'eau sucrée, ne la fait pas fermenter du tout" [5]. La description de tous ces détails de manipulation est aussi révélatrice d'une volonté de contrôler tous les facteurs ou de convaincre par une accumulation qui prouverait la qualité du travail.

Liebig, dans la partie terminale de son livre [6], continue de filer l'analogie : "la chair musculaire peut communiquer sa propre décomposition et provoquer la fermentation du sucre", donc," si du pus est appliqué sur des plaies vives, il occasionne des maladies parce que l'état d'altération se communique au sang, de la même manière que le gluten en pourriture produit une métamorphose pareille en vertu même de son état" [7]. Il redit, dans son langage de chimiste, ce que disaient Broussais, Raspail, Auzias-Turenne et autres sur le virus : "le virus qui se développe dans certaines maladies comme la petite-vérole et la peste, opère exactement par le même mode" car "les éléments du sang donnent naissance à des

---

1 Ibidem, p. 450.

2 Ibidem, p. 393.

3 Ibidem, p. 392.

4 Fremy et Pelouze, *Cours de Chimie Générale*, Paris : Masson, 1850, Tome III, p. 368. Ces auteurs s'inscrivent, comme Cagniard, dans le cadre d'une levure spontanée qui peut naitre dans une liqueur (p. 367)

5 Liebig, Ibidem, p. 392.

6 Le titre du livre n'est plus vraiment adapté mais, dérive analogique oblige et volonté d'étendre son domaine de validité impose !

7 Liebig, ibidem, p. 508-509.

produits de nature particulière qui, mis en contact avec celui de l'homme en état de santé y déterminent une décomposition identique avec celle qu'ils subissent eux-mêmes". Il conclut le transfert par : "le mal est communiqué et son principe semble s'être reproduit comme une semence engendrée par une autre et cette action si particulière a des rapports si frappants avec celle de la levure sur des liquides contenant à la fois du sucre et du gluten que depuis très longtemps on avait établi entre elles, une comparaison tout au moins figurée" [1]. Effectivement, l'analogie fermentation-maladie n'est pas chose nouvelle : Liebig lui redonne du neuf à partir de ses autres hypothèses.

Les adversaires potentiels de Liebig sont, alors, ceux qui "admettent dans les contagions une vie particulière", puisque, selon lui, "la cause des effets des contagions est simplement une action chimique" [2].

Regardons comment Liebig les contre. Il explique, en reprenant les mots de Rasori [3], que, si "on a supposé les contagions douées d'une vie semblable à celle du germe dans la semence, c'est-à-dire de la faculté de se développer sous certaines conditions, de se reproduire et de se multiplier" [4], ceci ne peut rester qu'une image. Certes, c'est "l'image la plus juste que l'on puisse employer pour rendre compte de ces phénomènes" et ce, d'autant plus qu'elle "s'applique aussi bien aux contagions, qu'aux ferments et au bois pourri qui amène peu à peu au même état le bois vert avec lequel il est en contact". Mais il lui faut terminer l'envoi par un "Ajoutons que ce n'est rien de plus qu'une image" qui renvoie les détracteurs vers "une faculté qui caractérise essentiellement le poète" [5]. Comme on peut s'y attendre, il conteste le fait que des "observations microscopiques faites sur le pus putréfié et sur le vaccin y firent découvrir des globules semblables à ceux du sang", car "cette découverte fut une autorité nouvelle pour cette opinion que la contagion était animée

---

1 Ibidem, p. 509.

2 Ibidem, p. 519.

3 Voir p. 137.

4 Liebig, Ibidem, p. 510.

5 Liebig, Justus, *Le Développement des Idées en Sciences Naturelles*, op.cit., p. 29. Le passage complet est le suivant : "pour faire des recherches, le savant doit posséder une autre faculté, faculté qui caractérise essentiellement le poète, celle de l'imagination". Qu'est-ce, alors, que l'imagination scientifique ? Liebig revient à la charge sur l'aspect des images :" toutes les preuves qu'on a avancées pour établir que les contagions étaient animées de vie organique sont tout au plus à considérer comme des images qui rendent les phénomènes sensibles sans les expliquer. Ces expressions figurées, dont l'esprit se contente si facilement dans toutes les sciences ne sont qu'un mirage trompeur dans la recherche de la vérité" (*Chimie appliquée à*..., op.cit., p. 512).

d'une vie organique "puisqu'on" vit dans ces globules, le germe vivant des maladies "et que cela a conduit" les savants à considérer de même la levure comme animée, à en faire des végétaux ou des animalcules qui se nourrissent de sucre et rendent comme excréments l'alcool et l'acide carbonique". Liebig, reliant les deux théories, considère que si l'une est fausse, l'autre l'est aussi. D'où sa défense acharnée !

Bien évidemment, il nous propose son explication des contages et des miasmes. Il "applique les mêmes expressions (chimiques) à la reproduction des contagions", c'est-à-dire que "toutes les maladies contagieuses naissent primitivement dans le sang et par conséquent celui d'un homme sain contient le principe de la décomposition duquel peut naitre le corps provocateur" [1]. Si "la matière est le produit de la fermentation et de la pourriture de quelque substance animale ou végétale" - là encore, l'emploi des mêmes termes est "obligé" - et qu'elle "agit en vertu de son caractère chimique, c'est un miasme" [2].

Il continue en expliquant les symptômes par la mobilisation d'une expérience de chimie : "comme l'acide hydrosulfurique qui décompose le sang, une matière en décomposition peut faire prendre par son contact une autre marche à l'acte respiratoire ou communiquer son propre état à la masse du sang" [3], en précisant le rôle particulier des poumons qui est l'organe où les actions chimiques se propagent le plus aisément puisque l'air et le sang y sont en contact [4]. Il termine enfin en donnant une thérapeutique : puisque tout est action chimique, alors on peut trouver "d'autres actions chimiques s'exerçant en sens contraire pour neutraliser" l'action chimique morbidifère [5]. La logique mécanique - à connotation chimique de Liebig - s'exerce jusqu'au bout. Elle est le nec plus extra de la vision physico-chimique des maladies, confortant des Broussais et des Raspail : on comprend alors la source des interpellations avec Pasteur dont la conception est, elle, le nec plus ultra de la vision vitaliste.

Cette opposition allait se produire, notamment, sur le cas des maladies du ver à soie. Nous anticipons, mais toutes les romances pastoriennes contiennent la relation des travaux de Pasteur sur ces maladies, vers 1865. Liebig produit un rapport sur le sujet en 1867.

---

1 Liebig, Justus, *Chimie appliquée à...*, op.cit., p. 524.

2 Liebig, Justus, Ibidem, p. 532.

3 Ibidem, p. 531.

4 Ibidem, p. 530.

5 Ibidem, p. 519.

Liebig part [1] d'une observation que Pasteur et d'autres feront : "La maladie atteint presque toujours le ver avant ou immédiatement après la mue et la plupart meurent avant de filer les cocons". Tout se joue sur l'hypothèse inférée à partir de là : spécialiste des questions de chimie et d'engrais, Liebig écrit : "ceci parait amener à la conclusion que le corps du ver ne possède pas la provision suffisante de matières nécessaires à la production de la soie" [2]. Donnons les déductions logiques du Baron : "il est hors de doute que la nourriture du ver exerce une influence directe sur la production des matières qui fournissent la soie", or, "la soie est une matière animale très riche en azote", "on peut, par conséquent, espérer pouvoir déterminer la valeur nutritive des feuilles du mûrier d'après la quantité d'azote qui s'y trouve" [3]. Donnons maintenant les résultats de l'expérience : "les chiffres de l'analyse sont là : il est inconstestable qu'une quantité de vers que l'on nourrirait avec 1000 grammes de feuilles chinoises [4] auraient reçu 200 g. de matières azotées qui produisent le sang et la soie, contre 150 g. de feuilles piémontaises ou encore il faudrait qu'ils consomment 1400 g. contre 1000 g. de feuilles" [5]. Le raisonnement expérimental, pour être parfait, doit aussi tenir compte des hypothèses secondaires. Liebig se soumet à cette règle : "Il est impossible d'admettre que, de 1000 vers, chacun soit en état de consommer plus car ceci dépend principalement de la conformation des organes de l'individu qui provient en première ligne de l'organisation des sujets de la génération précédente et, sans se tromper, on pourra présumer que les descendants de la

---

1 Liebig, Justus, *Rapport de Mr. le Baron Liebig*, Paris : Curot, Séance de l'Académir des Sciences de Munich du 2 Mars 1867. On peut noter que ce rapport a été traduit !

2 Ibidem, p. 5.

3 Ibidem, p. 5.

4 La question roule, plus précisément, sur la résistance des "vers sains que l'on obtient en employant de la graine de chine, mais que la 2ème et la 3ème générations provenant de cette même graine résistent tout aussi peu que les races indigènes - ici piémontaises - ce qui semblerait exclure l'existence d'un germe de maladie qui serait contagieux pour les uns et non pour les autres car comment expliquer que les individus provenant de graines récemment importées ne soient pas atteints de la maladie et produisent de la soie pendant que les vers de la 2ème et de la 3ème générations provenant de grains du même pays succombent à la maladie dans les mêmes circonstances et ayant reçu la même nourriture" (Ibidem, p. 4). L'hypothèse de Liebig se construit, semble-t-il, sur deux points : une observation (la maladie autour de la mue), et un couple curieux : une deuxième observation suivie d'une hypothèse considérée comme non-valide par déduction. Une observation seule ne produit pas l'hypothèse. Le tout, évidemment, enrobé de la théorie chimique : la production d'hypothèses n'est pas chose facile !

5 Ibidem, p. 8.

même race ne pourront jamais consommer une plus grande quantité de nourriture que leurs ancêtres" [1].

Liebig termine en donnant sa recette qui applique à la lettre ses résultats :" nous savons tous par expérience que les engrais exercent une influence directe sur les plantes relativement à l'azote " [2]. Liebig n'avait-il pas des affaires financières importantes dans les engrais ? Qui a raison ? Pasteur ? Liebig ? Le terrain ne facilite-t-il pas la propagation des maladies, comme on le dit en 1986 ? La vertu scientifique a parfois des infortunes...

Conquête et organisation d'un nouveau concept

Nous voilà revenus à notre point de départ, la fin du XIXème siècle, avec le nouveau concept de microbe et nombreux sont les ouvrages qui traitent de la Microbiologie de cette époque. Ils présentent, en majorité, un même mode d'exploitation devenu aujourd'hui litanique [3], celui d'un Pasteur absorbant un à un les problèmes biologiques qui lui seraient soumis soit par des difficultés expérimentales, soit par les événements économiques ou sociaux, problèmes auxquels il apporte des solutions qui n'attendaient que lui pour exister.

Nous avons montré, dans la première partie, que des discours déjà cohérents existaient avant cette période, des idées se profi-

---

1 Hypothèse secondaire non testée : et si on était dans un cas de sélection naturelle draconienne ? dixit Lyssenko...

2 Ibidem, p. 13.

3 Beaucoup d'auteurs ont tenu à écrire un "Pasteur", comme si discourir sur le maître les rapprochaient, eux-mêmes, de la situation de maître. Beaucoup d'ouvrages de vulgarisation, de différents niveaux, existent aussi. Tous s'inscrivent dans la ligne hagiographique - dont nous avons déjà démonté à plusieurs reprises le mécanisme. Parfois, certains auteurs se contentent de reprendre une information de deuxième main voire de n-ième main, répétant des remarques manifestement fausses ou incomplètes (nous avons vu aussi la signification de ces gommages). La seule source pour l'historien des Sciences ne peut qu'être les textes eux-mêmes - au moins les textes de présentation des résultats au pairs, au plus les cahiers de laboratoire, qu'il est difficile de se procurer. Signalons que des Cahiers de laboratoire faisaient partie de la donation du Professeur Pasteur Vallery-Radot à la Bibliothèque Nationale en 1964. Ce dernier précise que "ces papiers, pieusement conservés jusqu'à ce jour, je les donne à la Bibliothèque Nationale, sous réserve qu'ils ne soient compulsés qu'après ma mort" (*Catalogue de l'exposition Pasteur*, Paris : Bibliothèque Nationale, 1964, Préface, p. XI). On peut s'étonner de cette limite. Pasteur Vallery-Radot pensait-il que des contradictions apparaîtraient, que des choses qu'il avait "cachées" seraient mises à jour ?
Deux ouvrages, au moins, paraissent échappés à la litanie : *Méthode et Doctrine dans l'œuvre de Louis Pasteur,* de François Dagognet (op. cit.) et *Les Microbes, guerre et paix*, de Bruno Latour, Paris : Edis. Métaillé, 1984, Collection Pandore.

laient, des cadres de pensée étaient parfaitement définis. Bien plus, des oppositions se faisaient jour qui, d'une part, n'allaient que continuer leur petit bonhomme de chemin de façon tout à fait identique dans cette deuxième partie du XIXème siècle et qui, d'autre part, compte tenu de l'exactitude de certaines assertions, posent le problème de la conviction des uns et des autres, du statut de la preuve en Sciences Biologiques : y-a-t-il à un moment donné, administration de la preuve ? Les ouvrages habituels s'appuient essentiellement sur l'idée que ce sont les expériences pastoriennes qui prouvent et qui réalisent et l'unité de pensée du monde biologique et l'unité de pensée des chercheurs sur ce monde.

Nous allons voir que ce n'est, hélas, pas si facile, que, là encore, des idées bien plus que des méthodes circulent - oscillant entre les deux pôles mis en évidence, le pôle mécaniste et le pôle vitaliste. Quatre signes nous arrêteront qui nous préciseront qu'une découverte - dans sa simplicité quasi-visuelle - n'est qu'un artefact. Le premier de ces signes est que des vieilleries idéelles continuent de stagner, cachées derrière la nouveauté, en particulier ici des vieilleries mécanistes qui sont très nettes derrière un vitalisme apparent. Le deuxième est la permanence de certains obstacles (la conception de l'air, la volonté de généraliser à tout prix). Le troisième est la modification du style des communications scientifiques (les mots, les tournures de phrases, les modes d'argumentation) qui semble avoir joué un rôle très important pour emporter l'adhésion du plus grand nombre. Enfin, le quatrième est l'accélération des productions de publications scientifiques qui est due à trois facteurs, au moins : la vitalité des concepts nouveaux, la puissance des débatteurs en présence [1], la situation sociale du travail scientifique à cette époque [2].

---

1 La période pastorienne est caractérisée par une tension très forte entre les positions vitaliste et mécaniste pour plusieurs raisons : des raisons politiques avec la montée des idéologies matérialistes - souvent mécanistes -, des raisons scientifiques aussi avec l'apparition du Darwinisme, tant et si bien que les deux camps seront d'une humeur exacerbée, donneront naissance à tant de chercheurs que, dès qu'un argument, dès qu'une expérience, seront présentés par un membre de l'un des groupes, un membre de l'autre groupe cherchera à les contrer.

2 L'explosion scientifique de cette époque est aussi marquée par l'extention des lieux de diffusion du savoir scientifique : rôle accru des Institutions traditionnelles - Académie de Médecine et des Sciences (la pagination des Annuaires augmente), développement de la présentation de la science dans les journaux de vulgarisation très nombreux (ils durent plus ou moins longtemps) et dans les journaux politiques (Pasteur écrira souvent dans le Temps et le Figaro).

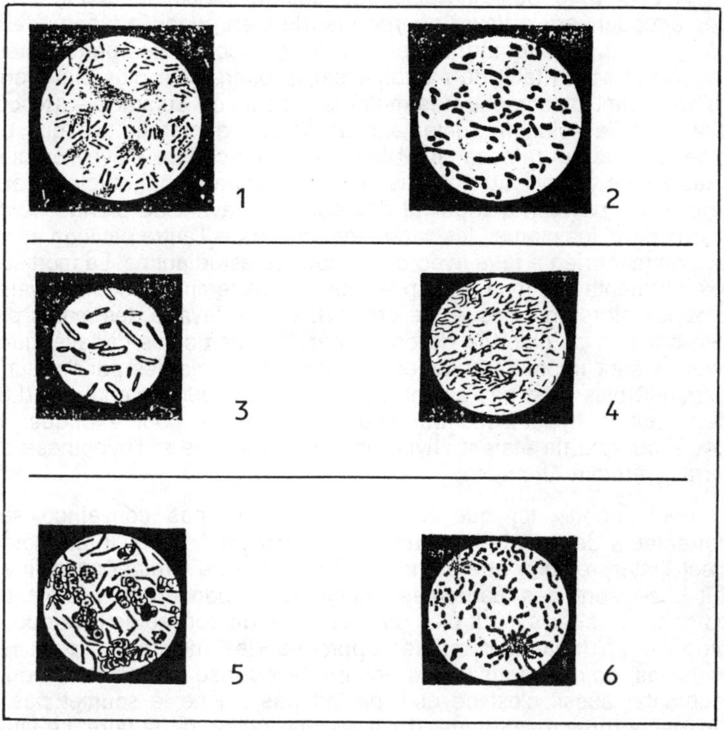

Fig. 43 : *Observations et dessins de microbes (fin XIXème siècle).*
1: Bacilles en haltères, très grossis, de la diphtérie - 2: Bacilles de la fièvre typhoïde, très grossis - 3: Bacille amylobacter - 4: Bacilles du choléra en forme de virgule, très grossis - 5: Bacilles du charbon, très grossis, dans le sang d'un animal - 6: Mère du vinaigre.

L'évidence du changement

Deux expériences médicales, distantes d'une soixantaine d'années, très proches dans leur quotidienneté clinique, très éloignées dans leur conceptualisation, nous montrent le trajet parcouru : il s'agit des recherches effectuées par Philippe Ignace Semmelweiss, en Autriche-Hongrie, dans les années 1840 et celles effectuées par Charles Nicolle à l'Institut Pasteur de Tunis dans les années 1910 [1].

1 L'histoire complète - quoique romancée par la personnalité de l'auteur - est donnée

Vienne, 1846, Semmelweiss, obstréticien, est confronté à la fièvre des accouchées, la fièvre puerpérale, de bien curieuse façon : deux pavillons, à la maternité, se relaient dans l'accueil des parturientes, l'un présente un taux de mortalité par la puerpérale plus élevé que l'autre, point d'accroche des multiples essais de Semmelweiss pour aller vers la solution. Lentement, après une démarche presque du type essai-erreur-re-essai, il cible la cause de ce taux élevé - ou plus exactement, un niveau de causalité : les étudiants qui officient dans le premier pavillon autopsient des cadavres avant de plonger leurs mains dans les utérus ; les sages-femmes, dans l'autre pavillon, n'ont évidemment rien à faire avec cette pratique estudiantine. La mort suit les étudiants, la mort échappe aux sages-femmes. Semmelweiss propose alors une mesure de prophylaxie : le lavage des mains par une solution de chlorure de chaux car "les particules cadavériques infimes sont impondérables et uniquement décelables par l'odeur". Semmelweiss n'est pas entendu par la communauté scientifique. Les deux autres hypothèses qui étaient proposées pour expliquer la fièvre puerpérale étaient l'hypothèse miasmatique et l'hypothèse du terrain féminin lui-même.

Peu importe ici que Semmelweiss n'ait pas convaincu ses détracteurs de l'existence d'un virus puerpéral [1]. Ce qu'il faut noter, c'est l'interprétation que Semmelweiss donne du virus et ce qu'il en fait : ce sont des particules chimiques impondérables, c'est un poison; en cela il s'incrit bien dans le mode de pensée de l'époque, il propose un traitement qui le rapproche des miasmes - pour les miasmes, on désodorisait l'air, ici, on désodorise les mains. Ce qu'il faut noter aussi, c'est ce qu'il ne fait pas : il ne le soumet pas à l'inspection microscopique, il n'a aucune raison de la faire. Le virus est une humeur délétère par elle-même.

L'Institut Pasteur parisien a fait des petits : avec la colonisation, les différents résidents généraux de France demandent la création d'Instituts Pasteur locaux. Adrien Loir, neveu de Pasteur, fonde celui de Tunis en 1893. Charles Nicolle, médecin, en devient le directeur en 1902. Comme dans tous les Instituts, un système d'archives est organisé : les Notes des principaux travaux sont lues souvent à l'Académie des Sciences - le label "Institut Pasteur" est un label-plus. "A l'hôpital de Tunis, les malades entrant sont lavés et revêtus d'effets propres ; aucun cas de contagion de typhus exanthématique

---

dans : *Semmelweiss et autres écrits médicaux*, Louis-Ferdinand Céline, Paris : Gallimard, 1977, Cahiers Céline n° 3. Les travaux de Nicolle posent moins de problèmes grâce aux Comptes-Rendus des Institutions et à ses nombreux ouvrages personnels.

1 En cela, le débat sur le type de maladie qu'était la puerpérale (miasme ou virus) ne fait que redondance avec celui sur la fièvre jaune ou la peste (voir p. 125) Semmelweiss meurt de septicémie, à l'asile d'aliénés en 1865.

n'est observé" [1]. Nicolle compare : dans les tissus sales, il y a sans doute quelque chose qui transmet la contagion. Il cherche, il trouve : les poux. Le pou est l'agent probable de la transmission de la maladie. Nicolle a le prix Nobel en 1929. Dans sa conférence Nobel, il retrace sa découverte : "Si le seul réservoir du typhus est l'homme, son seul agent de transmission est le pou" [2]. Virus, encore ? Non, il ne s'agit plus du même virus : mais prenons garde, il ne s'agit pas déjà du virus ultra-petit que l'on connait. Il s'agit toujours d'un petit quelque chose qui, pris par le pou, transmet la maladie. la différence entre le virus de Semmelweiss et celui de Nicolle est énorme : l'un ne contient que des molécules chimiques, l'autre contient un microbe. Bien plus, Nicolle, suivant ainsi son prédecesseur jusqu'au bout, ne questionne pas microscopiquement le virus, il ne mentionne même pas la possible existence du microbe dans sa communication de 1909 : *Il sait que le microbe est là.* Il confirme notre interprétation toujours dans cette conférence Nobel :

> "*Le premier qui a signalé, dans les cellules intestinales de l'insecte et dans ses crottes la présence de corps qu'on a nommés plus tard "rickettsia" est Edmond Sergent en 1914. Peu enclin aux recherches purement morphologiques, je ne me suis guère préoccupé de ces corps dont la signification n'est pas rigoureusement prouvée*" [3].

Peu lui importe que ce soit cette rickettsie ou un autre microbe, le microbe n'a pas besoin d'être vu pour exister. Dans un essai de 1934, il congédie même l'observation : "on peut parfois se passer de la culture de l'agent pathogène, *on peut plus aisément se résigner à ne pas le voir,* on ne saurait négliger l'inoculation du produit virulent..

---

1 Nicolle, Charles, "Transmission expérimentale du typhus exanthématique par le pou du corps", in *Comptes-Rendus de l'Académie des Sciences*, 1909, p. 486-487, Séance du 6 Septembre.

2 Nicolle, Charles, "Conférence Nobel" in *Särtryck ur Acta Societatis Medicorum Suecanae*, Stockholm / Suède, 1930, p. 205-209.

3 Nicolle, Charles, "Conférence Nobel", in *op.cit.*, p. 209. Les Rickettsies sont des bactéries parasites intracellulaires strictes. L'observation de Sergent, directeur de l'I.P. d'Alger, est décrite à la séance du 13 juin 1914 de la Société de Biologie. Travaillant sur des frottis d'organes de poux, il isole des sortes de coccobacilles qui ressemblent "beaucoup aux microbes signalés dans le sang des malades par divers auteurs" mais conclut que "si ces coccobacilles ne constituent pas le virus même du typhus exanthématique, on peut supposer que ce sont des microbes "témoins" qui accompagneraient le véritable agent infectieux" (p. 103 du *Bulletin de la Société de Biologie*, Paris : 1914). Il semble que ce soit effectivement les Rickettsies, mais, artefact oblige!, par le frottis, Sergent les "sort" de la cellule.

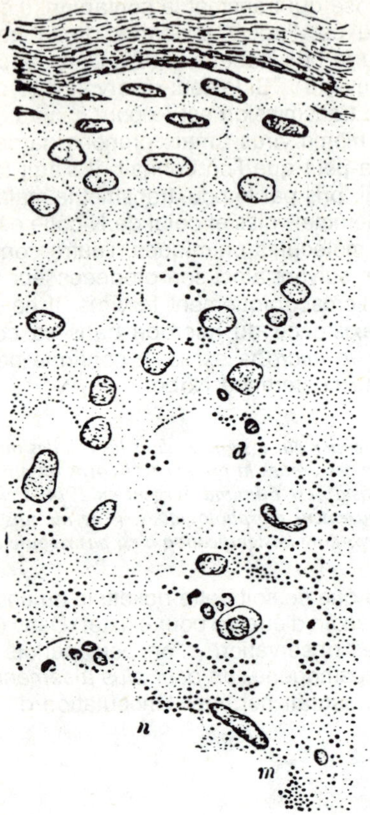

214

Fig. 44 : *Microbes de la variole. Les difficultés de l'accrochage morphologique au microbe : Les microbes de la variole, vus dans* Les Maladies Epidémiques, Hygiène et prévention *du Docteur Monnin, Paris : Alcan, 1887, p. 173 - 174. Légende de Monnin : "une coupe de la peau faite au niveau d'un bouton de variole contient une série de petits points qui sont les bacilles de la variole (m, n) ; cette figure est reproduite au grossissement de 850 fois". Il est probable que ce sont des "corpuscules de Guarnieri", amas de virus de la variole, caractéristiques de cette maladie.*

Nous n'avons nulle notion sauf celle de leur extrême petitesse de ce que sont les agents de nos fièvres éruptives, de la plupart des pestes animales, de la rage : la connaissance morphologique de ces agents satisferait notre curiosité, sa conquête ne vaudrait sans doute pas le temps qu'on y emploierait. Il ne faut préjuger de rien, ne condamner aucune entreprise, cependant, il semble qu'on puisse avancer, sans paradoxe essentiel, que la connaissance visuelle des agents pathogènes n'amène pas le moindre progrès dans la lutte contre les maladies infectieuses" [1]. Première évaluation de la distance parcourue : Semmelweiss ne cherche pas encore le microbe, Nicolle n'a plus besoin de le chercher ; on est passé du *pas vu, pas pris* au *pas vu, pris* ! Le microbe existerait-il parce qu'on l'atteint par d'autres moyens [2] ? Deuxième évaluation de la distance parcourue : l'inoculation, telle que la pratiquait Auzias-Turenne [3] et l'inoculation-assertion de la preuve par Nicolle sont techniquement identiques, mais elles se fondent sur des théories opposées ; dans le premier cas, on transmet un virus humoral, physico-chimique, dans le deuxième cas, on transmet un virus vivant. Ainsi est réalisé le passage d'un virus mécaniste à un virus vitaliste. Le microbe est devenu un objet surréaliste [4]. La seule *erreur* épistémologique de Nicolle est de croire, ou simplement de nous laisser accroire, que le fait de voir a toujours été inutile. Imaginons un peu les premiers partisans de la théorie microbienne des maladies disant quelque chose comme ceci : "bon, nous ne voyons rien mais tout de même, ce sont les infiniment petits qui déclenchent les maladies". Il a fallu qu'on le voie, ce microbe, avec, en filigrane, le présupposé vitaliste. Nous montrerons qu'il a fallu aussi, sans doute, *trop le voir*, le voir partout, même où il n'était pas, bref l'installer comme un véritable dogme pour renverser la conviction. Entre le *pas vu, pas pris* et le *pas vu, pris*, il y a eu un *vu, pris* et un *trop vu, mal pris* !

Et Pasteur lui-même ? Quelle réaction présentait-il face à ce problème ? Car, enfin, il reste dans les chaumières comme le héros de la vaccination contre la rage dont le virus est extrêmement ténu.

---

1 Nicolle, Charles, *L'expérimentation en Médecine*, Paris : Félix Alcan, 1934; p. 8-9.

2 Remarquons que ce n'est pas l'inoculation qui définit actuellement le microbe mais l'immunologie.

3 Voir p. 129-130.

4 Comme l'objet ne se ramène plus à la chose, avec l'avènement de la microphysique, on peut dire qu'en biologie, à partir de cette époque-là, "l'objet n'est donné que par une méthode d'individuation" (Olivier Roy, *Le Nouvel Esprit Scientifique de Bachelard, Commentaires,* Paris : Editions Pédagogie Moderne, 1979, p. 119 Collection Lectoguide). Que l'on songe aux techniques d'immunologie désormais utilisées pour "atteindre" le microbe.

Le voyait-il ? Ne le voyait-il pas ? En Juillet 1885, il *vaccine* le jeune Meister. En décembre de la même année, le Docteur Hermann Fol écrit : "si l'on ne peut plus guère douter aujourd'hui que la rage soit une maladie essentiellement parasitaire, toutefois les efforts faits jusqu'à ce jour pour mettre en évidence l'organisme parasite n'ont pas été couronnés de succès" [1].

Le premier contact de Pasteur avec la rage se réalise en décembre 1881, à la suite de la mort d'un enfant de cinq ans, mort due à la rage. Pasteur récupère immédiatement la salive - dont on se doute depuis longtemps qu'elle est porteuse du "virus" -, il la met en culture et l'inocule : des lapins meurent, semble-t-il, d'autres maladies que la rage. Il observe la salive et le sang - lieu de villégiature de nombreux microbes [2] - au microscope. "Le sang des animaux est envahi par un organisme microscopique... Il est parfois si petit qu'il peut échapper aux observateurs.. C'est un bâtonnet extrêmement court" [3]. Nul doute : Pasteur voit un microbe. Le prend-il, dans l'instant, pour le microbe de la rage ? Peut-être. En tout cas, il se sent obligé de préciser - argumentation oblige - qu'il "peut échapper aux observateurs". Assez rapidement, il revient sur ses pas : "dans la salive rabique, le virus se trouvant associé à des microbes divers, l'inoculation de cette salive peut donner lieu à plusieurs genres de mort : la mort par le microbe nouveau que nous avons fait connaître sous le nom de microbe de la salive et la mort par la rage" [4].

C'en est terminé de ses recherches du microbe de la rage.

---

1 Fol, Hermann, "*Note lue devant l'Académie des Sciences le 14 Décembre 1885*". L'auteur continue ainsi : "après avoir vainement cherché à obtenir par des moyens ordinaires la coloration de quelque organisme spécial, j'ai fini par adopter une technique qui m'a révélé, dans la moëlle rabique l'existence de certains éléments qu'on ne retrouve pas dans la moëlle saine. C'est ainsi qu'avec des coupes d'une épaisseur ne dépassant pas 1/200ème de mm, je suis parvenu à apercevoir dans les préparations, décolorées avec précaution, des groupes de petits globules, ayant tout l'aspect de micrococques, logés soit dans les lamelles de la névroglie, soit, plus rarement, dans l'espace compris entre les cylindres, colorés en bleu foncé par l'hématoxyline, et la gaine de Schwann, teintée seulement en jaune siamois". Le Docteur Trouessart, dans son "*Guide Pratique du Diagnostic Bactériologique des Maladies Microbiennes*", paru en 1896, constate aussi que "le microbe spécifique de la rage, malgré de nombreuses recherches est encore inconnu".

2 Les scientifiques ont eu beaucoup de difficultés avec l'air (voir infra, le cas de Laveran). Ils en ont eu aussi beaucoup avec le sang : le microbe rabique n'est pas dans le sang mais dans le système nerveux, le microbe du choléra n'est pas dans le sang mais dans l'intestin. Il est problématique de sortir de ces deux fluides mythiques (voir le SIDA).

3 Pasteur, Roux, Chamberland, "Sur une nouvelle maladie provoquée par la salive d'un enfant mort de la rage", in *C-R Ac. des Sciences*, 1881, p. 161, Séance du 17 Janvier 1881.

4 Pasteur, in Ibidem, Décembre 1882.

Suivant le précepte qu'édictera Nicolle, il abandonne la recherche morphologique. Il continue la recherche vers les vaccinations. Nous arrivons au paradoxe suivant : Pasteur doit "convaincre", le 26 Octobre 1885, de ce qu'il a réalisé mais il ne peut se raccrocher au visible ! La communication du 26 Octobre 1885 est un modèle du genre [1]. Toute la première partie est consacrée à une rétrospective de ses travaux sur les chiens : Pasteur parle de *virus réfractaires*, de *l'inoculation du dernier virus*. Puis vient la description de l'affaire Meister : Pasteur parle de *virus rabique*. Il ne commence à employer le mot *microbe* que lorsqu'il se lance dans les interprétations possibles de sa vaccination, et encore, à propos d'une rétrospective sur le *microbe du rouget* et le *microbe du choléra des poules*. Essayant alors d'expliquer sa vaccination, il écrit : "Se pourrait-il que ce qui constitue le virus rabique soit formé de deux substances distinctes et, qu'à côté de celle qui est vivante, capable de pulluler dans le système nerveux, il y en ait une autre, non vivante, ayant la faculté quand elle est en proportions convenables d'arrêter le développement de la première" ? [2]. Pasteur ne prononce pas le mot *microbe*, il s'en tient à des expressions que ne renieraient presque pas les tenants d'un virus humoral. La communication se termine par l'événement-choc : Pasteur est en train de vacciner le berger Jupille dont on connait l'exploit. Soit : cinq pages descriptives, deux pages d'interprétation, une page d'une nouvelle description se terminant de façon émouvante. L'histoire retient les deux premières parties et la quatrième, elle gomme la troisième. Les Académiciens parlant juste après Pasteur, ce jour, ne reprennent que les points 1 et 2 et s'enthousiasment pour l'acte de bravoure du berger. Pasteur voulait-il faire oublier le non-visibilité du microbe ? Coup de poker volontaire ? Coup de poker réussi, en tout cas : le plus violent des détracteurs des travaux de Pasteur sur la rage, le Docteur Lutaud, pose les questions suivantes : "le chien qui a fait la morsure était-il enragé ? L'individu traité est-il atteint de la rage ? Pourquoi le nombre des enragés a centuplé depuis trois mois ? Qu'est ce que la rage des loups ? Pourquoi la rage est-elle plus grave lorsque la morsure est plus profonde ? Pourquoi le virus rabique ne donne-t-il

---

1 Pasteur, "Méthode pour prévenir la rage après morsure", in *C-R Ac. des Sciences*, 1885, p. 765-774. Il faut noter le passage à l'article uninominal (entre temps, Pasteur et Roux avaient eu des mots, comme le raconte le neveu de Pasteur, Adrien loir, dans "*A l'ombre de Pasteur*", Paris : 1937, p. 66-69. Il semblerait que la technique d'atténuation des moëlles ait eu, pour origine, une expérience de Roux qui apprécia peu l'usage qu'en fit Pasteur..).

2 Ibidem, p. 771.

lieu à aucune réaction locale ou générale ?" [1]. Il ne parle jamais de la non-visibilité du microbe ! Ne pouvant pas démontrer par la visualisation l'existence du microbe, il raisonne par analogie : le choléra des poules a son microbe, la rage aussi puisque la méthode d'atténuation fonctionne dans les deux cas. Mais, prudent, il ne le dit pas ! On peut dire que cette analogie du mois d'Octobre 1885 fonde la microbiologie, que cette analogie élève le microbe au niveau d'un concept [2].

Une tentative de remise en cause se produira plus tard, en 1933, sous la forme de "Considérations sur l'Etiologie des Maladies Infectieuses" du Docteur Rappin, Directeur de l'Institut Pasteur de Nantes. Il vient, à ce moment, d'être démontré que le virus grippal serait de l'ordre des virus filtrants. Rappin attaque :

> *Il est difficile de nier, au moins a priori, que ce virus ou mieux ces virus filtrants, c'est-à-dire ces éléments que nulle observation microscopique ne peut mettre en évidence sous une morphologie ou une apparence quelconque, que ces éléments peuvent naître de l'organisme lui-même ou de quelques-unes de ses cellules.. Assurément ces vues peuvent être considérées comme hasardeuses et nous pouvons les avancer encore qu'à titre d'hypothèse. Mais, quand, d'un côté, nous notons dans beaucoup de cas d'abord la ténuité, on pourrait même dire l'invisibilité du germe pathogène, et, de l'autre, les caractéristiques de l'apparition soudaine en de nombreux points éloignés l'un de l'autre et la diffusion des épidémies grippales, est-il possible d'admettre, sans les plus grandes réserves au moins, cette théorie que l'on pourrait qualifier de tyrannique qui veut imposer à l'origine et à l'éclosion de ces épidémies constamment et comme source unique, la contagion* [3].

Résurgence du même discours et des mêmes arguments : puisqu'on ne les voit jamais, ou presque, ce sont des virus *humoraux* et, qui plus est, ils peuvent naître spontanément à l'intérieur des

---

1 Docteur Lutaud, "Bulletin : Question à Mr. Pasteur", in *Journal de Médecine de Paris*, 2 Mai 1886, nº 18, p. 1-2.

2 Ce passage montre une certaine limite de l'analyse de François Dagognet : "Il révolutionnera la biologie lorsqu'il appliquera cette méthode toujours incitatrice ; c'est ainsi qu'il s'emploiera pour apercevoir les microbes, ténus ou invisibles, à les révéler et à les extérioriser. Le microbe ne se montre qu'incidemment. Il est "culture" autant que "nature". Il faut moins chercher à le voir que trouver les moyens de le rendre sensible, découvrir un récepteur ou lui offrir un milieu approprié" (in op.cit., p. 58). La mise en culture n'est qu'une variation de la nature, une "réalisation" du microbe à un autre niveau. Le microbe de la rage est effectivement une sorte de microbe "culture" mais plus qu'un microbe "nature", il est, selon nous, encore moins que cela : il n'est qu'un *microbe-langage*. Il devient un véritable microbe "culture" qu'à partir du moment où on le révèlera par les réactions immunitaires. Longtemps après la mort de Pasteur !

3 Rappin, *Considérations sur l'Etiologie des Maladies Infectieuses*, Nantes : Imprimerie de Bretagne, 1933, p. 27.

organismes ! L'obstacle réaliste joue à plein : il faut voir pour croire. Nicolle a-t-il parlé pour rien ? Non, bien sûr, car l'idée de Rappin ne prend pas : le microbe n'est plus dans les yeux, les hommes n'ont plus une "araignée dans le cerveau" [1] mais un microbe. Le microbe "leur est monté à la tête". Voyons comment !

L'installation du nouveau discours

La re-vitalisation de cette hypothèse et, cette fois-ci, son succès populaire, va se faire en trois temps; d'abord le retournement vitaliste d'un énoncé de chimie : c'est la levure qui produit la fermentation et la levure n'a pas une origine spontanée ; ensuite le transfert de cette idée à la médecine : si la levure est capable d'une telle activité, alors rien ne s'oppose à ce que les plus petits des infiniments petits, les bactéries, soient capables de produire les maladies et, indispensable corollaire, ces germes pathogènes ne peuvent être produits, eux, par l'organisme. Enfin, pour parfaire le tout, on constate le remplacement des anciennes appellations avec des re-calages sémantiques : miasmes, virus et ferments versus microbes.

Dans la foulée des travaux de son professeur de Chimie à Paris, Pasteur s'attaque aux isomères optiques des acides tartriques et paratartriques [2]. Il cherche des techniques de séparation microscopique de ces isomères. Se procurant son matériel - du tartrate de chaux - auprès de fabriquants allemands [3] de produits chimiques, il constate, après plusieurs manipulations, deux situations du point de vue de l'activité rotatoire : dans la première, le tartrate se révèle inactif, inactivité que l'observation microscopique assigne à une double composition, une part de tartrate levogyre et une part de tartrate dextrogyre s'annulant ; dans la deuxième, le tartrate a subi une fermentation et présente une activité rotatoire gauche que

---

1 Dr. Dimanche; "La Microbiomanie" in : *Le petit Moniteur de la Santé*, 7 Février 1886, voir illustration p. 96.

2 Une description assez correcte des différentes étapes des travaux de Pasteur se trouve dans "*Pasteur, sa vie, sa méthode, ses découvertes*" de Jacques Nicolle, Verviers/Belgique : Editions Gérard, 1969, Collection Marabout Université, plus neutre et plus claire que " La vie de Pasteur " de Pasteur-Vallery-Radot (op.cit.). Les interprétations semblent plus approximatives au regard de ce que nous écrivons. Son professeur de chimie etait Biot.

3 Ses premiers travaux, Pasteur les réalise à Strasbourg : or, nous l'avons vu, l'Université était en pointe en ce qui concerne l'usage du microscope en Médecine - ce qui signifie probablement aussi que les outils techniques étaient de bonne qualité. Le mode de pensée allemand et la circulation des idées ont contribué au reste.

l'observation microscopique assigne, cette fois, à la seule présence d'un tartrate levogyre. Il lui faut fournir une interprétation de cet ensemble qui le questionne doublement : d'une part, par lui-même (que s'est-il passé ?) ; d'autre part, par la technique nouvelle de séparation des isomères qu'il lui propose (la nature réalise la séparation que Pasteur avait eu tant de mal à réaliser sous le microscope). Comme bien d'autres avant, il note la présence de ferments dans la solution de tartrate en fermentation. Dès lors, l'interprétation va se fonder sur ce point : la séparation naturelle se réalise par le jeu de trois éléments (les isomères gauche et droit et le ferment). Elle va s'appuyer sur une sorte de raisonnement analogique effectué sur des bases vitalistes : si Pasteur voit apparaître, à partir d'un mélange optiquement inactif, une dissymétrie simple, c'est "parce que le ferment est un corps vivant formé, comme tous les grands êtres, d'un ensemble de produits dissymétriques et que, pour sa nutrition, ce petit être s'accomode mieux du groupe tartrique droit que du groupe tartrique gauche" [1]. Nous pouvons dire que c'est un raisonnement analogique pour trois raisons. La première réside dans l'énoncé qui se veut, ici, la preuve : l'identité du paraître des corps en présence - ce sont des corps dissymétriques - implique la possible absorption de l'un des deux isomères par l'autre, par le ferment, et une digestion unilatérale optiquement parlant, une intégration dans la substance de l'un, *d'un seul des deux autres*. La deuxième et la troisième nous sont données par le regard critique que nous offre le temps : Pasteur s'appuie sur le fait qu'il n'arrive pas à transformer au laboratoire un isomère en un autre - on sait que cela est désormais possible - et mobilise ainsi un "temporairement faux" pour faire tourner son analogie, pour faire avancer la science ; quant à l'administration expérimentale de la preuve qu'il existe effectivement des liens de ce type entre le ferment, devenu levure, et le substrat, elle est apportée par des études récentes sur la stéréochimie enzymatique, rien de moins !

Les bases vitalistes sont claires aussi : "La démarcation entre le monde minéral et le monde organique est profonde" [2] puisque le pouvoir rotatoire se glisse entre eux, invisible frontière [3]. La levure n'est plus, alors, seconde mais première : les substances albuminoïdes, le gluten inerte de Liebig étaient le primum movens de Liebig, la

---

1 Pasteur Louis, *Oeuvres Complètes*, Tome 1, p. 337, cité par Dagognet, op.cit., p. 68.

2 Dagognet François, ibidem, p. 68.

3 La séparation du vivant et du non-vivant change de statut : avant, on cherchait des caractères plus ou moins visibles, maintenant, on a une technique pour atteindre la spécificité de l'un et de l'autre. D'une façon certaine, nous pouvons dire que l'obstacle réaliste est levé - ce qui ne pouvait que géner les naturalistes classiques.

matière de la production de la levure ; la levure est le *primum movens* de Pasteur. Bien plus, le pouvoir rotatoire coupe les ponts entre le gluten et la levure, Pasteur n'arrivant pas à reproduire, au laboratoire, le travail de la levure. Quand il produit l'interprétation de la fermentation lactique, Pasteur écrit : "Toutes les anciennes théories jugeaient indispensables à l'accomplissement de toute fermentation le concours de substances albuminoïdes, d'autant plus indispensables qu'on les croyait être les ferments eux-mêmes. Pour moi, je rends compte non de la nécessité mais de l'utilité de leur emploi, en disant qu'elles apportent certains aliments du ferment qui est un être organisé dont le germe ne peut évidemment se développer ni se reproduire s'il n'a pas à sa disposition de l'azote et des phosphates. Ce sont là surtout les deux sortes d'aliments que les ferments trouvent dans les substances albuminoïdes" [1]. Le gluten devient le second de la levure.

De là, trois conséquences sur le plan de l'épistémologie et de la rectification historique méritent d'être tirées.

La première est que, systématiquement, fermentation et génération spontanée sont liées dans le discours pastorien et que Pasteur doit argumenter aussi bien contre Liebig - dont, il faut bien dire, le problème de la génération spontanée ne représente qu'un des problèmes secondaires - que contre Pouchet - ardent spontanéiste qui, au départ, n'a pas grand chose à voir avec la fermentation -. l'accélération de la science de cette époque trouve sa force dans ces disputes nécessairement plus nombreuses que si elles n'étaient que des disputes d'un homme contre un autre ;

La deuxième conséquence est que l'histoire classique retient trop les expériences sur la génération spontanée. Elles ne sont qu'une conséquence nécessaire des tout premiers points de vue de Pasteur. Certes, elles représentent un point de passage obligé dans l'*entreprise de conviction*, mais uniquement dans cette optique-là. On ne peut donc pas parler, à leur propos, d'un nouveau problème que Pasteur se pose. La fondation du pastorisme est bien plus dans le travail sur la levure. L'histoire retient le débat Pouchet-Pasteur des années 1860 car il participe de l'effet-point sur Pasteur par l'ampleur qu'il a pris. On a même l'impression qu'il ne convainc que les convaincus quand on regarde la composition des Commissions

---

1 Pasteur Louis, *Oeuvres Complètes*, Tome II, p. 162, cité par Dagognet, François, ibidem, p. 114.

chargées de statuer sur les expériences des uns et des autres [1]. La *véritable science* est bien antérieure, dans l'analogie dont nous avons parlé : ici, l'on a qu'une simple expérience complémentaire.

La troisième est que, systématiquement, les nouvelles découvertes seront intéprétées par Pasteur dans un cadre vitaliste. Pour exemple quand on lui oppose les "diastases", vers 1865, Pasteur réplique : "j'ajoute que c'est toujours une énigme pour moi que l'on puisse croire que je serais géné par la découverte de ferments solubles indépendamment des cellules" [2]. Ces ferments solubles, ou diastases, sont, "vitalistement" parlant, produits par les levures.

Dès lors le transfert à la médecine va se faire, de nouveau, par analogie. En 1850, Casimir Davaine travaille sur le sang de rate [3] : il cherche à préciser si la maladie est contagieuse. Compte tenu de l'aspect caractéristique du sang des moutons morts de cette affection, c'est, sans doute, le sang qui est porteur du virus du contage. "Mr Rayer a inoculé du sang provenant de cette rate. Le surlendemain, le mouton inoculé meurt" [4] En cela, Davaine et Rayer manipulent des techniques et des concepts courants [5]. Le mouton est-il bien mort du sang de rate? Le signe clinique décisif est l'observation microscopique du sang du défunt : "on procède à l'autopsie. Le sang examiné au microscope se comporte comme celui du mouton atteint du sang de rate qui avait servi à l'inoculation. Les globules au lieu de rester distincts comme les globules du sang sain, s'agglutinaient généralement en masses irrégulières : il y avait ensuite dans le sang des petits corps filiformes ayant environ le double en longueur d'un globule sanguin. Ces petits corps n'offraient

---

1 Voir Farley et Geison, "Le débat entre Pasteur et Pouchet : Science, Politique et Génération spontanée, au 19ème siècle en France", in *La science telle qu'elle se fait*, Paris : Pandore, nº spécial, 1982, p. 5 - 50.

2 Commentant la sortie d'un livre de Mr. Pennetier, travaillant avec Pouchet à Rouen, Edgar Hément, dans *La Santé,* journal de vulgarisation médicale et scientifique paraissant le jeudi, Nº 50, 7 Mai 1868, écrit : "On assiste à des débats de la nature de ceux qui nous ont été offerts il y a quelques années lorsque Mr. Pasteur, à bout de ressources et d'expériences concluantes, fit intervenir dans la question la morale et la religion. Maintenant pour conclure, je dirai qu'il est encore bien difficile de se faire une opinion précise et bien arrêtée à ce sujet. Les travaux quoique très nombreux et très bien exécutés n'ont pas porté sur un assez grand nombre de points, mais quant à moi, ne consultant que la raison, l'hypothèse de Mr. Pennetier est la plus probable et celle à laquelle on devra se rallier entièrement lorsqu'elle sera appuyée par un plus grand nombre de faits". Dans le même numéro, une caricature explicite la "futilité" des débats.

3 Maladie des moutons : le sang de la rate présente un aspect particulier.

4 Davaine Casimir, *CR et mémoires de la Société de Biologie*, Paris : J-B Baillière, 1851, Séance d'Août, p. 142, Paris, J.B. Baillière, 1851.

5 Inoculation, virus, humeur sanguine, contagion ou miasme...

Fig. 45 : *La Science sous les projecteurs...* (*La santé, N° 50, 7 mai 1868*).

pas de mouvements spontanés". Davaine passe à d'autres signes cliniques.

Treize ans plus tard, en 1863, Davaine reprend les termes de cette communication, sous le titre : "L'existence de bactéries dans le sang". "Lorsque M. Pasteur, en Février 1861, publia son remarquable travail sur le ferment butyrique, ferment qui consiste en petites baguettes cylindriques, possédant tous les caractères des vibrions et des bactéries, les corpuscules filiformes que j'avais vus dans le sang des moutons atteints de sang de rate ayant une grande analogie de forme avec ces vibrions, je fus amené à examiner si des corpuscules analogues ou du même genre que ceux qui déterminent la fermentation butyrique n'y joueraient pas de même le rôle de ferment" [1].

Voilà un aveu aussi honnête que révélateur de ce que peut être une observation correcte mais qui n'est intégrée dans aucun champ conceptuel. Davaine et Rayer ont vu les bactéries et, même s'ils ajoutent qu'elles ne sont pas douées de mouvements, ils ne leur assignent aucun rôle.

Davaine n'importe même pas une technique qui aurait pu se formuler ainsi : "les ferments butyriques se caractérisent par la modification chimique du sucre en acide butyrique, voyons si les bâtonnets du sang de rate ont une quelconque propriété ?" [2]. Il importe surtout l'idée que, puisque les deux organismes microscopiques ont une "forme analogue", alors ils doivent avoir des potentialités analogues. Comme, d'autre part, fermentation et maladie sont liées, nous l'avons vu, les bactéries doivent agir et être le primum movens de la maladie. Ainsi, l'importation de l'idée en médecine ne se fait pas par Pasteur mais par Davaine, elle ne se fait pas par le chimiste mais par le médecin [3]. L'histoire s'appuie sur ce deuxième transfert analogique de deux façons :

- comme précédemment, fermentation et génération spontanée étant liée, maladie et génération spontanée le seront. Et Pasteur et les pastoriens de trouver un troisième groupe d'opposants : les médecins, qui estimeront que la bactérie est le produit de l'orga-

---

1 Davaine, "Recherches sur les infusoires du sang dans la maladie connue sous le nom de sang de rate", in *CR Ac. des Sciences*, 27 Juillet 1863.

2 Pour poser une telle question, il faut passer aux cultures de microbes : ce ne peut pas dans l'instant, être le rôle du médecin, mais celui du chimiste de laboratoire.

3 Semmelweiss ne posait pas de question au microscope, il ne vit donc rien ; Davaine pose la question au microscope : il voit et ne voit pas. Le microscope, sans cadre de pensée, n'est décidément pas suffisant pour fonder une théorie. Heureusement cependant que Davaine était fin technicien et, pour l'historien des Sciences, consciencieux dans ses notes !

nisme, vient de l'intérieur et non de l'extérieur ; nous avons, là, une nouvelle cause de l'accélération des débats. Les chimistes et les naturalistes étaient concernés, les médecins aussi.

- Comme précédemment encore, l'effet-point jouera : on gommera Davaine et son transfert originel. Dans sa communication de 1878, "La Théorie des germes et ses applications à la médecine et à la chirurgie", Pasteur rappelle que "l'on peut admettre que les ferments proprement dits sont des êtres vivants, que les liquides de l'organisme n'éprouvent aucune de leurs altérations communes au contact de l'air pur..", mais, surtout, il continue ainsi : "un médecin français, Mr Davaine, fit la première et heureuse application de ces propriétés à la médecine en 1863" [1]. Cet hommage n'est pas suffisant pour que la postérité rende à Davaine ce qui lui appartient [2]. On garde de l'événement que c'est Pasteur lui-même qui appliqua ses théories à la médecine. Relevons enfin une certaine inexactitude de l'expression "heureuse application". Le transfert dans ses deux niveaux d'analogie - analogie fermentation-maladie, analogie forme-fonction - peut-il être considéré comme une "application" ? Enfin, les premiers à opérationaliser la nouvelle démarche seront Davaine mais aussi deux médecins Strasbourgeois - Coze et Feltz - qui publieront de 1863 à 1866 de très nombreux articles centrés sur les infusoires dans le sang (dans le charbon, la variole, la fièvre typhoïde). Même si leurs travaux ne sont pas entièrement couronnés de succès, ils précèdent nettement l'activité de Pasteur sur les maladies du ver à soie. Dernière procédure de gommage sur ce transfert : on élimine ceux qui ont lancé la microbiologie [3].

1 Pasteur Louis, "La théorie des germes et ses applications à la médecine et à la chirurgie", in op.cit., p. 1038.

2 Emile Duclaux, dans *"Le microbe et la maladie" op.cit.*, p. 16-17-18, retrace l'événement ainsi : "Mr. Davaine, mû par un sentiment profond et hardi de la réalité des choses, se hâte de revenir sur son observation de 1851, et puisqu'il est désormais permis d'attribuer à ces infiniment petits des effets hors de proportion apparente avec les causes, il se demande si l'agent morbifique du charbon, l'agent de transport de la maladie d'une bête sur une autre, ne serait pas précisément la bactéridie qu'il avait observée autrefois avec Mr. Rayer. Cette filiation d'idées n'est pas une hypothèse. Elle a été avouée dès l'origine par M. Davaine, dont la sincérité a égalé ainsi la perspicacité scientifique". Il faut lire les auteurs, ils ont souvent une juste perception des événements.

3 L'ensemble des premiers travaux de Coze et Feltz est dans "*Recherches expérimentales sur la présence des infusoires et l'état du sang dans les maladies infectieuses*", Strasbourg, 1866. Ces deux auteurs citent, après avoir eux aussi rappelé Davaine, le cas de plusieurs auteurs, allemands notamment, qui ont été débloqués par l'intervention de Davaine et qui, dans les mois qui suivirent, écrivirent plein d'articles pour signaler que eux aussi avaient vu des bactéries ou des infusoires. Certes, la volonté d'avoir été le

Enfin, les relations entre les champs de savoir sont aussi des relations sémantiques.

"Ouvrez le dictionnaire de Littré et Robin, 1865, au mot : Virus, et vous y lirez que le virus n'existe pas en tant que corps pondérable ou isolable, qu'il existe seulement des états virulents des humeurs ou des tissus quand ils ont subi par catalyse isomérique une modification jusque là inconnue... Non, le virus existe sous la forme d'un corps vivant qui se reproduit dans les tissus et dans les humeurs ou hors d'eux... Prenons un autre exemple dans le mot contagion ? En est-il de plus obscur en soi, de plus vague et plus dangereux dans les discussions médicales, il y a vingt ans ?" [1]. Celui qui parle ainsi est le Docteur Grancher, le garde-fou médical de Pasteur, celui qui établit les diasgnostics et tient les seringues Pravaz. Grancher décrit un point important du changement de conception : les mots ont changé aussi de sens. En même temps, il reste inexact dans le détail : le virus dont parle Pasteur dans sa communication sur la rage [2] n'existe plus comme corps pondérable puisque Pasteur ne le trouve pas, le microbe, nous l'avons vu, est désormais dans le domaine des idées ; quant aux débats, dans les années 1865 (vingt ans auparavant) ils avaient déjà changé de visage.

En effet, Liebig et les chimistes manipulant des ferments, les médecins manipulant des miasmes et des contages, Liebig s'appuyant sur la traditionnelle liaison entre fermentation et maladie, les ferments, les miasmes et les virus étaient déjà en relation : tous étaient des substances, seul les séparait le mode de production. Le rapprochement physique et conceptuel du ferment butyrique et de la bactéridie charbonneuse devait amener des rapprochements nouveaux entre les ferments-new look, les miasmes et les virus. Le premier essai théorique date de 1864 - date extrèmement proche du transfert de Davaine - mais n'est pas plus l'oeuvre de Pasteur que le transfert : le Docteur de Vauréal, peu connu par ailleurs, publie un

premier était forte mais, néanmoins, cela confirme l'interprétation de l'observation primitive de Davaine que nous donnions et cela nous fait insister sur le rôle de la circulation des idées à cette époque. Quant à Davaine, le nombre de notes qu'il communique à l'Académie des Sciences de 1863 à 1868, sur le charbon et la septicémie est considérable : c'est une véritable accumulation de techniques, d'observations et de réflexions sur la virulence, notamment.

1 Professeur Grancher, *Leçon Inaugurale à la Clinique des Maladies des Enfants*, Paris, Alcan, 1885, p. 6.

2 voir page 157.

essai intitulé : "Essai sur l'histoire des ferments, de leur rapprochement avec les miasmes et les virus" [1].

Les miasmes ne posent guère de problème à De Vauréal : constatant par l'emploi du microscope des corpuscules dans l'eau de régions miasmatiques et même dans l'eau d'un vase maintenu dans un air confiné - donc potentiellement miasmatique, comme celui de certains hôpitaux - il estime que rien ne s'oppose, par ressemblance avec la multiplication des levures, à ce que ces corpuscules soient le "véritable moyen de propagation et de reproduction des Infusoires" [2]. Une seule méthode lui paraît, dès lors, "légitime", c'est celle qui consiste en "l'ensemencement pratiqué comme le fait Mr Pasteur et ayant pour objet de rendre sensibles et observables les propagules par leur développement dans un milieu convenable. Cette méthode lui apparait comme "un moyen rationnel pour déterminer l'espèce d'un miasme donné" [2]. Les virus lui semblent plus compliqués à définir. De Vauréal propose : "Ce sont des ferments spécifiques déterminant des maladies qui ont pour caractéristiques d'être facilement inoculables à l'aide d'humeurs ou de produits pathologiques que l'on emprunte à l'organisme infecté" [2]. Il ne dit rien de plus ici. Plus loin, il complète, cependant : "Déjà, quelques observateurs ont annoncé l'existence de virus dans le sang des syphilitiques et dans le pus des bubons"[2]. La conclusion est formelle : "Entre les virus et les miasmes, il n'y a donc qu'une différence, c'est le mode de transport, et cette différence disparaît puisque les miasmes peuvent engendrer des maladies virulentes". De Vauréal comme Liebig disent l'identité des trois, mais Liebig, en prenant comme différence *le mode de production* - les uns dans sa soupe, les autres dans une décomposition interne ou externe -, maintenait les miasmes et les virus, les maladies miasmatiques et les maladies virulentes à une certaine distance. De Vauréal, s'appuyant sur les travaux de Pasteur, en prenant comme différence *le mode de transport,* unifie véritablement les deux groupes de maladies, en envoyant l'argument final : "les miasmes peuvent engendrer des maladies virulentes". Nous comprenons un peu mieux ce que signifie la conception microbienne : les microbes sont dans l'air et peuvent pénétrer les organismes - en cela, ce sont des miasmes.

---

1 De Vaureal Charles, *Essai sur l'Histoire des Ferments, de leur rapprochement avec les miasmes et les virus*, Paris : Delahaye, 1864. Au début de son essai, De Vauréal signale fort justement que " la question des ferments est un carrefour où aboutissent trois branches de la biologie : la chimie, l'embryogénie et la pathogénie" (p.2) : exacte perception de la signification de l'unification pastorienne.

2 Ibidem, p. 146, 147, 167, 186.

Les microbes peuvent passer d'un individu à un autre, ils peuvent s'inoculer - en cela, ce sont des virus. C'est l'antique séparation qui n'a plus lieu d'être. Cette unification repose très exactement sur les deux techniques primitives de Pasteur et de Davaine : Pasteur travaille sur une levure hors du jus de raisin, donc aérienne [1], Davaine travaille sur un virus inoculable. Le virus inoculé sort dans l'air pour se transformer en miasme et la transformation inverse est aussi possible ! Le rôle que De Vauréal fait jouer à l'air est non moins intéressant : il veut cultiver des microbes de l'air puisque la micrographie "de l'air atmosphèrique a reçu une heureuse impulsion" [2]. Ce sera l'échec ! Ce sera aussi sinon un échec mais une sérieuse épine pour les interprétations pastoriennes : on n'arrivera pas à isoler et cultiver un microbe pathogène en provenance de l'air. Ce côté miasmatique du microbe mettra tous les pastoriens devant un vide spectaculaire, vide que nous détaillerons plus loin : du côté de la théorie, ils n'auront pas d'arguments à opposer, du côté de la pratique, en cherchant tous les microbes dans l'air, ils courront après des fantômes - Laveran cherchera le microbe du paludisme dans l'air et ne le trouvera pas -. Cependant, l'aspect unificateur apparaît comme le point le plus heuristique et l'invention du mot *microbe* aurait dû en être le point d'orgue.

La refonte des dictionnaires est un peu plus lente, en effet : l'édition 1887 du Dictionnaire Bescherelle définit les miasmes ainsi : "nom de corps extrèmement subtils qui se détachent des matières corrompues et que l'on croit propre à répandre des maladies contagieuses", soit une définition transportant encore les vieux schèmes de pensée. Dans la même édition, pourtant, le microbe est "le nom donné, sans distinction d'espèces, à tous les organismes microscopiques soit végétaux soit animaux qui, introduits dans le sang, s'y multiplient rapidement et auxquels on attribue la plupart des maladies épidémiques ou infectueuses". En toute logique, le miasme aurait dû être gommé ! En 1908, dans le Dictionnaire Universel des Arts et des Lettres[3], le miasme devient "un terme *vague* par lequel on désignait autrefois les émanations volatiles d'origine variable qui respirées par les sujets sains donnaient lieu à des maladies. Aujourd'hui, on sait que l'infection est due à la

---

1 Et en cela, il se trompe : voir p. 144.

2 Encore une preuve de la sagacité des chercheurs de l'époque ! Voici la citation complète de De Vauréal : " Jusqu'à ces derniers temps, la micrographie de l'air atmosphérique avait été négligée, mais elle a reçu une heureuse implusion sous l'influence de la discussion qui s'est établie entre les hétérogénistes et les panspermistes" (ibidem, p. 146). Nous insisterons aussi sur l'accélération des connaissances à cause des nombreux débats qui eurent lieu.

3 Paris : Hachette, 1908.

pénétration dans l'économie de microbes". Le miasme est rejeté. Mais le virus restera longtemps "un liquide ou une substance secrétée par l'organisme" [1]. Quand le microbe n'est pas vu, c'est le contenant et non le contenu. Peu de définitions font d'ailleurs référence à cette hypothétique contenance. Nicolle aura, beaucoup plus tard, conscience de l'ambiguité et, après avoir démontré que, lors de l'épidémie de grippe, l'agent traverse les bougies filtrantes, la nature du virus filtrant n'étant pas encore déterminée, il proposera donc de remplacer ultra-virus par infra-microbe.

Nous arrivons ainsi au spectacle curieux d'un mot "miasme" qui s'évanouit facilement alors qu'il est confronté à une invisibilité pratique permanente (on n'a jamais pu attraper un microbe de la variole au filet) et à une visibilité théorique potentielle complètement fausse et d'un autre mot *virus* qui perdure faux alors qu'il est, lui confronté à une invisibilité pratique potentielle et à une visibilité théorique exacte. Ce n'est pas la moindre curiosité du fonctionnement de cette sorte de révolution scientifique.

Dysfonctionnements...

Ce changement de paradigme n'est donc qu'un ensemble de déplacements successifs de prises de position - après un retournement, il est vrai -, déplacements dans un décor largement construit et amplifiés par une circulation accélérée des idées au cours de débats intenses. La netteté que la notion "changement de paradigme" semble vouloir nous imposer va encore prendre du flou au regard de deux types de dysfonctionnements que nous allons mettre en évidence et au regard des différents remodelages que le concept de microbe a subis.

Les dysfonctionnements sont les suivants : d'une part, les anciens schèmes d'explication vont continuer à fonctionner - essentiellement par une sorte de reliquat de mécanisme -, d'autre part, en voulant trop faire fonctionner le nouveau schème d'explication, on le fait mal fonctionner.

Voici quatre exemples de dysfonctionnements du premier type :

---

1 Les définitions données dans le Petit Robert de 1979 des miasmes et des virus sont intéressantes à comparer : le miasme est une "émanation à laquelle on attribuait les maladies infectieuses et épidémiques avant les découvertes pastoriennes", tandis que le virus est (dans la définition vieillie) "une substance organique susceptible de transmettre la maladie". Le miasme permet, sans hésitation, de faire référence aux travaux pastoriens, le virus ne le peut pas.

Le premier exemple concerne le "passage des microbes pathogènes de la mère au foetus" [1]. L'auteur expose, d'abord, ce qu'il va démontrer, puis il présente ses expériences. Ce ne sont pas ses expériences qui font problème : effectivement, il trouve des microbes passant la barrière placentaire. En revanche, regardons de près la partie "démonstration" de la note :

> *PHYSIOLOGIE PATHOLOGIQUE. - Passage des microbes pathogènes de la mère au fœtus. Note de M. Koubassoff, présentée par M. Pasteur.*
>
> *« Nous examinons dans cette Note le passage du vibrion septique, du rouget et des bacilles tuberculeux, de la mère au foetus.»*
>
> *Pour prouver la vraisemblance du passage des microbes en général de la mère au fœtus, nous avons fait deux expériences avec le vibrion septique, lequel est un micro-organisme anaérobie qui ne se développe pas dans le sang oxygéné. A cause de cette circonstance, le passage de ce microbe de la mère au fœtus est le moins vraisemblable. En conséquence, si l'on constate dans les fœtus les bacilles du vibrion septique inoculés à la mère, on sera conduit à admettre, comme très vraisemblable, le fait général du passage de tous les microbes de la mère au fœtus, et l'on sera conduit à supposer l'existence, dans le placenta, de communications directes entre les vaisseaux de la mère et des fœtus.*

L'assertion sur le côté anaérobie du microbe septique fait probablement allusion à l'idée que Koubassoff se faisait d'un sang très oxygéné passant de la mère au foetus. Rien ne permet, ici, de dire ce qu'il pensait d'un éventuel retour de dioxyde de carbone, aussi ne nous attardons pas sur la première partie de la conséquence, mais plutôt sur la deuxième : "on sera conduit à supposer l'existence dans le placenta de communications directes entre les vaisseaux de la mère et du foetus".

Pour que le microbe passe le placenta, il faut qu'il y ait des trous : le microbe est vu comme une particule de colorant. Certes, il est un peu plus gros, mais il passe tel une particule inerte. Le passage du microbe n'est pas vu comme celui d'un être vivant donc capable de produire des transformations dans la zone de contact foeto-maternelle. Simple relent mécaniste ! Du point de vue épistémologique, notons que l'expérience est correcte, l'interprétation fausse. Du point de vue historique, notons le gommage potentiel : on gardera l'expérience exacte, on négligera la pensée fausse.

---

1 In *C-R Ac. des Sciences*, Paris : Séance du 10 Août 1885, p. 451 - 453.

Le deuxième exemple est emprunté à un partisan de la première heure de la nouvelle théorie, le Professeur Schützenberger, chimiste à l'Université de Strasbourg. Dès 1864, il part " de l'hypothèse que la plupart des maladies infectueuses ont pour cause immédiate la pénétration dans l'organisme et le développement de germes de ferments ou de ferments déjà formés, vivants et de nature végétale ou animale" [1] et, tout comme de Vauréal, il re-positionne les mots les uns par rapport aux autres : *virus* et *miasme* se dissolvent dans le *ferment*. Mais, il va chercher à aller plus loin et à interpréter les caractères différents de la transmission par miasme ou par virus :

> *Nous voyons encore le virus se reproduire et se multiplier, se transmettre d'individu à individu, en provoquant toujours la même série caractéristique de phénomènes morbides ; nous trouvons également la période d'incubation, et nous sommes conduit naturellement, en ce qui touche l'étiologie des fièvres éruptives (variole, rougeole, scarlatine, etc.), de la fièvre jaune, du typhus, de la peste et du choléra, aux mêmes conclusion que plus haut. Il faut cependant remarquer que les ferments et leurs germes doivent être beaucoup plus petits, plus légers et plus diffusibles que les premiers. Ces qualités semblent ressortir : 1° de la manière dont ils peuvent se propager à de grandes distances, très-probablement à travers l'air et en suspension dans ce lieu ; 2° de la facilité avec laquelle ils pénètrent dans l'organisme, sans lésions extérieures, soit par la peau, soit par les diverses muqueuses (p. 440).*

---

1 Schutzenberger, P., *Chimie appliquée à la physiologie animale, à la pathologie et au diagnostic médical,* Paris : Masson, 1864. Deux points sur cet ouvrage :

- Il reprend l'hypothèse-Davaine que nous avions émise : sa conviction personnelle, "ne reposant encore que sur des analogies" fut confirmées par "une découverte toute récente due à l'habile investigation de M. Davaine "qui lui a prêté" un point d'appui solide, celui d'un fait positif, acquis définitivement à la science, fait qui ne restera certainement pas isolé (*ibidem,* p. 427). Nous avons vu plus haut que ce fait n'en était pas un (voir p. 164).
- Il rappelle que "les infusoires que M. Donné a vus dans le pus (1835) des chancres n'ont pas assez éveillé l'attention des savants parce qu'à l'époque où il publiait ses observations, on n'attribuait pas encore à ces êtres la propriété active de développer des fermentations. Il est possible qu'on ait trouvé là et depuis longtemps le véritable virus syphilitique tant cherché. dans tous les cas, cette question mérite d'être reprise et elle le sera sans nul doute car l'esprit des savants est tourné vers les découvertes de ce genre" (ibidem, p. 436-437). Plusieurs remarques s'imposent : Schutzenberger dit exactement ce que Davaine a fait : un transfert de potentialité, mais il oublie que l'idée était dans l'air déjà en Italie, et encore que la réalité de la production d'une fermentation par le ferment de la maladie charbonneuse n'a pas été démontrée par Davaine : Davaine est partie d'une idée et d'une analogie morphologique ; il emploie le mot "virus" au sens de "microbe" : cette appellation disparaîtra, malheureusement et le virus redeviendra... virus. Enfin, il constate le rôle heuristique du travail de Pasteur et de Davaine : effectivement, plein de travaux iront dans le même sens... sans d'ailleurs proposer une explication "rationnelle" à la possible action fermentative des ferments pathogènes !

Gardant l'ancienne classification des maladies, il maintient une relation de cause à effet stricte et fixe la maladie *sur* le microbe. Les modes différents de propagation sont alors logiquement dûs à des variations dans le mode de transport. Schutzenberger retrouve De Vauréal et le prolonge : plus le microbe est diffusible, plus il est léger, plus il va loin et pénètre facilement dans la peau et les muqueuses. Le microbe est, là aussi, vécu comme une particule inerte. Par rapport à l'exemple précédent, s'y ajoute une relation mécaniste entre le microbe et la maladie qui lui fait regrouper sous un même vocable des entités cliniques très diverses : la variole et la rougeole sont dues à des virus pénétrant dans l'organisme au niveau de la bouche et pharynx, la scarlatine a le même mode de pénétration mais est due à un streptocoque, la fièvre jaune est due à un virus transmis par un moustique, le typhus à des bactéries transmises par des poux, la peste à un bacille transmis par les rats, le choléra à un bacille transmis par l'eau et qui pénètre (et reste !) dans l'intestin. Une maladie est une relation à deux : tout dépend de la façon dont l'homme entre, par hasard ?, dans le cycle de vie des microbes. Il faut vitaliser encore plus le microbe, en lui conférant un cycle de vie, mais il faut aussi vitaliser la maladie en en faisant une aventure à deux [1].

Le troisième exemple nous est fourni par une lecture serrée d'une partie de la Communication de Pasteur du 26 Octobre 1885 [2], une partie que l'Histoire a complètement mise sous l'éteignoir, celle où il donne une interprétation de ce qu'il vient de faire en "vaccinant" le jeune Joseph Meister :

---

1 Pasteur, en niant avec force le poids du terrain - peut-être par nécessité d'argumentation, puisque les hygiénistes qui s'opposaient à lui et sur-valorisaient le terrain : la survalorisation du terrain qui a comme conséquence théorique directe la possibilité de génération spontanée dans les humeurs - finit par être un choix bloquant ; en tout cas, cela va empêcher Pasteur de produire une interprétation de la vaccination comme nous allons le voir. Dans un article sur les Bactéries, paru dans le Dictionnaire Encyclopédique des Sciences Médicales de 1866, Davaine donne, par le calcul, l'accroissement des bactéries charbonneuses dans le sang : "La progression marche, d'une manière prodigieusement rapide : entre la soixantième et la soixante-douzième heure, les bactéries charbonneuses dans le sang, qui sont avec les corpuscules sanguins dans le rapport de 1 à 60, arriveront en 12 heures à dépasser le nombre de ces corpuscules". D'où une explication très mécaniste des symptômes : les bactéries entrent en compétition pour la nourriture avec les globules ou bien, tout simplement, elles bouchent les vaisseaux !

2 Pasteur Louis, "*Méthode pour prévenir la rage après morsure*", in *op.cit.*, essentiellement p. 770-772.

"Quelle interprétation donner à la nouvelle méthode que je viens de faire connaître pour prévenir la rage après morsure ? Je n'ai pas l'intention de traiter aujourd'hui cette question d'une manière complète. Je veux me borner à quelques détails préliminaires, propres à faire comprendre le sens de l'expérience que je poursuis dans le but de bien fixer les idées sur la meilleure des interprétations possibles.

"En se reportant aux méthodes d'atténuation progressive des virus mortels et à la prophylaxie qu'on peut en déduire ; étant donnée, d'autre part, l'influence de l'air dans l'atténuation, la première pensée qui s'offre à l'esprit pour rendre compte des effets de la méthode, c'est que le séjour des moelles rabiques au contact de l'air sec diminue progressivement l'intensité de la virulence de ces moelles jusqu'à la rendre nulle.

"On serait, dès lors, porté à croire que la méthode prophylactique dont il s'agit repose sur l'emploi de virus d'abord sans activité appréciable, faibles ensuite et de plus en plus virulents.

"Je montrerai ultérieurement que les faits sont en désaccord avec cette manière de voir. Je prouverai que les retards dans les durées d'incubation de la rage communiquée, jour par jour, à des lapins, ainsi que je l'ai dit tout à l'heure, pour éprouver l'état de virulence de nos moelles desséchées au contact de l'air, sont un effet d'appauvrissement en quantité du virus rabique contenu dans ces moelles et non un effet de son appauvrissement en virulence.

"Pourrait-on admettre que l'inoculation d'un virus, de virulence toujours identique à elle-même, serait capable d'amener l'état réfractaire à la rage, en procédant à son emploi par quantités très petites, mais quotidiennement croissantes ? C'est une interprétation des faits de la méthode que j'étudie au point de vue expérimental.

"On peut donner de la nouvelle méthode une autre interprétation encore, interprétation assurément fort étrange au premier aspect, mais qui mérite toute considération, parce qu'elle est en harmonie avec certains résultats déjà connus que nous offrent les phénomènes de la vie chez quelques êtres inférieurs, et notamment chez divers microbes pathologènes.

"Beaucoup de microbes paraissent donner naissance dans leurs cultures à des matières qui ont la propriété de nuire à leur propre développement.

"Dès l'année 1880, j'avais institué des recherches afin d'établir que le microbe du choléra des poules devait produire une sorte de poison de ce microbe (voir Compte rendus, t. XC ; 1880). Je n'ai point réussi à mettre en évidence la présence d'une telle matière ; mais je pense aujourd'hui que cette étude doit être reprise - et je n'y manquerai pas pour ce qui me regarde - en opérant en présence du gaz acide carbonique pur.

"Le microbe du rouget du porc se cultive dans des bouillons très divers, mais le poids qui s'en forme est tellement faible et si promptement arrêté dans sa proportion, que c'est à peine, quelquefois, si la culture s'en accuse par de faibles ondes soyeuses à l'intérieur du milieu nutritif. On dirait que, tout de suite, prend

naissance un produit qui arrête le développement de ce microbe, soit qu'on le cultive au contact de l'air, soit dans le vide.
"M. Raulin, mon ancien préparateur, aujourd'hui professeur à la Faculté de Lyon, a établi, dans la thèse si remarquable qu'il a soutenue à Paris, le 22 mars 1870, que la végétation de l'Aspergillus niger développe une substance qui arrête, en partie, la production de cette moisissure quand le milieu nutritif ne renferme pas de sels de fer.
"Se pourrait-il que ce qui constitue le virus rabique soit formé de deux substances distinctes et qu'à côté de celle qui est vivante, capable de pulluler dans le système nerveux, il y en ait une autre, non vivante, ayant la faculté, quand elle est en proportion convenable, d'arrêter le développement de la première ? J'examinerai expérimentalement, dans une prochaine Communication, avec toute l'attention qu'elle mérite, cette troisième interprétation de la méthode de prophylaxie de la rage.
"Je n'ai pas besoin de faire remarquer en terminant que la plus sérieuse des questions à résoudre en ce moment est peut-être celle de l'intervalle à observer entre l'instant des morsures et celui où commence le traitement. Cet intervalle pour Joseph Meister a été de deux jours et demi. Mais il faut attendre à ce qu'il soit souvent beaucoup plus long.

Pasteur est formel : il ne croit pas que sa méthode repose sur l'emploi de virus faibles puis de plus en plus virulents. Il estime injecter des quantités de virus de plus en plus importantes, mais des *virus de virulence toujours identique* ! En somme, ce que Pasteur estime réaliser, c'est une mithridatisation de l'organisme : comme dans le cas précédent, la maladie n'est vue que du côté du microbe mais, en plus, le microbe est, ici, identique à un poison ! Extraordinaire conception physico-chimique de la part du vitaliste Pasteur : à vitalisme, mécanisme et demi ! Pasteur aggrave son cas en cherchant à produire des hypothèses sur ce qu'est cette atténuation : non seulement elle ne concerne pas le virus lui-même (on l'annule, on ne l'atténue pas) mais le système proposé est celui d'un système poison-contre-poison. Pasteur *assassine* le virus par ses techniques d'atténuation en faisant produire, sur-produire, par le virus une substance contraire qu'il a, déjà, en petite quantité, en lui. Il faut préciser deux points : pris par d'autres activités (par exemple la création de l'Institut Pasteur ?) ou bien pris par des impossibilités théoriques et expérimentales, Pasteur ne nous dira rien de bien plus convaincant sur ses expériences d'atténuation, d'une part ; d'autre part, en disant que Pasteur vaccine Meister, l'histoire joue sur les mots de façon tout à fait remarquable : l'histoire prend, au premier degré, l'expression "j'atténue le virus", par rapport aux connaissances plus récentes : "j'atténue" signifie, pour Elle, "je diminue la virulence" (hélas non !), et "virus" signifie "microbe" (hélas non !).

Jouant sur la polysémie de l'expression, on en déduit que Pasteur mène une vaccination à bien : hélas non ! [1].

Le quatrième obstacle montre bien combien il fut difficile à la théorie microbienne de se débarrasser non seulement d'un versant mécaniste, mais aussi de la conception miasmatique qui avait, en partie, contribué à la fonder. Laveran est passé à la postérité comme le découvreur de l'hématozoaire responsable du paludisme. La mention primitive de l'événement remonte à Octobre 1881, devant l'Académie des Sciences. Un an plus tard, il précise sa pensée :

> "... *La relation qui existe, entre la présence dans le sang des nouveaux parasites que j'ai décrits et les accidents de l'impaludisme, me parait indiscutable. En effet, ces parasites, très bien caractérisés au point de vue morphologique, existent toujours dans le sang de malades atteints de fièvre palustre, et ne se rencontrent jamais dans le sang de malades atteints d'affections étrangères à l'impaludisme. La présence de pigment dans le sang à été signalée, d'ailleurs, depuis Frerichs, comme un des principaux caractères de l'impaludisme, et la relation qui existe entre ce pigment et les parasites n'est pas douteuse.*
> "*Je ne suis pas encore arrivé à reconnaître, dans le milieu extérieur, les germes dont le développement dans l'économie donne naissance aux éléments parasitaires que j'ai décrits ; il est probable que ces germes existent dans l'air et surtout dans l'eau de localités palustres, sous la forme de granulations très difficiles à déterminer.*"

---

1 Un auteur de l'époque, dont certains ont, plus tard, voulu faire un héros, le Docteur Bechamp, critique les conceptions pastorienne de "l'immunité" en faisant remarquer que ce mot, chez Pasteur, recouvre des choses différentes : ou bien il y a compétition pour l'oxygène entre le globule rouge et quelque chose d'autre ou bien le microbe atténué mange le même élément. Mais tout ce qu'il trouve à nous proposer c'est une interprétation entrant dans le cadre de ses microzymas dont il veut faire "la racine même de l'organisation de la matière vivante". Ses microzymas évoluent, parfois, à l'intérieur de l'organisme, en bactéries (variante de la génération spontanée et du panspermisme !). Donc, l'immunité est provoquée par le virus atténué parce que, "sous son influence, se produit une dyscrasie qui détermine un changement plus ou moins durable dans les microzymas homologues de l'organisme qui les empêche de subir une évolution nouvelle" (Les *Microzymas dans leurs rapports avec l'hétérogénie, l'histogénie, la physiologie et la pathologie, Examen de la panspermie atmosphérique continue ou discontinue morbifère ou non-morbifère,* Paris : J-B Baillière, 1883, p. 891-895). Chacun interprète la réalité en fonction de son propre mythe ! La théorie microbienne a l'avantage de la simplicité...
Pasteur termine sur un problème pratique : le temps séparant la morsure des piqûres. Plus tard, il diminuera aussi le nombre d'inoculation. Remarquons qu'il est passé des 50 inoculations d'Auzias-Turenne pour la syphilisation à à peine une dizaine et que, contrairement aux détracteurs d'Auzias-Turenne, il a, en la matière, une boussole, ses travaux sur les chiens. N'en déplaise à tous les antivivissectionistes, si le cas Schoemakers ne peut se reproduire, c'est parce que Pasteur a introduit la maladie au laboratoire sur un support nouveau : les animaux.

Laveran est encore dans le cadre réaliste [1] : il faut voir pour inférer l'hypothèse d'un "microbe" pathogène. Remarquons qu'il ne s'agit pas ici d'une bactérie et que les pastoriens mettront quelques-années avant d'inclure Laveran dans leur groupe - le paludisme étant, selon eux, dû à une véritable bactérie et la découverte de Laveran remettant en cause leur dogme ils considérèrent d'abord l'hématozoaire comme un effet secondaire [2]. Mais l'impaludisme est une maladie qui depuis longtemps est donnée comme le modèle de la maladie miasmatique : fonctionnant toujours sur un air considéré comme un simple transporteur, Laveran cherche le microbe dans l'air. il ne peut concevoir qu'il est ailleurs. Double piège tendu à la pensée scientifique : comment anticiper une dérégionalisation du savoir - la solution d'un problème n'est pas parfois où on la croit - ? comment lever un obstacle aussi pesant que celui produit par l'air [3]? Tout un travail sur la sur-vitalisation du microbe reste encore à faire : les microbes peuvent, aussi, présenter un cycle de vie très complexe !

Les dysfonctionnements du deuxième type sont des dérives optimistes. Il ne se passera pas un numéro des journaux médicaux

---

1 Laveran A., "Des parasites du sang dans l'impaludisme",in *C-R Ac. des Sciences*, Paris :1882, Séance du 25 Octobre, p. 737 - 738. Laveran, avant de partir en Afrique, avait fait ses études et soutenu sa thèse de médecine à...Strasbourg en 1867 (encore et toujours Strasbourg!). Il partit pour Paris après la débacle de 1870. Dans ce texte, rien de surprenant à ce qu'il cherche le microbe dans le sang : c'est le milieu intérieur, donc le lieu priviligié de séjour du microbe (cela posera quelques problèmes pour le microbe du choléra). Non, la surprise vient du fait que ce n'est pas une bactérie.

2 Encore une dissension effacée par l'histoire !

3 Béchamp, cette fois-ci, argumente juste : " Quand on veut communiquer, aujourd'hui même, une maladie par inoculation, on ne va pas chercher le microbe dans l'air, on le prend à un malade pendant qu'il est encore temps, sans avoir prouvé que le microbe était primitivement dans l'air" (Séance du 20 Avril 1886, à l'Académie de Médecine, in *Microzymas et microbes, théorie générale et origine des ferments*, Paris : Imp. réunis, 1886, p. 80). Il ajoute, dans "*Les Microzymas dans leurs rapports avec*... (op.cit., avis aux lecteurs) que "l'on n'a jamais pu communiquer une maladie caractérisée, fièvre typhoïde, variole, syphilis, en prenant un microbe dans l'atmosphère ce qui est la négation du système des parasites". Non, c'est le signe que le microbe n'est pas là où on le cherche!
Schutzenberger (op.cit., p. 439-440) se heurte aussi au paludisme, en raisonnant en terme de quantité de microbes : "la malaria n'est pas contagieuse, mais ce défaut de contagiosité peut tenir à ce que le poison, une fois entré dans l'économie, n'a aucune tendance à sortir, au moins en masses assez considérables,pour produire l'infection, et il n'est pas prouvé qu'en transfusant, d'un individu paludéen à un autre sain, une quantité de sang assez considérable, on n'arriverait pas à produire la transmission du mal". Il ne s'agit même pas de concentration d'un poison-microbe : on inocule carrément du sang !

ou des journaux de vulgarisation de la Médecine sans que ne soit *découvert* un nouveau microbe. Que ces journaux soient pro-pastoriens (comme le Concours Médical ou la Médecine des Ferments) ou anti-pastoriens (comme le Journal de Médecine de Paris) ! C'est l'obstacle réaliste qui joue à plein : dès qu'un microbe - ou quelque chose qui lui ressemble - est aperçu quelque part, dans les humeurs de l'individu comme dans de l'eau, il est immédiatement inféré qu'il peut-être le responsable d'un désordre dans l'organisme. On pourrait passer en revue toutes les grandes maladies de l'époque : chaque chercheur pense avoir trouvé le microbe de la syphilis ou de la variole ! Les caricaturistes s'en donnent à coeur joie, comme le montre ce passage du docteur Victor Macrobius [1].

> *Courage, jeune guerriers ! La carrière est vaste, et la moisson de lauriers abondante : microbes de l'endocardite et de l'angine de poitrine ; microbes du torticolis et de l'orchite ; microbe de chlorose et de l'anémie ; microbes des pieds-bots (varus et valgus, équin et talus), microbes des luxations et des fractures ; microbes toutes les maladies internes et externes, physiques et morales ; microbes de Sodome, de Lesbos, microbes de toutes les folies et de toutes les manies, chenilles de toutes les nymphes, araignées de tous les plafonds !*
>
> *Allons, vaillants soldats! ne vous arrêtez pas en si beau chemin ; hâtez-vous de terminer vos conquêtes ; car si vous voulez ensuite redevenir médecins, vous serez étonnés de constater que la pneumonie et le rhumatisme, la variole et la fièvre typhoïde, le croup et le choléra, ainsi que toutes les autres maladies internes ou externes, physiques ou morales, ont encore les mêmes symptômes et la même marche, la même durée et le même pronostic qu'avant votre départ pour la grande guerre microbienne. Et si l'on n'en meurt pas davantage, on en meurt tout autant, et tout aussi facilement.*
>
> *«Parturient montes, nascetur...microbius, moriturus.»*

Macrobius insiste sur la séparation dans l'approche de la maladie des *Médecins* et des *Microbiologistes* qui recouvre une certaine hantise du corps médical de se trouver privé de ses patients. Il nous dit aussi une dérive optimiste d'un premier genre, qui pourrait s'exprimer ainsi: "dès qu'on trouve le microbe, alors on trouve la

---

1 Macrobius Victor, *Malades, médecins et pharmaciens*, Paris : chez M. Décembre, 1889, p. 101 -102. *Macrobius* est un pseudonyme construit par opposition avec microbe. Il s'agit, sans doute, de Victor Subtil, journaliste au Journal de médecine de Paris, là aussi, pseudonyme du Docteur Lutaud, l'antipastorien dont nous avons déjà parlé. Mais ceci n'est qu'une hypothèse !

solution à la maladie et son traitement". Le paludisme continue, en 1986, de faire d'énormes ravages alors que l'essentiel des responsables de la maladie est trouvé depuis près de 100 ans, la rage progresse de nouveau : ce n'est pas uniquement le microbe qui est en cause dans l'affaire - et c'est là une erreur tout à fait identique à celle qui consistait à cibler la maladie sur le microbe, en oubliant le poids du terrain d'accueil. Les progrès ont existé mais pas aussi nettement que les Pastoriens le faisaient accroire : le nombre de morts pendant la guerre de 1914 - 1918 fut extrèmement important à cause du typhus et ce n'est qu'à partir de la guerre de 1939 - 1945 que se fit l'inversion du rapport entre le nombre de morts dus à des maladies et le nombre de morts dus à des conséquences plus strictes des actes de guerre.

En même temps, surgit une difficulté majeure de la Microbiologie de cette époque : comment se repérer parmi ce magma de microbes que les chercheurs découvrent au microscope ? Pasteur, à propos de la maladie transmise par la salive d'un enfant mort de la rage [1], ne commence-t-il pas à parler de "microbes d'accompagnement" ? L'administration de la preuve reste toujours problématique. Nicolle, plus tard, propose trois méthodes : l'observation, les cultures et l'inoculation. Nous l'avons vu, s'il préfère l'inoculation, c'est que, désormais, on peut se passer de l'observation voire des cultures. La théorie microbienne est bien installée. Mais que faire quand le réalisme domine ? La situation, dans le feu de l'action, est plus dure à cerner. Deux exemples vont nous le montrer : l'un à propos d'une maladie dont la compréhension, à l'époque des faits, n'est pas effective, l'autre à propos d'une maladie dont la compréhension semblait pourtant bien avancée.

Dans son numéro du 2 Février 1884, le Journal de Médecine de Paris commente, comme cela est d'usage, la séance de l'Académie de Médecine du 29 Janvier :

> *- Du béribéri. - M. Rochard annonce que M. de Lacerda, qui a travaillé dans le laboratoire de M. Pasteur, a été à même d'observer, à bord d'un navire, à Rio-de-Janeiro, 115 cas de béribéri sur 300 marins. 8 succombèrent après avoir présenté tous les symptômes du béribéri, savoir la paralysie de la sensibilité et du mouvement, l'oedème, etc.*
> *M. de Lacerda recueillit, avec toutes les précautions possibles du sang chez un des malades, le mit dans des bouillons de culture*

---

1 Voir, p. 156. L'idée de "microbes secondaires" a fait son chemin : que l'on songe aux complications bactériennes de la rougeole virale ! Mais, cette idée n'apparaît aux adversaires de Pasteur que comme une hypothèse ad hoc.

> *neutralisés, et, au bout de quelques jours, ces bouillons présentaient des bacilles spéciaux qui, cultivés à une dixième ou une quinzième culture, ont été inoculés à des animaux qui succombèrent, présentant tous les symptômes du béribéri.*
> *Un malade civil ayant succombé au béribéri, M. de Lacerda eut l'idée de soumettre à l'analyse les aliments dont se servait cet individu. Il trouva des grains de riz avariés, et, en les examinant avec beaucoup plus de soin, il crut découvrir la présence de bacilles.*
> *Tout en faisant ses réserves sur les conséquences définitives de ces recherches, M. Rochard remet sur le bureau de l'Académie des tubes envoyés par M; de Lacerda. M. Pasteur vérifiera par lui même la présence du microbe indiqué par M. de Lacerda.*

Remarquons d'abord la caution que semble donner le fait d'avoir travaillé sous la direction de Mr. Pasteur. Remarquons aussi que, quel que soit l'avenir de cette *découverte*, il n'est pas inintéressant que, lorque l'on présente l'histoire de la compréhension du béri-béri, on se contente de citer un pseudo-point de départ, comme si le béri-béri n'avait pas été aux prises avec d'autres interprétations que l'interprétation vitaminique. Dans le détail de la méthode, deux obstacles sont présentés : le premier est capital - dans les riz avariés, il doit y avoir un *plus* pour expliquer la maladie et non un *moins* : les maladies par carence doivent se construire en une stricte inversion [1]-, le deuxième est très proche de l'interprétation de Nicolle : très visiblement, on peut prendre un microbe pour un autre, on peut se tromper dans les cultures, mais, en plus, on peut se tromper sur les symptômes ! Commentant le même événement, le Concours Médical de 9 Février 1884 s'inscrit en faux contre les *disciples trop zélés* : Mr. de Lacerda est un récidiviste !

> *Ayant eu l'occasion d'observer, à bord d'un navire en rade de Rio-de-Janeiro, 115 marins qui avaient présenté les symptômes classiques du béribéri : paralysie de la sensibilité et du mouvement, oedème spécial, etc..., M. de Lacerda recueillit du sang sur l'un de ces hommes, le soumit à la culture dans des bouillons neutralisés et parvint à obtenir des spores et des bâtonnets spéciaux qui ne seraient autres que le microbe du béribéri. En effet ces bâtonnets inoculés à des animaux auraient produit chez eux les symptômes de*

---

1 La démarche de De Lacerda est intéressante à deux points de vue : il cherche d'abord dans le sang, puis dans l'alimentation et, précisément, dans le riz où se trouve la solution, sans qu'il le sache. Il faudra prendre le riz comme objet de recherche de façon bien différente puisqu'il faudra chercher l'absent (la vitamine B) et avec une toute autre méthode comparative : la comparaison des régimes alimentaires.

cette affection. M. J. Rochard, chargé d'écrire un rapport sur cette communication, fait toutes ses réserves, en rappelant que le même auteur s'est déjà trompé deux fois, en annonçant la découverte du microbe du venin des serpents et du microbe de la fièvre jaune : il se défie de l'extension exagéré que des disciples trop zélés sont enclins à donner aux doctrines de M. Pasteur [1].

Il faut, pour être complet sur le sujet du béri-béri, signaler que le Docteur Moniez, spécialiste lillois des vers parasites estime qu'il "semble démontré que le béri-béri, ou tout au moins un syndrome analogue au béri-béri, est causé, dans les pays Malais par l'ankylostome" [2] !

Dans "la Médecine des ferments", N° 19, 1879, le Docteur Déclat annonce "une découverte qui promet d'avoir les plus belles conséquences si elle vient à se confirmer". Mais laissons-le la présenter :

PARASITE DANS LE GOITRE

Dans des recherches entreprises pour vérifier celles du Dr Amsler, lequel attribue le goitre à l'absence de chaux dans les eaux potables, le Dr Klebs, professeur de physiologie et directeur du laboratoire de microscopie de l'université de Prague, a fait une découverte qui promet d'avoir les plus belles et les plus importantes conséquences si elle vient à se confirmer.

Voici l'analyse que veut bien nous envoyer du travail de M. Klebs notre cher et distingué correspondant, M. Paraf-Javal, de Mulhouse :

Les infusoires seraient la cause du Goitre.
Sur le travail du Dr AMSLER
par E. Klebs à Prague (Bohême).

Le Dr Klebs constate que les recherches de M. Amsler confirment les siennes ; mais il voit que ses récents travaux n'étaient pas connus par le Dr Amsler.

Une analyse d'eaux dans un endroit crétinisé, en Bohême, montre l'absence presque complète de sels.

M. Klebs a examiné les eaux sous le point de vue des matières en suspension ; et en plusieurs endroits où ces maladies sont nombreu-

---

1 La découverte du microbe du venin de serpent a quelque chose de succulent quand on connait la conception très "poison" du virus que Pasteur présentait !

2 Moniez R., *Traité de parasitologie animale et végétale appliquée à la Médecine*, Paris, J-B Baillière, 1896, p. 395.

> *ses. Il a reconnu une grande quantité d'organismes qu'il classe dans le groupe des infusoires désignés sous le nom de «Flagellaten.»*
> *Il a cultivé à Prague de ces infusoires provenant de Salzbourg. Elles ont changé l'eau (très-saine) de la Moldau qui ne donne pas de goitre en eau donnant le goitre. Ces résultats obtenus dès l'année passée, ont été confirmés cette année sur des chiens qu'il a rendu goitreux. Cette année il a rendu l'eau de la Moldau goitreuse au moyen d'une source de Salzbourg autre que celle de l'année passée. Pour les détails de ces expériences. M. Klebs renvoye à la brochure publiée chez Dominicus à Prague (über die Ursachen des Cretininnus) : sur les causes du crétinisme.*
> *Il ajoute encore qu'il a trouvé les mêmes organismes dans des goitres aigus ? («accuten») qui selon les anciens médecins se seraient produits spontanément.*
> *Il attend un échantillon de l'eau du puits de Lenzburg pour en faire l'examen microscopique.*
> *Nous espérons pouvoir tenir nos lecteurs au courant des observations de M. Klebs.*

Le raisonnement est du même type que le précédent à ceci près que, cette fois, l'hypothèse d'une carence du milieu avait été émise. Dans une très longue et très documentée étude sur "La pathologie et la physiologie de la thyroïde" [1], Georges Canguilhem montre que le problème avait quasiment reçu sa solution scientifique après 1875. Il conclut, notamment, qu'il lui "reste peu à dire pour montrer comment après 1884, après les expériences de Schiff et de Horsley établissant l'existence d'une fonction endocrinienne de la thyroïde, la physiologie consolide l'autonomie des recherches relatives à cette glande" [2]. L'autonomie n'était pas complète puisqu'il suffit de l'arrivée de Klebs pour que le microbe entre dans le goitre ! Quel crédit accorder aux résultats ? Le Docteur Klebs, par ailleurs fort connu dans les milieux des naturalistes spécialistes des infusoires, a-t-il vraiment rendu goitreux des chiens en manipulant les eaux comme il l'indique ? La thérapeutique iodée du goitre est beaucoup plus ancienne mais la démonstration définitive du rôle des eaux pauvres en iode a été l'enjeu d'un fort débat dans la deuxième partie du XIXème siècle. Des prix étaient régulièrement lancés pour inciter les expérimentateurs.

---

1 Canguilhem Georges, "La pathologie et la Physiologie de la Thyroïde", in *Etudes d'histoire et de philosophie des Sciences*, Paris : Vrin, 1970, p. 274-294.

2 Ibidem, p. 293

VARIA

PRIX DE L'ACADEMIE DE MÉDECINE

Prix Saint-Lager. - Extrait de la lettre du fondateur : « Je propose à l'Académie de médecine une somme de 1,500 francs pour la fondation d'un prix de pareille somme, destiné à récompenser l'expérimentateur qui aura produit la tumeur thyroïdienne à la suite de l'administration aux animaux, de substances extraites des eaux ou des terrains des pays à endémie goitreuse.» - Le prix ne devra être donné que lorsque les expériences auront été répétées avec succès par la Commission académique... [1]

L'hypothèse microbienne ne s'essaie que contre une hypothèse en train de vaincre. Soit ! Mais que dire, alors, de cette communication parue dans les Comptes-Rendus de la Société Biologique de 1921 : "Un Schizotrypanum chez les chauves-souris en Basses-Alsace. Schizotrypanose et goitre endémique". Découvrant des trypanosomes chez les chauve-souris, les auteurs émettent l'hypothèse qu'étant donné "d'une part, l'action spécifique du Schizotrypanum cruzi sur la glande thyroïde, d'autre part l'existence probablement assez répandue de Trypanosomes, on ne peut négliger a priori l'idée que de tels parasites pourraient intervenir dans l'étiologie, encore si obscure du goitre endémique. Cette hypothèse, loin d'être en contradiction avec la localisation du goitre par foyers, l'expliquerait par la nécessité du concours simultané d'un animal réservoir où s'entretiendrait le virus, et d'un animal vecteur qui l'inoculerait à l'homme" [2]. L'hypothèse connaît quelque succès puisque plusieurs chercheurs de l'Institut Pasteur d'Alger se lancent dans cette direction et la travaillent !

En raison de l'hypothèse de E. Chatton et R. Courrier faisant du goitre endémique une schizotrypanose dont la chauve-souris serait le réservoir de virus. Edm et Et. Sergent examinent, en 1921 en Algérie, dans une plaine oranaise ou le goitre n'existe pas, des frottis d'organes de Punaises de Chauve-souris : Acanthia (Cimex) pipistrelli Yenins, 1839, et y trouvent des formes leishmaniennes et leptomonadiennes 1.039. Ils avaient décrit, en 1905, deux trypanosomes différents chez des chauve-souris d'Algérie : Trypanosoma vespertilionis, chez Vespertilio kuhli, et Trypanosoma nicolleorum chez Vespertilio kuhli et chez Myotis murinus 1.524.

L'hypothèse a été émise qu'en Afrique Centrale un Insecte

---

1 *Le Concours Médical*, 14 Juillet 1884. Saint-Lager avait fait de nombreux travaux dans l'analyse minérale des eaux d'Auvergne.

2 Chatton et Courrier, article cité, in *C-R Soc. Bio.*, Paris : 1921, p. 946, Séance du 13 Mai.

piqueur de la famille des Réduvides. Aconthaspis sulcipes Fabr. pouvait propager le goitre. Mais cet Insecte n'existe pas en Algérie. Il ne semble donc pas qu'il y ait dans ce pays une relation entre l'existence de Rhynchotes suceurs de sang humain, d'une part, et celle de l'endémie goitreuse d'autre part (E. de Bergevin et Et. Sergent) [1].

Ce ne sont évidemment pas les qualités de chercheur d'Edmond Sergent qui sont en cause [2] mais le problème de l'étendue de la conviction de l'hypothèse "iode". Sergent, spécialiste pastorien, fut, sans doute, dur à convaincre !

Cette dérive n'est pas spécifique des années 1920 : dans un livre fort documenté sur les Rickettsies, Jean-Marie Seigneurin estime, en 1968, que "s'il ne faut pas voir des rickettsies partout, pourtant, plus nous en chercherons, plus nous en trouverons. Les Rickettsies existent depuis toujours au sein de la pathologie, mais les manifestations cliniques qu'elles provoquent deviennent d'autant plus fréquentes que nous savons mieux chercher ces micro-organismes" [3].

Les dérives ne sont pas uniquement dues à un excès de précipitation. Adrien Loir, neveu et préparateur de Pasteur raconte que ce dernier, "au moment où il s'occupait de ce qu'il appelait la théorie des germes de l'atmosphère", "faisait mettre à tous les membres de sa famille" un mouchoir "devant la bouche" lorsqu'il passaient devant l'hôpital Laënnec. Il raconte aussi qu'il lui arrivait " de faire un écart ....pour éviter de recevoir la poussière du torchon qu'une ménagère secouait à la fenêtre d'un étage" ! Enfin, nous apprenons que Pasteur avait "la poignée de main avare" :

Pasteur avait la phobie de la poignée de main, et c'est probablement ce qui le faisait trouver hautain. Il ne tendait jamais la main. Lorsque par hasard il avait reçu la visite d'un étranger au laboratoire, particulièrement quand c'était un médecin. S'il n'avait pu se soustraire à ce geste consacré de politesse, il me faisait un léger signe que je connaissais bien, en me désignant de la tête le lavabo dont j'allais ouvrir le robinet, le pédalier n'ayant pas encore été inventé. Il était, pour agir lui-même, gêné par sa main gauche

---

1 Sergent, Edmont, *Les travaux scientifiques de l'institut Pasteur en Algérie*, Paris : Puf, 1964, p. 279.

2 Notamment sur les Leishmanioses.

3 Seigneurin Jean-Marie, *Du Typhus aux Rickettsioses*, Grenoble : Imp. Allier, 1968, p. 120 Seigneurin s'appuie sur des réactions immunologiques pour les définir et non plus sur la simple observation, bien évidemment. Chacun son mythe !

> *paralysée, qui restait toujours contre son pectoral. Il prenait le savon de sa main droite qu'il lavait et séchai avec une feuille de papier du tiroir, après avoir remis en place le savon propre et net. Il était du reste très adroit de cette main.*

Loir répétait ce lavage des mains constamment chez lui, si bien que sa mère, en le voyant faire "cette opération", lui disait que c'était "une forme de neurasthénie" [1]. La maladie reste très unilatérale dans le cerveau de Pasteur : le microbe supplante le terrain. Nous avons ici une dérive très psychologisante de cette impossibilité de penser la maladie comme résultante d'un couple [2]. Reste à poser la question des remodelages progressifs de ce microbe, vu ou non, prouvé ou non, mais qui, en tout cas, fonctionne, pendant cette période comme un véritable dogme.

Et remodelages ...

Les affinages de la Microbiologie - quatre principalement - s'inscrivent, en partie, dans les dysfonctionnements précédents. Ils présentent trois caractéristiques essentielles : ils transforment la relation mécanique (mécaniste ?) en une relation beaucoup plus complexe ; la solution (peut-on parler de définitive ?) proviendra de chercheurs extérieurs aux débats, extérieurs dans l'espace et le temps, extérieurs au niveau conceptuel aussi puisqu'il sera désormais peu question de l'apparence physique du microbe ; enfin, si la solution est tardive, les problèmes avaient été soulevés bien avant mais n'avaient pas été de grande valeur pour l'ouverture de nouvelles pistes. Tout se passe comme si, pendant les temps héroïques de la Microbiologie, les chercheurs avaient présenté une cécité absolue en restreignant leur champ de vision au microbe-objet physique, presque palpable. Il semble que nous puissions dire que le microbe ait bien été, pendant ces chauds moments, un *dogme*. Dans cette perspective, l'invention du mot, on le comprend, a joué un rôle éminent. Compte tenu des arguments proposés par les opposants à

---

1 L'ensemble provient de "*A l'ombre de Pasteur*", op. cit., p. 140-141. Dans le numéro de Février 1874 du Vulgarisateur Universel, on peut lire : "M. Pasteur, l'ennemi de la Génération spontanée, croit tellement à l'existence permanente de germes dans l'atmosphère que bientôt il ne mangera plus sans avoir fait flamber ses aliments et ne respirera plus sans avoir devant la bouche et le nez un appareil capable de détruire des fameux germes". C'est presque ce qu'il fit !

2 Les hygiénistes, tenants du terrain, développaient l'obsession contraire. Kruif (Chasseurs de microbes, Bruxelles : Ed. de la Paix 1948, p. 159) raconte qu'un hygiéniste allemand, voulant s'opposer à Koch, but un bouillon de bacilles du choléra, en pleine seance de l'académie de Munich ! Hélas, il ne contracta pas le choléra !

la théorie microbienne, *ce dogmatisme apparaît probablement comme une étape assez nécessaire.*

Le chroniqueur de la Revue Scientifique intitule son texte, à la suite d'une communication d'Emile Duclaux à l'Académie des Sciences, *"Les Microbes bienfaisants"* [1] : "Voilà deux mots, dit-il qui assurément jurent d'être accouplés : le microbe n'est donc pas l'être haïssable et malfaisant qui décime notre pauvre humanité... Malgré l'existence de certains de ces êtres moins barbares, indifférents, nous avons toujours attaché à la qualité de microbe, qu'il s'appelle chaînette ou virgule, la notion d'un ennemi qu'il faut absolument écraser si nous ne voulons pas être détruits par lui. Nous avions le microbe malfaisant ; nous avions le microbe indifférent, nous avions le microbe bienfaisant, voici à son tour le microbe nécessaire : Mr Duclaux l'a présenté hier. Il a fait voir que cet associé minuscule est indispensable aux plantes : une graine de pois sur un sol stérile ne germera pas". Bonjour les bactéries symbiotiques, au revoir Liebig ! Le microbe devient un être dialectique à la suite d'une histoire elle-même dialectique. Pour reprendre et dépasser Liebig ; le microbe a dû passer par une phase de négativité absolue. Pour se rendre compte de sa positivité, il fallait apprendre à l'éliminer et, pour l'éliminer, il fallait se rendre compte de sa négativité, car déjà, Duclaux ne travaille plus sur la bactérie : il stérilise et déduit la présence de la bactérie. Les possibilités de transfert direct du ferment butyrique aux bactéries nécessaires dans la vie des plantes, sans passer par l'étape Davaine, ne semblent pas avoir été bien grandes pour une deuxième raison : les biochimistes en herbe n'avaient aucun intérêt, aucun motif, pour travailler avec le microscope, alors que les médecins, à la suite des recherches sur les tissus, l'avaient, péniblement, introduit dans leur pratique, sinon quotidienne, du moins courante.

L'histoire de la compréhension de la diphtérie s'incrit en lignes grasses dans l'apparition des remodelages. Loeffler, élève de Koch, observe le bacille qui portera son nom en 1884 ; il ne le trouve pas partout dans l'économie des diphtériques : il en déduit que c'est sa technique qui est en cause dans cette non-observation générale [2].

---

1 Loye Paul, "Les Microbes Bienfaisants", in *La Revue Scientifique*, 14 Février 1885, Paris : 1885 , p. 215-216. Les premiers microbes bienfaisants sur lesquels ont porté les recherches sont les ferments de la nitrification (Schloesing et Muntz, "Recherches sur la Nitrification par le ferments organisés" in *C-R Ac. des Sciences*, Séance du 8 Avril 1878).

2 Cité par Robert Debré, "Diphtérie", in : *Destin des Maladies Infectieuses*, Ouvrage de Charles Nicolle, Paris : Alcan, 1933, p. 311. Comme beaucoup du même type, le travail de Debré est passionnant.

En 1888, Emile Roux annonce la découverte, dans les filtrats de culture, de la *toxine* diphtérique. Derrière cette apparente simplicité des faits bruts, se cache une réalité théorique autrement complexe. En effet, dès 1878, Toussaint [1], voulant établir des preuves irréfutables de "la nature parasitaire du charbon" se lance dans une série d'expérimentation : il croit d'abord utile d'appeler l'attention sur des manipulations sur les bactéridies, mais, ensuite, il estime que décrire "la progression géométrique de la bactéridie qui oblitère les vaisseaux" ne suffit pas à expliquer toutes les lésions, ainsi que le pensait Davaine [2], et émet l'hypothèse de "l'existence d'une matière éminemment phlogogène qui accompagne les bactéridies". Il propose alors "pour faire exactement la part des bactéridies et leurs excreta" de filtrer le sang charbonneux et d'injecter le produit de la filtration. Il donne ses résultats quinze jours plus tard.

Il n'obtient qu'une inflammation légère mais il l'obtient néanmoins, et il explique le caractère local de l'inflammation par le fait que les bactéries n'ont pas eu le temps de se multiplier et de produire une certaine quantité de matière phlogogène. Toussaint, convaincu, acceptant la théorie microbienne, serait-il allé plus loin ? Le concept de toxine qui commence à poindre va se heurter à deux obstacles, un d'ordre épistémologique et un d'ordre polémique. Deux pastoriens - Cornil et Babes - estiment, en 1885, que "bien des chaînons manquent encore" et que " la science est loin d'être avancée sur le sujet des modifications et des nouvelles substances qui prennent naissance lorsque le microorganisme est introduit dans le sang". Plus précisément, ils rappellent que, lorsqu'une poule est inoculée du choléra des poules, tout se passe "comme si elle était empoisonnée par un alcaloïde de l'opium" [3]. Le "comme si" analogique n'est pas une catastrophe en soi : associé à une bonne étude des symptômes inflammatoires, comme la fit Toussaint, il n'est pas incompatible avec le concept de toxine, sauf du point de vue de sa

---

1 Toussaint, "Preuves de la Nature Parasitaire du Charbon", in *C-R Ac. des Sciences*, Paris : 1878, Séance du 18 Mars 1878 (la même séance que celle où Sédillot propose le nom "microbe"!) et Séance du 1er Avril 1878. Toussaint était sur la piste de la vaccination charbonneuse ; sa vie eut deux inconvénients : il était toulousain - trop loin des débats parisiens - et vétérinaire.

2 Voir p. 172, note 1.

3 Cornil A-V., et Babes V., *Les bactéries et leur rôle dans l'anatomie et l'histologie pathologiques des maladies infectieuses*, Paris : Alcan, 1885, p.7. Le titre révèle aussi un point de vue assez différent, beaucoup plus proche du discours médical.

détermination chimique et de la future immunologie [1]. Cependant, ce "comme si" est porteur d'une polémique que l'on comprend facilement en suivant le raisonnement d'un violent anti-pastorien, le Docteur Peter [2] : "des expériences rigoureuses et des analyses certaines nous ont appris que, dans les tissus en décomposition du cadavre, se forment des alcaloïdes (les ptomaïnes), que dans les tissus de l'organisme vivant se forment aussi des alcaloïdes (les leucomaïnes) sous l'influence même des actes vitaux, que les alcaloïdes sont toxiques et peuvent, notamment, provoquer des accidents morbides accompagnés d'un abaissement de température". Le Docteur Peter conclut son harangue par ceci : "Nous voilà donc débarassés des microbes et de leur fantasmagorie. Ces effets morbides viennent manifestement de la cellule agissante et vivante : le microbe n'a plus rien à voir ; c'est l'acte de vie qui détermine la fermentation bactérienne. L'urée n'est-elle pas un alcali fabriqué par nos organes ? Pourquoi ne fabriqueraient-ils pas des alcaloïdes ? Il est étonnant qu'on ne l'ait pas compris plus tôt". D'analogie en analogie, Peter arrive à un point insupportable à Pasteur: "la maladie est en nous et par nous " !

En effet, la découverte d'une substance phlogogène relance le débat sur la spontanéité possible des maladies : si l'on est spontanéiste, alors on l'interprétera comme provenant de l'organisme - ce que fait Peter - ; si l'on est antispontanéiste et pour le microbe, on l'interprétera comme provenant du microbe - ce que fait Toussaint. Les deux credos sont liés et la même observation, par un jeu subtil d'analogies et de déplacements, peut être tirée dans les deux directions. Pasteur, quant à lui, dans le feu de l'action, n'arrive pas à se débloquer et, au lieu de s'appuyer sur un Toussaint, il ne peut que nier ou occulter ce type de recherches. Le 30 Avril 1878 [3], il annonce qu'il a filtré les liquides des cultures chargées de bactéries charbonneuses et que l'inoculation d'une goutte de liquide non filtré amène rapidement la mort alors que 80 gouttes du liquide filtré est absolument sans effet. Il est probable que, n'étant pas médecin, il ne scrute

1 Roux montrera le caractère thermolabile (donc plutôt protéique) des toxines. Le concept de toxine protéique est nécessaire à la compréhension de l'immunologie. L'explication de la sérothérapie sera, comme dans le cas de la vaccination de Pasteur, une fausse explication puisque cela sera d'abord une antitoxine qui entre en compétition avec la toxine et non une réaction du sujet : vaccination et sérothérapie ne postulent pas les mêmes rapports entre les deux sujets biologiques avant la montée de l'immunologie. Il y a, là, une entière rupture conceptuelle.

2 Peter, "Revues des Sociétés Savantes", in *Journal de Médecine de Paris,* 7 Février 1886. Hygiéniste antipastorien, il alla jusqu'à s'inoculer des membranes pour prouver que le terrain était la source de la diphtérie. Il ne fut pas malade, ne sachant pas qu'il pouvait exister des porteurs sains ! (cité par Debré, op. cit., p. 311).

3 Pasteur et Joubert, "Etude sur les Maladies charbonneuses", in *C-R Ac. des Sciences,* Séance du 30 Avril 1878, p. 905. La note de Pasteur est du même mois que la note de Toussaint !

pas les inflammations comme Toussaint et se contente de la mort - si l'on peut dire ! — comme signe de la réussite de son inoculation. Mais il est probable également qu'il sait quel argument de force cela peut donner au camp adverse [1], et Pasteur d'ajouter, comme d'habitude : "sans aucun doute, si cette expérience si simple et si probante n'a jamais été faite, c'est que la filtration est une opération des plus délicates. Les moyens ordinaires sont tout à fait inefficaces ; il s'agit de filtrer des liquides tenant en suspension des germes dont les plus petits n'ont pas plus d'un millième de millimètre de diamètre. Après bien des essais infructueux, nous y sommes arrivés avec une perfection qui ne laisse rien à désirer". Pasteur a tort puisque l'on sait que, dans le cas du charbon, le microbe n'est que partiellement responsable des dégâts et qu'il y a bien une toxine ; comme le faisait Toussaint, il ne fallait se fonder ni sur un "tout ou rien" ni sur un "la vie ou la mort", mais sur les différents symptômes. La "perfection" de sa technique cache mal la cécité et la crainte de Pasteur. Celui qui débloque la situation, est Emile Roux, un peu plus tard et sur une maladie sur laquelle Pasteur a peu travaillé : la diphtérie, dans laquelle, comme dans le tétanos et le botulisme, la toxine est la seule responsable des dommages causés à l'organisme, assurant ainsi une sorte de séparation naturelle des données, une netteté de traitement expérimental qui ne doivent rien à l'expérimentateur [2].

"La dernière épidémie de fièvre jaune au Sénégal en Avril 1900, a de nouveau attiré l'attention sur cette maladie... Quelques mois plus tard, en Février 1901, La Commission Militaire Américaine de la Havane faisait connaître que le virus amaril existe dans le sang des malades et qu'il est transmis à l'homme sain par l'intermédiaire d'un moustique particulier" [3]. Koch avait démontré que le charbon possédait un germe, une sporule : il annulait les efforts des spontanéistes qui auraient voulu que le microbe du charbon naisse à

---

1 Pasteur répond, ici, à Paul Bert qui prétend avoir réussi à tuer du charbon en ayant inoculé un sang charbonneux passé à l'oxygène comprimé qui aurait tué toutes les bactéries, ce qui prouve, selon Paul Bert, que les bactéridies ne sont pas nécessaires.

2 Pasteur ne s'est pas attaqué, personnellement, à beaucoup de maladies humaines.

3 *La fièvre jaune*, Rapport de la Mission Française : Imp. Nat., 1904, p. 1. La technique de présentation est maintenant bien installé : on commence par l'historique de la question. Dans cet historique, on apprend que "c'est Finlay qui pour la première fois émit l'hypothèse que le moustique était l'agent de transport de la maladie, mais qu'il faut arriver jusqu'au mémoire publié en 1901 par la commission américaine de Cuba pour avoir des données étiologiques précises" (ibidem, p. 3). Nous retrouvons la différence qui existe entre une hypothèse émise et une hypothèse qui prend. Finlay est souvent cité. Le rapport de cette commission le remet, sans doute, à sa juste place dans le cadre d'une véritable sociologie de la Science.

l'intérieur de l'économie. En cela, il retrouvait la démarche des naturalistes recherchant les oeufs des animalcules : il vitalisait le microbe, démarche nécessaire mais insuffisante ! Le microbe peut, tout comme les helminthes, présenter un cycle de vie complexe : il peut séjourner dans des réservoirs, il peut être porté par des vecteurs. Fini, le temps des miasmes !

Les arguments cités par les auteurs de la Commission, arguments provenant de travaux américains sont nets : "nous savons que le virus circulait dans le sang, qu'il est prouvé que le germe de la maladie, impossible à trouver par examen direct aussi bien dans le sang des malades que dans l'organisme des moustiques infectés, traverse la bougie Berkefeld et que des expériences faites avec du sérum virulent prouve que le microbe de la fièvre jaune doit appartenir à cette catégorie de germes invisibles dont on connait maintenant un certain nombre" [1]. Il était temps, car voilà un discours que n'aurait pas renié Raspail avec ses amis acares ! Le dogme est passé par là et l'invisibilité ne fait plus problème alors que 15 ans auparavant, on aurait pu encore crier au scandale [2]. Ce sur-vitalisme du microbe fut la restructuration la plus pénible, voire la plus tardive : aucune trace d'hypothèses de ce genre avant Finlay. Raspail et ses acares qu'il cherchait à placer partout, mais aussi l'air et les miasmes furent trop prégnants dans les recherches. Il fallait un regard neuf : ce fut le regard américain. Certes, ils avaient l'avantage d'être aux premières loges en ce qui concerne la fièvre jaune - mais le paludisme était une maladie européenne très développée. Une expérimentation complète fut menée pendant plusieurs années par Théobald Smith [3], complète car portant aussi bien sur le microbe que sur le vecteur [4], aux alentours de 1890. Important l'idée microbienne aux Etats-Unis, il importa aussi les techniques de cultures des microbes mais, échelle oblige, il se livra à une

---

1 Ibidem, p. 3. "Un chauffage de 10 minutes à 55° suffit à rendre inoffensif 1,5 cm^3 de sang virulent", telle est la seule justification de la vie du microbe.

2 Rappelons les deux "erreurs" de Raspail : le virus est chimique et les symptômes (les pustules des maladies à éruption) sont signes que l'on a fait pénétré quelque chose - la pustule provient de l'extérieur et non de l'intérieur -, "on" étant les acares.

3 Smith Theobald, "Investigations into the Nature, Causation and Prevention of Texas cattle-fever in *Bulletin n° 1*, Bureau of Animal Industry, Washington : US Départementof Agriculture, 1893.

4 Deux remarques : le vecteur de la fièvre du Texas est... un tique (un acarien !) mais Raspail et tous ceux que Smith cite comme ayant émis l'hypothèse des tiques, notamment des paysans américains, n'associent pas moustique et microbe, ou tique et microbe : les moustiques et tiques ne sont pas tout à fait des vecteurs et le microbe pas tout à fait doué d'un cycle de vie.

expérimentation en grand comme le montre le plan de la ferme où, déplaçant bestiaux et tiques, il peaufinait ses affirmations.

Le Dictionnaire Universel des Sciences des Lettres et des Arts [1] donne sa définition de microbe puis la complète par quelques remarques :

> *Les microbes se trouvent partout. On peut s'étonner que l'organisme ne soit pas infecté plus souvent. Il ne suffit pas qu'il y ait pénétration de microbes, il faut encore :*
> *1° que le terrain soit favorable : les climats, la saison le sexe... sont autant de facteur de réceptivité ; les mauvaises conditions hygiéniques, l'encombrement, le surmenage [2] agissent dans le même sens en préparant le terrain à l'infection,*
> *2° il faut en outre que les germes soient en quantité suffisante,*
> *3° La virulence plus ou moins exaltée doit être prise en considération,*
> *4° La porte d'entrée doit être favorable.*

Le compromis historique entre le terrain et le microbe est réalisé : dans ces conditions, et seulement dans celles-là, une nouvelle vision de la maladie peut se réaliser et, surtout, l'immunologie peut frapper à la porte. Pourtant, et c'est là, probablement, la plus grande expression du dogme, Pasteur et d'autres lâcheront difficilement du lest - sans doute par peur de retomber dans les anciennes errances - contre vents et marées, contre les arguments les plus forts des adversaires. Par deux fois, la porte du terrain a été entr'ouverte pour Pasteur, par deux fois elle s'est refermée bien vite : la première fois, à propos de poules réfractaires au charbon, la deuxième à propos de la rage. Voyons le premier exemple : Amédé Latour, le plus célèbre des chroniqueurs médicaux de l'époque, raconte un incident survenu à l'Académie de Médecine entre Pasteur et Colin [3] :

> *M. Pasteur venait de lire à la tribune de l'Académie un travail dans lequel il avait affirmé, après M. Davaine, que les oiseaux en général, et les poules en particulier, étaient réfractaire à l'inocalution du virus charbonneux ; après la séance, M. Colin, s'approchant de M. Pasteur, lui déclara qu'il se faisait fort de lui apporter une poule morte du charbon. M. Pasteur attendit longtemps cette*

---

1 Op. cit.

2 Le mot "diathèse" est même employé, mot que Grancher, en 1885, critiquera violemment, comme appartenant à un langage incompréhensible, sinon délirant (*Leçon inaugurale*..., op. cit., p. 10-11-12).

3 La verve de Latour était étonnante. Il était médecin et rédacteur en chef de "*L'Union Médicale*". Les extraits proviennent du numéro du jeudi 16 Mai 1878 et du numéro du 11 Juillet 1878.

poule charbonneuse promise par M. Colin, et celui-ci finit par lui avouer qu'il n'avait pu réussir à inoculer le charbon aux poules. «Eh bien ! s'écria M. Pasteur, c'est moi qui vous apporterai la poule que vous m'avez promise, et qui vous prouverai que l'on peut inoculer aux poules le virus charbonneux». Et, en effet, quelque temps après, M. Pasteur déposait sur la tribune de l'Académie, deux poules, une blanche et une grise, auxquelles il était parvenu à inoculer le charbon en abaissant de plusieurs dégrés la température générale, au moyen d'une immersion prolongée dans l'eau froide. M. Pasteur concluait de cette expérience que la raison qui rend certains animaux réfractaires à l'inoculation charbonneuse est la haute température de leur sang, et que l'on pourrait peut-être trouver, dans l'élévation artificielle de la température générale, un moyen efficace de traitement de l'affection charbonneuse chez l'homme. Le point très-intéressant de cette communication est celui dans lequel M. Pasteur a fait connaître qu'après avoir donné le charbon aux poules en les refroidissant, il les guérissait en les réchauffant. Le récit de ces expériences est très-saisissant.

Combien il eût été désirable que M. Pasteur en fût resté la !

On se souvient que, dans une séance précédente, M. Colin avait communiqué une note dans laquelle il exposait le résultat négatif des expériences qu'il avait entreprise pour inoculer le charbon aux poules, en les soumettant, ainsi que M. Pasteur, au refroidissement. C'est de ces expériences de M. Colin que M. Pasteur a présenté une critique très-vive, en attribuant à un travers d'esprit une tendance malheureuse de son collège à critiquer et à infirmer tout ce qui n'émane pas de lui.

Blessé et irrité à son tour, M. Colin a répondu avec vivacité, et un dialogue qui ne rappelait en rien le fameux duo des Huguenots, a véritablement affligé l'assistance.

Pasteur, l'homme du microbe apporte la preuve à Colin qu'une modification du terrain peut être suffisante pour que la maladie se déclenche. Colin, l'hygiéniste, le spontanéiste aussi [1], ne saute pas sur l'occasion pour rétorquer qu'il y a, là, une preuve de la possibilité de génération spontanée de la maladie - ce que Pasteur, d'une façon, craignait puisque Latour signale qu'il attendait que Colin lui présente la poule en question -. Colin se bat sur le terrain de Pasteur : les manipulations au laboratoire ; il perd ! Pasteur ne tire pas les conséquences théoriques de son acte : il continue ses recherches

---

1 Amédé Latour, dans le numéro du 7 Mars 1878, décrit l'enjeu de la discussion entre Pasteur et Colin : "il s'agit de la genèse du charbon, et incidemment, si M. Colin a bien vu ce qu'il croit avoir vu, de la génération spontanée des bactéridies".

sur l'état de virulence qui vont l'amener à la *vaccination* charbonneuse [1].

Le deuxième exemple est, précisément, sur les *vaccinations* contre la rage de l'année 1886. Deux points de statistique sont de notoriété publique : la rage fit, bon an, mal an, une quinzaine de victimes annuellement et, lorsque l'on est mordu par un chien enragé, la probabilité pour contracter la rage n'est pas de 100 %. Pasteur, "d'après la récente circulaire adressée au Figaro", annonce que le nombre des enragés guéris pendant trois mois s'est élevé à 850" [2]. Le Docteur Lutaud, habile contradicteur, fait remarquer que cela ferait près de 4000 cas pendant l'année et conclut que "l'on serait tenté de croire que les gens deviennent enragés à plaisir depuis qu'on leur offre la certitude de guérison". La déviation de langage de Pasteur est-elle volontaire ? Il ne pouvait évidemment pas ignorer ce point, lui qui se livrait à des historiques complets des questions dont il s'occupait . Il avait besoin de convaincre, et, dans ce cas, tous les moyens sont bons [3]. Il avait aussi devant lui, une nouvelle fois, la porte du terrain : la rage ne frappe pas à tous les coups. La porte était blindée par l'envie de convaincre [4]. Ne fallait-il pas qu'elle soit blindée dans les premiers temps pour s'entrebailler progressivement quand les détracteurs les plus virulents, les hygiénistes stricts, se seront retirés ? Et, pendant ce temps, Pasteur refermait aussi la porte sur lui-même : il se lavait les mains après chaque poignée de mains !

Nous nous interrogions, en introduction, sur la signification que l'on pouvait accorder à une question du type "Qui a découvert les microbes ?". Les réponses deviennent tellement multiples que la question en perd son sens : est-ce celui qui, pour la première fois, a

---

1 Les guillemets s'imposent : ceci n'est pas une vaccination interprétée comme en 1986.

2 Docteur Lutaud, "Questions à Mr. Pasteur", in : *Journal de Médecine de Paris*, 2 Mai 1886.

3 Voir Paul Feyerabend, *Contre la Méthode, Esquisse d'une théorie anarchiste de la connaissance*, Paris : Seuil, 1979, Collection Science Ouverte, p. 152- 156.

4 L'envie ou la nécessité ? L'ennui, c'est qu'à partir de là, tout l'effet-point sur les microbes s'est construit, entrainant, dans sa suite, l'effet-Pasteur.
Un médecin de terrain, le Docteur Declat, pastorien, commente la découverte du bacille de la tuberculose en ces termes : "il faut considérer dans la tuberculose un autre facteur que le bacille. L'air, dans la plupart des villes, contient en effet, un grand nombre de microbes et pourtant tous les habitants de ces villes ne sont pas tuberculeux" in *La Médecine des Ferments*, Décembre 1884.

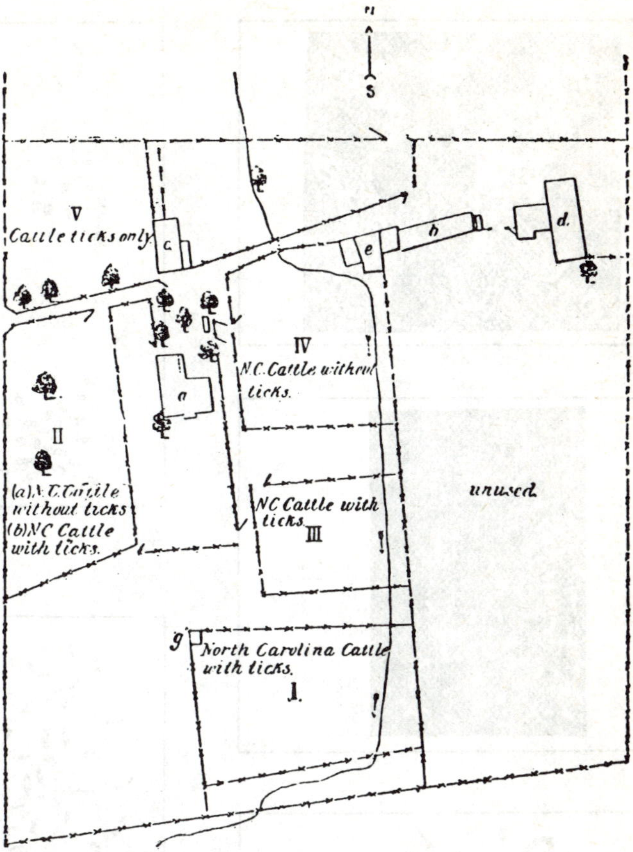

Fig. 46 : *Enclos où Smith expérimenta son hypothèse "tique".*
Smith précise : "le sol est sec, d'une terre grasse et graveleuse, une petite rivière traverse les champs, à partir de laquelle le bétail peut puiser son eau de boisson. Les tiques sont enlevés à la main". Smith n'émet pas l'hypothèse que la transmission puisse se faire par... l'eau de la rivière! Smith précise aussi : "l'hypothèse du passage du parasite par le sang du bovin est contredite par le fait que les jeunes tiques sont capables de donner l'infection. Peut-être, les jeunes tiques s'infectent-ils alors qu'ils éclosent près du corps mort de la femelle. Peut-être, le parasite réside-t-il dans les glandes des tiques ? Il faut ajouter que le contenant des corps de tiques a été examiné au microscope avec beaucoup de soin. La recherche est obscurcie par les nombreuses particules résultant de l'ingestion de sang et qui sont brisées. La taille extrêmement petite des microorganismes rend leur identification presque impossible" (ibidem, p. 117 - 118, trd. auteur). Même discours sur la non-visibilité qui ne remet pas en cause l'hypothèse - Le microbe a été cependant trouvé dans le bétail - : le dogme a passé l'Atlantique.

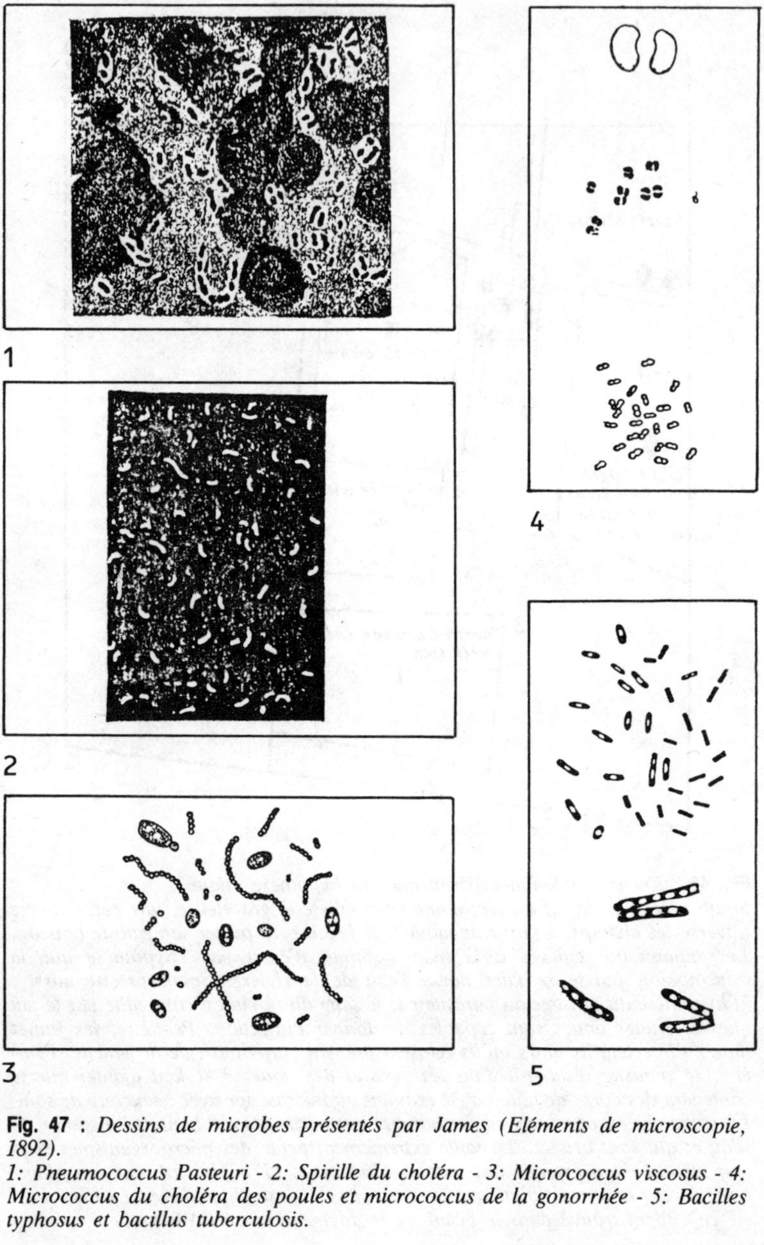

Fig. 47 : *Dessins de microbes présentés par James (Eléments de microscopie, 1892).*
1: Pneumococcus Pasteuri - 2: Spirille du choléra - 3: Micrococcus viscosus - 4: Micrococcus du choléra des poules et micrococcus de la gonorrhée - 5: Bacilles typhosus et bacillus tuberculosis.

décrit un microbe, et encore quel microbe : un infusoire, une bactérie, un virus ? Est-ce celui qui a inventé, construit le nom ? Est-ce celui qui a postulé leur rôle pathogène *sans* les voir ? Est-ce celui qui a analysé un de leurs rôles, aussi spécifique soit-il (la levure) ? Est-ce celui qui a imaginé leur rôle pathogène en le (re-)voyant ? Est-ce celui qui en a fait des cultures ? Est-ce celui qui les a mal cultivés, qui en a vus partout ? Est-ce celui qui a dit qu'il ne fallait pas les voir ? Cette difficulté n'est en fait révélatrice que d'une seule chose : un concept se construit lentement, il ne sort pas du chapeau, de la boîte de Pétri, du bouillon de culture, d'un seul cerveau : c'est une véritable aventure avec des rebondissements et des anticipations parfois surprenantes, avec des reculs et des lenteurs souvent incompréhensibles pour qui veut conclure un peu vite.

Et justement, allons lentement ! En cheminant pas à pas, cela est sûr, avec beaucoup de peine, nous avons... découvert ce laboratoire épistémologique que nous évoquions : généralisation hâtive, accrochage à la vision, obstacle de la vision, difficultés techniques, faits mobilisables par tous et dans toutes les directions, interprétations mécaniste et vitaliste du monde vivant, positions idéologiques, nationalistes, rôle des débats, de l'argumentation et même des médias ! Et si toute théorie ne se construisait *que* dans cette complexité ? Et si déplacements, analogies plus ou moins bien maîtrisées, conceptions préalables du monde, obstacles en tous genres, argumentation, conviction, constituaient le cocktail de la quotidienneté scientifique ?

L'histoire de la compréhension des infiniment petits nous a montré combien il était impossible de la réduire à une simple accumulation d'observations ou d'expériences.

La technique de réduction consiste en un gommage méticuleux de tout ce qui pourrait porter atteinte à cette situation complexe, gommage qui s'insinue jusque dans les sens des mots ou dans la transformation des communications des auteurs dont on retire, comme à plaisir, toutes les interprétations qui dérangeraient l'agencement progressif du mur de la connaissance. Une autre forme de gommage conduit à une interprétation en termes de science normale et de situations révolutionnaires : si la conception microbienne est, réellement, un changement important dans la vision du monde, la révolution est plus dans l'ampleur qu'a pris le mouvement par une socialisation complète du savoir pendant quelques dizaines d'années que dans l'apparition d'un nouveau savoir lui-même, elle est plus dans le caractère dogmatique que ce nouveau savoir a présenté que dans ses éventuelles qualités scientifiques.
Enfin, sans doute très spécifique de cette histoire, le jeu tortueux des scientifiques et du Verbe n'en finit pas de tendre ses pièges à toutes les phases de l'opération : avant, pendant et après, quand il s'agit

d'en rendre compte et que la tentation est toujours grande de se servir du bloc de caoutchouc. Ne mettez surtout pas la gomme : attention, microbes, ralentir : travaux !

Fig. 48 : *Le vrai Joseph Meister (Archives Musée Pasteur).*

Quelques références

Auzias-Turenne, (1812-1870) - *Œuvres complètes,* avec pièces annexes : *Syphilisation, 1878.*

Balbiani, (1825-1899) - *Recherches sur les phénomènes sexuels des infusoires, 1861.*

- *Leçons sur les sporozoaires, 1884.*

Bory De Saint Vincent, Jean-Baptiste, (1778-1840) - *Essai sur les Microscopiques,* 1826.

Différents articles dans *l'Encyclopédie Méthodique,* 1824.

Broussais, François, (1772-1838) — *Traité de l'irritation et de la Folie,* 1839.

Davaine Casimir, (1812-1882) — *Recherches sur la génération des huîtres, 1853.*

Mémoires sur les anomalies de l'œuf, 1861.

Recherches sur le traitement des maladies charbonneuses de l'Homme, 1880.

Différents articles du Dictionnaire Encyclopédique des Sciences Médicales (Masson).

Dujardin Félix, (1801-1860) — *Histoire Naturelle des Zoophytes Infusoires, 1841.*

Nouveau Manuel Complet de l'Observateur au Microscope, 1843.

Ehrenberg, (1795-1876) — *Classification des Infusoires, 1838.*

Goiffon Jean-Baptiste, (1658-1730) — *Réponse sur la Nature, les événements et le traitement de la peste de Marseille, 1721.*

Relation et dissertation sur la peste de Gévaudan, 1722.

Kircher Athanase, (1602-1680) : *Mundus Subterraneus, 1665.*

Scrutinium physico-médicum... pestis, 1669.

Laveran Alphonse, (1845-1922) — *Les trypanosomes et les trypanosomiases, 1904.*

Traité d'hygiène militaire, 1896.

Traité des fièvres palustres, 1884.

Ledermuller, (1719-1769) — *Amusements Microscopiques, 1760-1764.*

Essai d'une méthode d'employer les instruments microscopiques avec utilité et plaisir dans la saison de printemps, 1764.

Leeuwenhoek Anton von, (1632-1723) — *Lettres, 1676-1720.*

Opera omnia (œuvres complètes en latin), 1722.

Liebig Justus, (1803-1873) — *Traité de Chimie Organique, 1840-1843.*

Le développement des Idées en Sciences Naturelles, 1867.

Chimie appliquée à la physiologie végétale, 1854.

Muller Otto-Fredrishc, (1730-1784) — *Animalcula infusoria fluviatilia et marina, 1786.*

Nicolle Charles, (1866-1936) — *Naissance, vie et mort des maladies infectieuses, 1930.*

Le destin des maladies infectieuses.

Ozanam J-A-F, (1772-1836) — *Histoire générale et particulière des maladies épidémiques contagieuses et épizootiques, 1817-1823.*

Pasteur Louis, (1822-1895) — *Œuvres complètes.*

Pestalozzi Jérome-Jean, (1674-1742) — *Avis de précaution contre la maladie contagieuse de Marseille, 1721.*

Dissertation sur la cause et la nature de la Peste, 1722.

Pouchet Félix-Archimède, (1800-1872) — *Hétérogénéité ou traité de la Génération Spontanée, 1859.*

Recherches sur les organes de la circulation, de la digestion et de la respiration des animaux infusoires, 1849.

Rasori Jean, (1767-1837) — *Opuscule de Médecine Clinique, 1830.*

Raspail François-Vincent, (1794-1878) — *Théorie de la phlogose ou inflammation, 1839.*

Ricord Philippe, (1800-1889) — *Traité des maladies vénériennes, 1838.*

Sédillot Joseph, (1745-1825) — *Journal général de médecine.*
Van Beneden Pierre-Joseph, (1809-1894) — *Les commensaux et les parasites dans le règne animal, 1875.*
Velpeau Alfred, (1795-1867) — *Nouveaux éléments de Médecine Opératoire, 1830.*

3

Un succès récent
Histoire du concept d'écosystème

La vague de l'écologisme

Le terme écosystème est aujourd'hui couramment employé dans les textes d'écologie ou de biogéographie, dans les manuels d'enseignement et dans les articles de vulgarisation, au point d'être présent depuis la fin des années 1960 et le début des années 1970 dans les dictionnaires de langue et les encyclopédies. Ainsi il apparaît en 1969 dans le supplément du *Larousse encyclopédique* en dix volumes, mais est encore absent la même année du *Nouveau Larousse Universel* en deux volumes.

Il est intéressant à cet égard de comparer deux éditions du *Petit Larousse* ; en 1977, écosystème y est défini comme l'ensemble "des conditions physiques, chimiques, ou biologiques dont dépend la vie d'une espèce végétale ou animale, ou qui dépend de sa vie", ce qui est pour le moins discutable, et réduit le terme écosystème à n'être qu'un doublet inutile des mots "milieu" ou "environnement" ; en 1982, en revanche, écosystème est défini comme "ensemble des être vivants d'un même milieu et des éléments non vivants qui leur sont liés vitalement". Sous le terme à la mode, la notion scientifique apparaît enfin...

Loin de n'être qu'un mot porté par la vague de l'écologisme [1], l'écosystème est d'abord un concept scientifique. En tant que tel, il est susceptible de recevoir une définition plus précise et plus "technique" que celles citées ci-dessus. Pour le géographe (P. George, 1970) ce sera "une partie de l'espace terrestre émergé ou aquatique, qui présente un caractère d'homogénéité au point de vue topographique, microclimatique, botanique, zoologique, hydrologique, géochimique". Pour le biologiste (Bournerias et al. 1976) : "l'ensemble de tous les organismes d'un milieu défini et de leurs relations et interactions entre eux et avec le milieu". Dans tous les cas on est en présence d'une unité écologique, comprenant des composants physiques et des êtres vivants, et dont la conception fait intervenir d'autres notions ; celle d'homogénéité ou celle d'interaction par exemple. S'il n'est peut-être pas *la* notion centrale de l'écologie scientifique, le concept d'écosystème est du moins profondément inséré dans le réseau des concepts, des théories et des hypothèses de cette discipline et des disciplines voisines.

Retracer sa généalogie implique de remonter assez loin dans l'histoire de la biologie et de la géographie et de leurs rencontres ; et par conséquent de remonter avant l'apparition du mot d'écosystème.

C'est en effet en 1935 que le botaniste anglais A. G. Tansley, dans un article de la revue américaine *Ecology,* lance le mot *écosystème.* Toutefois le mot système est alors assez couramment employé en physique et en philosophie des sciences, et ce, non pas sous l'influence de la théorie générale des systèmes, encore dans les limbes, mais à cause de l'importance prise par la thermodynamique au tournant du siècle. C'était déjà un terme assez ancien et des expression comme *système nerveux,* ou dans un autre domaine *système féodal, système philosophique,* apparaissent dès l'époque classique, sans même parler des "systèmes du monde" au XVIème siècle en astronomie.

Quant au mot *écologie* (ou œcologie) du mot grec *oikos,* maison, il est d'usage assez courant dans les milieux scientifiques à partir des années 1890, sauf peut-être en France. Il a été créé en 1866 par le naturaliste allemand Haeckel. Ce dernier n'a d'ailleurs pas pratiqué lui-même la discipline qui lui doit son nom. L'écologie pour lui, correspond à la "science de l'économie, des habitudes, des

---

1 Selon l'usage de nombreux auteurs nous emploierons "écologisme" et ("écologiste") à propos du mouvement social lié à la défense de l'environnement, et "écologie" (et "écologue") à propos de la discipline scientifique qui étudie les relations des êtres vivants avec leur milieu. Cependant cette terminologie récente ne se retrouve pas dans les textes cités...

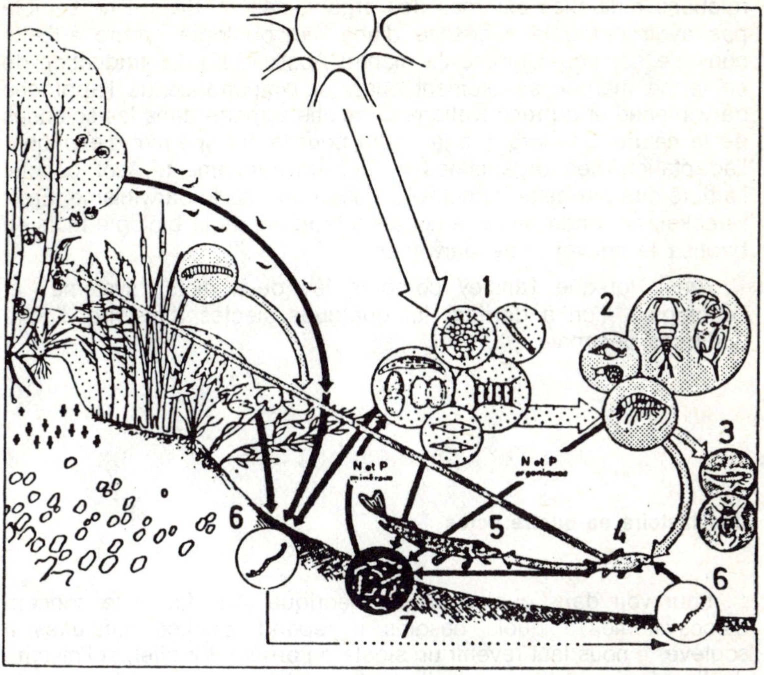

Fig. 49 :*Schéma de l'écosystème étang.*
1. Phytoplancton : Navicula. Scenedesmus. Pandorina. Clostérium. Cosmarium. Oscillatoria - 2. Zooplancton : Gammarus. Cyclops. Daphnia. Limnaeus. Planorbis -3. Dytique (larves et adultes) - 4. Cyprinus carpio (jeune Carpe) - 5. Esox licius (Brochet) - 6. Larve de Chironomide - 7. Bactéries.
L'étang : un des archétypes d'écosystème les plus souvent figurés.
in : P. Duvigneaud, La synthèse écologique. *Doin, Paris,1980, page 112.*

relations mutuelles externes des organismes" [1], mais il ne semble pas avoir perçu la nécessité d'une méthodologie propre à cette nouvelle science. Comme l'a montré Acot (1982). L'introduction de ce terme marque simplement chez lui l'importance de l'approche darwinienne et du renouvellement qu'elle apporte dans les sciences de la nature, dès lors que la "lutte pour la vie" permet d'expliquer l'adaptation des organismes à leur environnement. Acot conclut l'article cité par cette formule :"Zélateur ardent du darwinisme, Ernst Haeckel, ne fonda pas une nouvelle branche de la biologie mais en baptisa le nouvel ordre darwinien".

Ainsi, lorsque Tansley combine les deux mots "système" et "écologie", l'un a derrière lui quelques siècles d'histoire, l'autre quelques décennies...

Une histoire en quatre actes

Pour voir dans quel contexte théorique s'est formé le concept d'écosystème, à quels besoins il répond, quelles difficultés il soulève, il nous faut revenir un siècle en arrière. En effet, si l'histoire de l'écologie en tant que telle ne remonte guère avant les années 1880, l'histoire de la biogéographie et surtout de la géographie botanique, qui en constitue la branche la plus ancienne, commence bien plus tôt. Ce décalage chronologique est d'ailleurs significatif et renvoie à un problème très épineux. Faut-il confondre biogéographie et écologie en considérant que leurs objets d'étude tendent eux-mêmes à se confondre ? Faut-il les distinguer parce que leurs visées et leurs méthodes diffèrent encore ? La biogéographie n'est-elle qu'une "géographie des plantes et des animaux" inséparable des autres branches de la géographie ? L'écologie n'est-elle qu'une partie de la biologie des populations indissociable des autres sciences biologiques ? A ces questions - institutionnelles autant qu'épistémologiques - nous n'apporterons pas d'autre réponse ici que de montrer à la fois l'origine différente et l'histoire commune de ces deux disciplines.

---

1 Dans *Generelle Morphologie der Organismen.* Cité par P. Acot. "Eléments de réflexion sur l'origine du mot écologie", in : *Documents pour l'histoire du vocabulaire scientifique,* (3) CNRS Paris, 1982, pp 103-109.

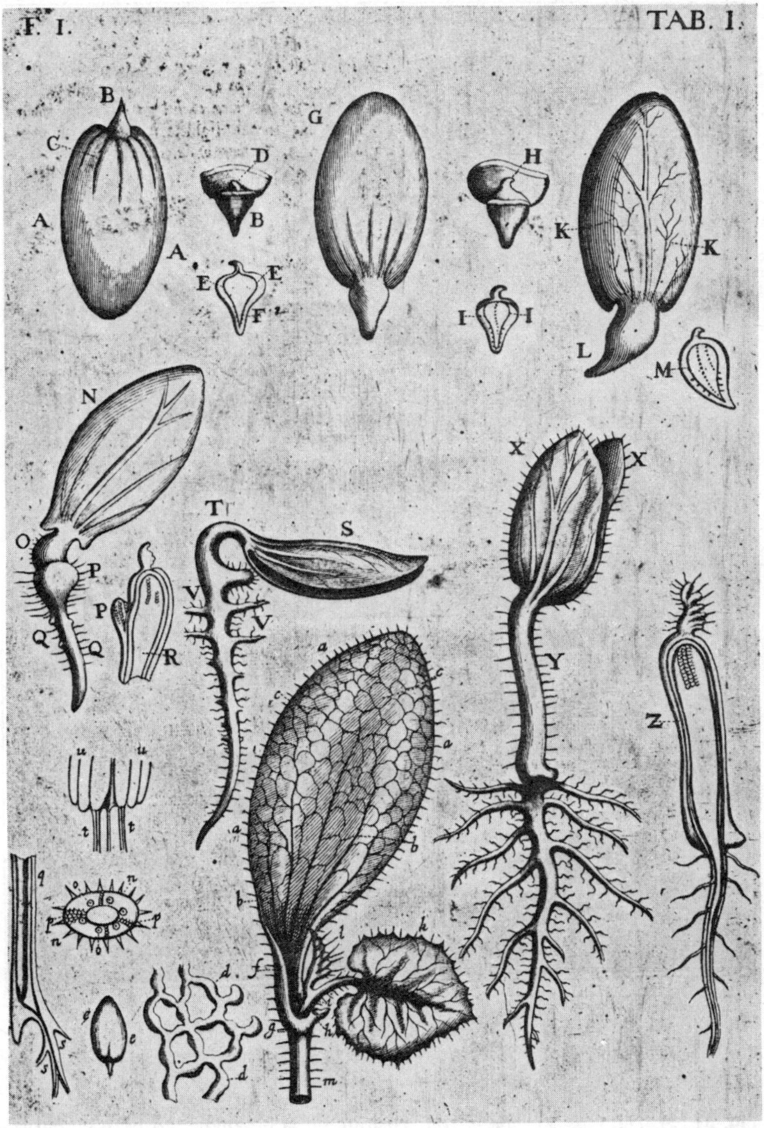

Fig. 50 :*Début du développement de la plante, par Malpighi, 1675.*

Fig. 51 : *A. Davy de Virville et coll,* Histoire de la botanique en France, *Paris, Sedès, 1954.*
« Périlleux, parfois tragiques, les voyages des naturalistes joignaient souvent à leur intérêt scientifique le charme ambigu de l'exotisme.»
Frontispice du voyage à la Nouvelle Guinée de Sonnerat, 1776.

Premier Acte : Linné et l'économie de la nature

S'il fallait placer un nom en prologue à cette histoire on pourrait sans hésiter écrire celui de Linne [1], non pas seulement parce qu'en proposant la nomenclature qui reste attachée à son nom, il a créé un "outil" encore utile aujourd'hui pour tous les relevés botaniques ou faunistiques, mais surtout parce que sa conception de "l'économie de la nature" [2] semble offrir une première et fascinante version d'une théorie écologique globale :

> *Par économie de la nature on entend la très sage disposition des êtres naturels, instituée par le Souverain Créateur, selon laquelle ceux-ci tendent à des fins communes et ont des fonctions réciproques.*

Comprendre l'économie de la nature c'est comprendre comment le nombre des végétaux est limité par celui des herbivores et le nombre de ces derniers par les carnivores, comment est assurée la dispersion des graines et comment certains animaux font disparaître les cadavres ou les excréments qui sans cela encombreraient le sol et empesteraient l'atmosphère. Comprendre l'économie de la nature, c'est comprendre comment "la guerre de tous contre tous" maintient la proportion harmonieuse établie dès la création du monde entre les différentes espèces, et ce, malgré l'accroissement continuel de la terre habitable. Celle-ci, en effet, nous dit Linné, n'a cessé de voir sa surface augmenter depuis le jardin d'Eden jusqu'à l'étendue actuelle des continents.

En fait la conception de Linné relève d'une philosophie providentialiste qui voit constamment dans la nature les marques de la sagesse divine. C'est, par exemple, une véritable "division du travail", divinement instituée entre les espèces que nous présente ce texte [3].

> *Les animaux favorisent la Génération des Plantes en les broutant et en les piétinant, pour qu'une trop grande abondance ne les stérilise*

---

1 Sur Linné, outre le chapitre que lui consacre J. Rostand dans l'*Esquisse d'une histoire de la biologie*, (Paris, Gallimard, 1945), il existe une intéressante biographie écrite par un auteur suédois : Knut Hagberg (1939), *Carl Linné : le roi des fleurs,* dont la traduction française est parue en 1944 (Paris, éd. Je sers.).

2 Des textes de Linné et de ses disciples sur "l'économie de la nature". traduits par B. Jasmin et présentés par C. Limoges, ont été publiés chez Vrin (Paris, 1972) sous le titre *L'équilibre de la nature*. La citation est tiré de l'un de ces textes (Oeconomia naturae, 1749, 1).

3 Ibidem (*La police de la nature,* p. 117. 118).

pas. Ils facilitent également d'une façon étonnante la Dissémination des Plantes ; le Lombric creuse le sol et encore davantage la Taupe et le Coati en poursuivant les lombrics ; le Hérisson déterre la mousse ; le Porc trace de profonds sillons dans la terre. Les Oiseaux et le Bétail ont conduit au loin de nombreuses semences, intactes, mais chargées d'engrais de sorte qu'elles peuvent germer dans des lieux très éloignés. Sans mentionner les oiseaux et les bêtes qui, après avoir mangé, ont coutume de confier à la terre des graines qui leur restent.

Les excréments des animaux contribuent beaucoup à l'Entretien des Plantes. Ils rendent en grande partie l'herbe dévorée chaque année et grâce à des mesures prises d'avance servent ainsi à perpétuer les racines et les semences.

La Proportion me semble devoir être mise au nombre des oeuvres les plus importantes de la nature et il faut l'attribuer à l'aide des animaux qui font en sorte que, parmi tant de milliers de végétaux, aucune espèce ne soit tout à fait détruite. La subordination des animaux dont nous parlons sert cette fin de façon insigne.

Dans la Police de la Nature, Dieu a voulu que n'importe quelle fonction soit accomplie avec intérêt dans une juste proportion de travail et de gain ; les économes apprennent que les serviteurs ne donnent jamais pleine satisfaction dans leur tâche, à moins que la diligence de leur travail ne leur apporte d'excellents avantages.

Dans son infinie prévoyance, la providence a même vu les vertus de la spécialisation. Bref, rien dans la nature n'a été fait en vain :

Selon les règles de la nature, nous savons aussi que les Fonctions doivent être distribuées de façon à ce qu'un seul n'ait pas à en exécuter un très grand nombre, mais que chacun se voit confier les siennes propres. Pour cette raison dans les oeuvres humaines, nous voyons que ceux qui cultivent un seul art, mais qui le font à la perfection, vivent plus souvent avec plus d'agrément que ceux qui se mêlent de plusieurs.

D'après ce que nous savons, nous pouvons juger de qu'elle importance est chacune des Dispositions de la Nature au point que, si même un seul Lombric manquait, l'eau stagnante altérerait le sol et la moisissure ferait tout pourrir. Si une seule fonction importante manquait dans le monde animal, on pourrait craindre le plus grand désastre dans l'univers. Le Quiscula était destiné à conserver la proportion des Dermestes des pois ; sa destruction entraîna la disparition des pois en Amérique du nord. Si, dans nos terres, les Moineaux périssaient tous, nos plantations seraient la proie des Grillons et d'autres insectes. L'Amérique, privée de Porcs, serait infestée de Serpents et dans notre patrie également, les Rats feraient du tort aux maisons et aux biens, si la famille des Chats disparaissait tout à fait. Au sujet des autres serviteurs de la nature, jusqu'au plus petit insecte, on doit penser la même chose puisque le très sage Auteur des êtres n'a jamais rien fait sans cause et sans raison.

Il est facile, aujourd'hui d'ironiser sur ce finalisme à échelle planétaire. Il est bien sûr plus intéressant de voir que la découverte des liens d'interdépendance entre les espèces trouve dans cette vision du monde un cadre théorique qui devait s'avérer adéquat tant que ne fut pas établi le fait massif de la disparition des espèces au cours des temps géologiques...

Il est à noter par ailleurs que ce monde si bien organisé ne l'est pas pour le profit exclusif de l'homme ; celui-ci apparaît en effet comme un moyen pour maintenir la proportion des grands préda-

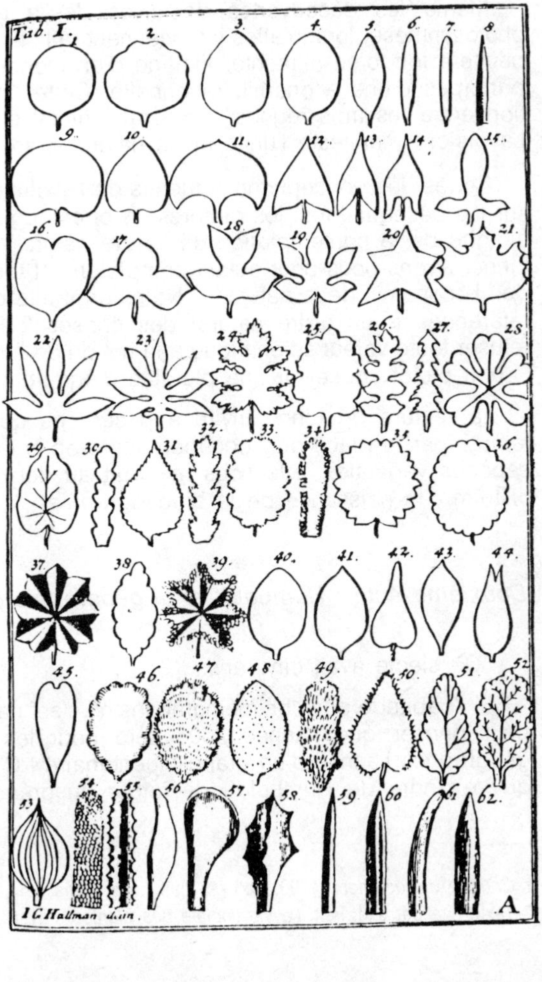

Fig. 52 : *Types de feuilles définis par Linné dans* Philosophia Botanica, *1751.*

teurs, ce que Kant notait avec un amusement teinté d'ironie [1] :

> *On pourrait, avec le chevalier Linné (...) dire : les herbivores existent pour modérer le développement luxuriant du règne végétal, qui pourrait bien étouffer un grand nombre de leurs espèces ; les carnassiers existent pour poser des limites à la voracité de ces animaux : enfin l'homme est là pour que, en poursuivant les carnassiers et en diminuant leur nombre, il établisse un certain équilibre entre les forces productrices et destructrices de la nature. Et ainsi l'homme, bien qu'il puisse sous un certain rapport être digne d'être regardé comme fin, ne possèderait sous un autre rapport que le rang de moyen.*

Même les découvertes décisives de la respiration et de la photosynthèse, lorsqu'elles interviennent (à la fin du XVIIIème siècle), peuvent fort bien alimenter l'image d'un monde organisé selon les principes d'une économie rationnelle. Cette "merveilleuse circulation entre les trois règnes" (minéral, animal et végétal) dont parle Lavoisier [2] manifeste l'unité de la nature et son équilibre.

Certes, les conceptions actuelles de l'évolution, l'insistance mise sur les déséquilibres, les ruptures, le bricolage, le hasard, nous ont éloigné de la contemplation de l'ordre naturel tel que le concevait Linné. Avons-nous pour autant complètement tourné de dos à l'idée de "l'économie de la nature" ? Ne resurgit-elle pas dans nombre de références à un ordre naturel des choses ? Peut-on pour autant refuser toute valeur scientifique à la notion de "milieu en équilibre"? Faut-il plutôt concevoir une pluralité d'équilibres possibles ?

La lecture de Linné invite à poser ces questions : en même temps, par la place qu'y occupent les problèmes de répartition des espèces végétales, elle nous introduit au deuxième acte de notre histoire : la naissance de la biogéographie.

Deuxième Acte : Humboldt et la géographie des plantes.

"Ce siècle avait cinq ans...."

Si l'habitude des commémorations ne s'est pas perdue d'ici là, on peut penser que l'année 2005 sera pour les naturalistes et les géographes l'année d'un grand bicentenaire ! C'est en effet en 1805 qu'Alexandre de Humboldt, de retour du grand périple américain

---

1 *Critique du jugement,* 1790, trad. A. Philinenko, Paris, Vrin, 1965, p. 238.

2 Texte cité par J.M. Pelt, *La vie sociale des plantes,* Fayard, Paris, 1984, p. 149.

qu'il avait réalisé avec le botaniste français Bompland [1], publie un *Essai sur la géographie des plantes* [2] dans lequel on peut voir la première formulation explicite des thèmes et des principes de la géographie botanique.

L'*Essai* appelle en effet de ses voeux, à côté de la botanique traditionnelle - dont l'utilité n'est pas remise en cause - une géographie botanique qui étudierait :
- la distribution des végétaux selon les altitudes, les zones géographiques, les facteurs physiques en général,
- leur mode de groupement (certaines plantes croissent isolées et éparses, d'autres en sociétés homogènes),
- la répartition sur une carte des grands groupements végétaux,
- l'histoire ancienne des continents (et par là la géographie botanique se rattache à la géologie),
- l'histoire des plantes cultivées ou simplement utilisées par les hommes (et par là la géographie botanique se rattache à "l'histoire politique et morale de l'homme").

La planche gravée qui accompagne l'*Essai* constitue comme la traduction visuelle de cette problématique. A mi-chemin entre l'image et le graphique, avec en abscisse les distances au sol, et en ordonnée, à une échelle différente évidemment, les altitudes, les Andes y déploient leurs splendeurs végétales, évoquées à la fois par le dessin et par une multitude de noms d'espèces, tandis que s'inscrivent en colonne les données physiques et leur variation avec l'altitude.

Ainsi se trouve mis en place un système explicatif global où les données physiques (température, ensoleillement, humidité ...) elles-mêmes déterminées par la situation spatiale (altitude et latitude) déterminent à leur tour les étages de végétation .

Ceux-ci, dont la disposition reproduit, avec quelques discordances cependant, la succession des zones climatiques de l'équateur au pôle, constituent sans doute l'archétype de ce qu'on pourrait

---

1 D'une manière générale, le rôle des voyageurs naturalistes dans la naissance et le développement de la biogéographie a été décisif ; parmi les textes qui leur ont été consacrés, on peut signaler le livre (de lecture facile mais sans index ni bibliographie malheureusement) de Marguerite Duval : *La planète des fleurs,* Paris, Seghers, 1980 (1° édition Robert Laffont, 1977), et l'article d'Yves Laissus, "Les voyageurs naturalistes du jardin du Roi et du Museum d'Histoire naturelle : essai de portrait robot". *Revue d'Histoire des sciences,* XXXIV, 3-4, 259-317.

2 Publié par Levrault, Schoell et Cie, Paris, 155 p., 1805 ou 1807 selon les éditions. L'*Essai* lui-même n'occupe que 25 pages, il est suivi d'un *Tableau physique des régions équatoriales,* et accompagné d'une grande planche en couleur intitulée *Tableau physique des Andes et pays voisins.*

considérer comme la première unité écologique : ils constituent en effet l'exemple type de ce que, depuis les géobotanistes de la fin du XIXème siècle, on appelle les "groupements végétaux" [1]. On peut dire en fait qu'une histoire de plus d'un siècle, marquée entre autres par les oeuvres de A. de Candolle et de Warning, aboutit à l'émergence de la notion de groupement végétal. Or celle-ci représente en quelque sorte l'une des conditions de possibilité pour que puisse se constituer le concept d'écosystème, et ce pour deux raisons: d'une part le repérage d'un groupement végétal apparaît comme un moyen de définir les limites spatiales d'un écosystème (y compris si l'écosystème étudié recouvre plusieurs groupements végétaux) ; d'autre part la végétation se trouve à un point charnière dans le réseau des interactions entre le sol, le climat, le peuplement animal, elle subit l'influence et exerce en retour une influence sur toutes les autres composantes du milieu.

La détermination des groupements végétaux n'est d'ailleurs pas chose aisée. Elle suppose la définition de critères et la mise au point de méthodes. Elle fait surgir des problèmes théoriques complexes et donne lieu à des débats passionnés qui sont loin d'être clos aujourd'hui.

Schématiquement on peut distinguer un courant plus géographique qui s'attache surtout aux espèces dominantes, celles qui donnent au paysage sa physionomie particulière, et un courant plus botanique qui se centre davantage sur les espèces caractéristiques, celles qui se rencontrent dans tel ou tel groupement et seulement celui-là. C'est à ce deuxième courant, celui de l'école de Zurich-Montpellier [2], auquel est attaché le nom de Josias Braun-Blanquet, que l'on doit une définition précise et pratique du concept d'association végétale [3].

Pour importante que soit la place tenue par la géographie botanique au XIXème siècle et au début du XXème siècle dans cette généalogie de l'étude des écosystèmes il ne faudrait pas pour autant oublier le développement parallèle de la géologie, de la paléontolo-

---

1 D'après J. Pavillard (*Eléments de sociologie végétale*, Paris, Hermann, 1935), c'est C. Schröter qui a proposé en 1902 le terme de Pflanzengesellschaft (groupement de plantes) pour "toute catégorie de masse végétale susceptible d'être considérée en bloc".

2 On ne peut mentionner l'école montpelliéraine de géobotanique sans évoquer l'enseignement de Flahault. L'introduction qu'il rédigea en 1901 pour la *Flore* de l'Abbé Coste constitue un véritable programme d'étude de la végétation française.

3 Le livre de Pavillard (*Eléments*...) 1935, offre à la fois un historique et une introduction à l'étude des associations végétales (ou phytosociologie). L'ouvrage plus récent de Guinochet (*La phytosiologie*, Paris, Masson, 1973) contient d'importants développents méthodologiques.

gie en particulier, et conjointement l'élaboration de la théorie darwinienne de l'évolution [1].

Parmi les textes de l'*Origine des espèces* à résonnance écologiques, celui-ci est sans doute le plus souvent cité :

> *Après de nombreuses expériences, j'ai reconnu que le bourdon est presque indispensable dans la fécondation de la pensée (Viola tricolor), parce que les autres insectes du genre abeille ne visitent pas cette fleur. J'ai reconnu également que les visites des abeilles sont nécessaires pour la fécondation de quelques espèces de trèfles : vingt pieds de trèfles de Hollande (Trifolium repens), par exemple, ont produit deux mille deux cent quatre-vingt-dix graines, alors que vingt autres pieds dont les abeilles ne pouvaient pas approcher n'en ont pas produit une seule. Le bourdon seul visite le trèfle rouge, parce que les autres abeilles ne peuvent pas en atteindre le nectar. (...) Nous pouvons donc considérer comme très probable que, si le genre bourdon venait à disparaître, ou devenait très rare en Angleterre, la pensée et le trèfle rouge deviendraient aussi très rares ou disparaîtraient complètement. Le nombre des bourdons dans un district quelconque, dépend dans une grande mesure du nombre des mulots qui détruisent leurs nids et leurs rayons de miel : or le colonel Newman, qui a longtemps étudié les habitudes du bourdon, croit que "plus des deux tiers de ces insectes sont ainsi détruits chaque année en Angleterre." D'autre part, chacun sait que le nombre des mulots dépend essentiellement de celui des chats, et le colonel Newman ajoute : "j'ai remarqué que les nids de bourdons sont plus abondants près des villages et des petites villes, ce que j'attribue au plus grand nombre de chats qui détruisent les mulots". Il est donc parfaitement possible que la présence d'un animal félin dans une localité puisse déterminer, dans cette même localité, l'abondance de certaines plantes en raison de l'intervention des souris et des abeilles !*
> (1859. Trad. Barbier d'après la 6ème éd., Paris, 1876. Réédition Maspéro, 1980, p. 79-80).

A cette chaîne, des darwiniens malicieux ont ajouté ceci : le nombre de chats en Angleterre est lié au nombre des vieilles demoiselles qui les entretiennent. Or, c'est la marine anglaise qui, en prenant les jeunes gens, condamne tant de femmes au célibat - une marine dont la force tient, entre autres causes, à la

1 Les liens entre celle-ci et la biogéographie sont d'ailleurs nombreux et profonds comme l'attestent le rôle joué dans la pensée de Darwin par les observations faites au cours du voyage du Beagle ainsi que les références constantes dans l'*Origine des espèces* à des données biogéographiques.

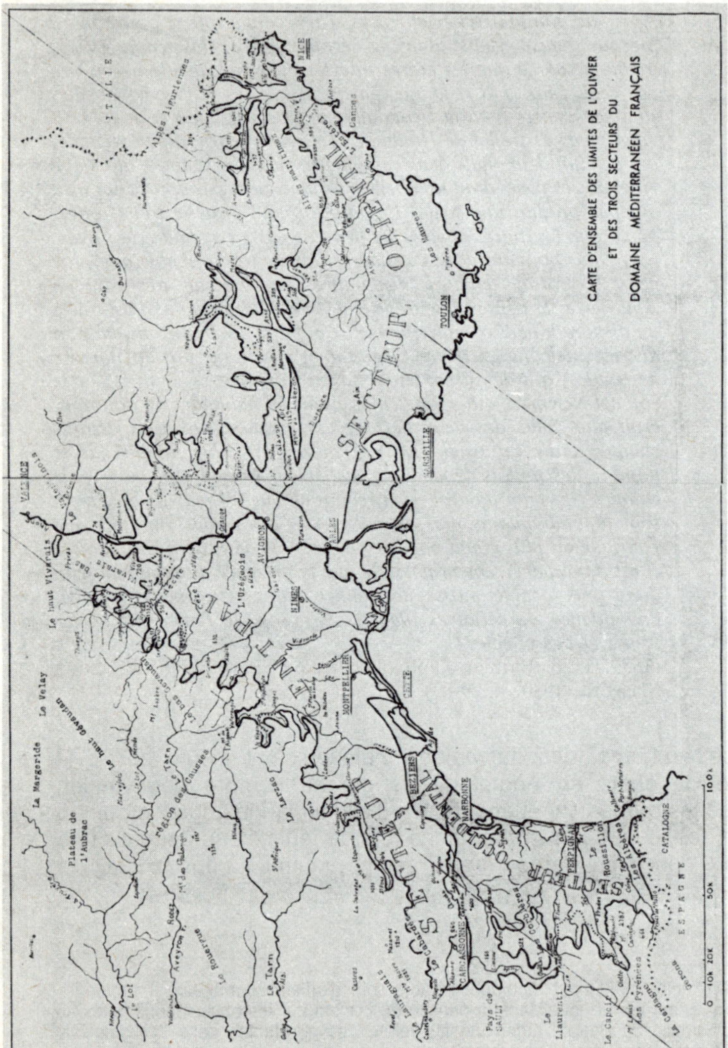

Fig. 53 : *Ch. Flahaut*, La distribution géographique des végétaux dans la région méditerranéenne française, *Lechevalier*, *Paris*, *1937*. *(Carte établie en 1897)*

nourriture des matelots, une nourriture fournie par ce bétail qui broute ce trèfle qui doit tant aux chats qui...

Mais cette incursion dans la fantaisie logique - nous sommes au pays de Lewis Caroll - ne doit pas faire oublier la place réellement centrale de la problématique biogéographique dans le darwinisme. Cette place apparaît d'ailleurs dans ce paragraphe tiré, lui aussi, du chapitre 3 de l'origine des espèces (idem, p. 80-81) :

> *Différents freins dont l'action se fait sentir à diverses époques de la vie et pendant certaines saisons de l'année affectent donc l'existence de chaque espèce. Les uns sont très-efficaces, les autres le sont moins, mais l'effet de tous est de déterminer la quantité moyenne des individus d'une espèce ou l'existence même de chacune d'elles. On pourrait démontrer que, dans quelques cas, des freins absolument différents agissent sur la même espèce dans certains districts. Quand on considère les plantes et les arbustes qui constituent un fourré, on est tenté d'attribuer leur nombre proportionnel à ce qu'on appelle le hasard. Mais c'est là une erreur profonde. Chacun sait que, quand on abat une forêt américaine, une végétation toute différente surgit ; on a observé que d'anciennes ruines indiennes, dans le sud des Etats-Unis, ruines qui devaient être jadis isolées des arbres, présentent aujourd'hui la même diversité, la même proportion d'essences, que les forêt vierges environnantes. Or, quel combat doit s'être livré pendant de longs siècles entre les différentes espèces d'arbres dont chacune répandait annuellement ses graines par milliers ! Quelle guerre incessante d'insecte à insecte, quelle lutte entre les insectes, les limaces et d'autres animaux analogues, avec les oiseaux et les bêtes de proie, tous s'efforçant de multiplier, se mangeant les uns les autres, ou se nourrissant de la substance des arbres, de leurs graines et de leurs jeunes pousses, ou des autres plantes qui ont d'abord couvert le sol et qui empêchaient par conséquent la croissance des arbres ! Que l'on jette en l'air une poignée de plumes, elles retomberont toutes sur le sol en vertu de certaines lois définies ; mais combien le problème de leur chute est simple quand on les compare à celui des actions et des réactions des plantes et des animaux sans nombre qui, pendant le cours des siècles, ont déterminé les nombres proportionnels et les espèces d'arbres qui croissent aujourd'hui sur les ruines indiennes !*

Pour beaucoup d'auteurs, l'oeuvre de Darwin représente le tournant à partir duquel l'interdépendance entre les êtres vivantes devient concevable autrement que dans les termes de l'"économie de la nature". Darwin serait en quelque sorte le père de l'écologie

Fig. 54 et 55 : *C. Darwin* - Voyage d'un naturaliste autour du monde, *Reinwald, Paris, 1875 (réédité par Maspéro en 1982).*
Le plus illustre des voyages de naturalistes est peut-être celui que Darwin réalisa à bord du Beagle et qui lui permit en particulier de comparer les becs des «Pinsons» selon les divers milieux offerts par les différentes îles de l'archipel des Galapagos.

scientifique. Ce point de vue a été récemment contesté [1].Quoi qu'il en soit, l'idée même d'évolution marque l'ensemble des sciences naturelles dès la fin du XIXème siècle, et c'est dans ce contexte que furent créés trois termes que l'on retrouve souvent par la suite : ceux d'écologie, de biosphère, et de biocénose.

Le cas du mot écologie a déjà été évoqué dans l'introduction. Quant au mot biosphère, on en attribue parfois la paternité à Lamarck ; il ne peut s'agir que d'une filiation indirecte reposant sur une relecture de Lamarck. C'est en fait le géologue autrichien Ed. Suess qui l'introduit en 1875 [2] pour désigner l'ensemble du monde vivant comme une enveloppe de la terre, s'ajoutant à la lithosphère, l'hydrosphère, l'atmosphère. Dans *Das Antliz der Erde*, la face de la terre, 1882-1909, il utilise la notion de biosphère pour exprimer la solidarité entre les différentes formes de vie (t. III, ch. 27). En 1929, Vernadsky, géologue russe, publie en français un ouvrage consacré aux cycles biogéochimiques [3] sous le titre *la biosphère*. On voit à ce propos que loin d'être une généralisation planétaire du concept

---

1 Cf. Acot, P., "Darwin et l'écologie", *Revue d'histoire des sciences,* XXXVI / 1, 1983, pp. 33-48.

2 Dans *Die Erstehung der Alpen,* la formation des Alpes, cité par Hutchinson, "The Biosphère", *Scientific American,* 223, 3, 1970, pp 44-45.

3 Les cycles biogéochimiques les plus souvent cités dans les manuels sont ceux du carbone, de l'azote, du phosphore ...

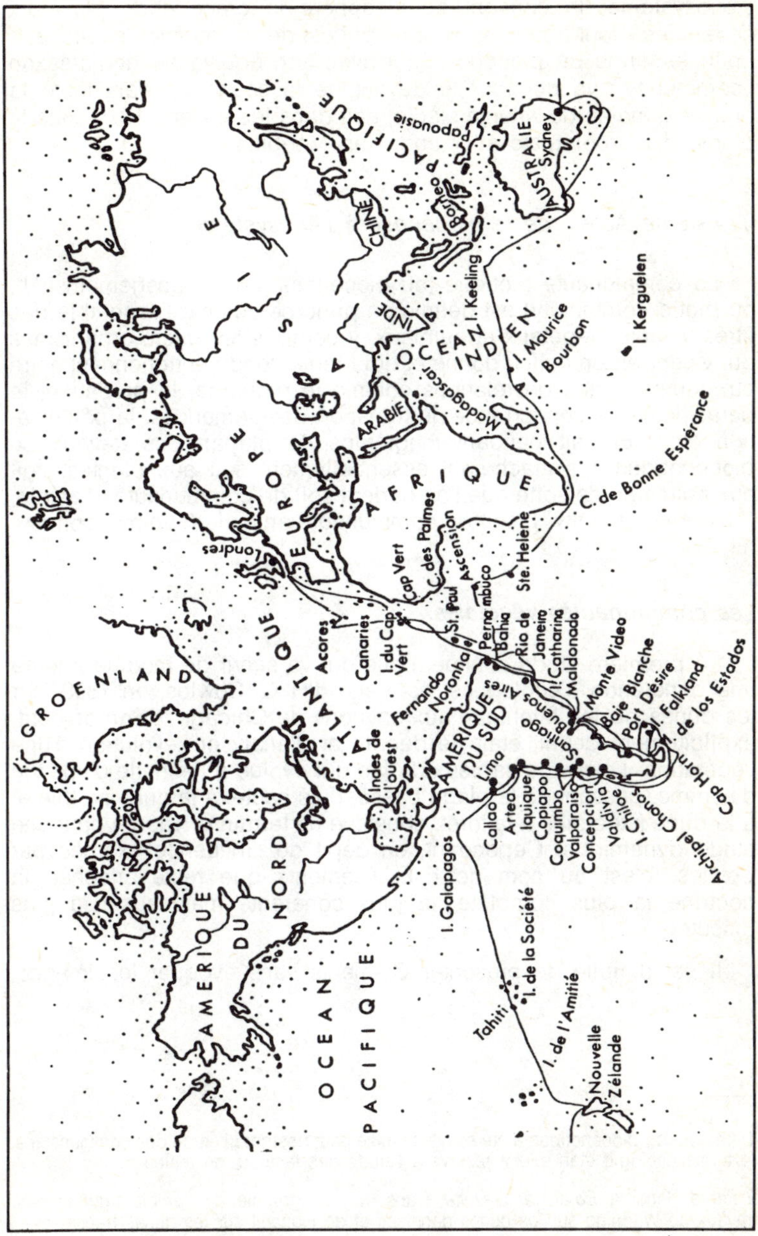
GROENLAND
AMERIQUE DU NORD
OCEAN PACIFIQUE
ATLANTIQUE NORD
EUROPE
ASIE
AFRIQUE
OCEAN INDIEN
PACIFIQUE
CHINE
INDE
ARABIE
Madagascar
Borneo
Papouasie
AUSTRALIE
Sydney
Londres
Acores
Canaries
I. du Cap Vert
Cap Vert
C. des Palmes
St. Paul
Ascension
Pernambuco
Ste. Helene
C. de Bonne Espérance
I. Maurice
I. Bourbon
I. Keeling
I. Kerguelen
Indes de l'ouest
Fernando Noronha
AMERIQUE DU SUD
Bahia
Rio de Janeiro
I. Catharina
Maldonado
Monte Video
Buenos Aires
Baie Blanche
Port Désire
I. Falkland
I. de los Estados
Cap Horn
Santiago
Lima
Callao
Artea
Iquique
Copiapo
Coquimbo
Valparaiso
Concepcion
Valdivia
I. Chiloe
Archipel Chonos
I. Galapagos
I. de la Société
Tahiti
I. de l'Amitié
Nouvelle Zélande

d'écosystème, le concept de biosphère le précède de plusieurs décennies - tout au moins pour ce qui est de la définition explicite ... Enfin le terme de biocénose qui avec son équivalent anglo-saxon "community" va occuper le devant de la scène pendant toute la première moitié du XXème siècle, naît dans les années 1870 sous la plume d'un zoologiste allemand, Karl Moebius.

Troisième Acte : de la biocénose à l'écosystème

La communauté biotique (ou biocénose, ou Lebensgemeinshaft, ou biotic community) est définie en principe comme l'ensemble des êtres vivants, végétaux et animaux, y compris les micro-organismes qui vivent en un milieu donné et qui bien entendu entretiennent entre eux toutes sortes de relations comme le broutage, la prédation, le parasitisme, la concurrence, le transport des semences, la pollinisation etc... En fait pendant longtemps, la plupart des travaux de biocénotique [4] s'attacheront essentiellement soit aux plantes, soit aux animaux, de sorte que l'on parlera soit de communauté végétale, ("plant community"), soit de communauté animale ("animal community").

Les communautés végétales.

La première étude connue, celle qui va servir de modèle à toute une génération d'écologues, est celle d'H. C. Cowles, en 1899, sur les dunes du lac Michigan aux environs de Chicago [2]. Son objectif, explicitement défini, était de décrire et d'analyser l'évolution d'une végétation. Le rivage sableux du lac qui évolue à l'échelle d'une vie d'homme, passant de la plage basse, puis haute, à la dune mobile et à la dune fixée puis à la forêt, constitue un terrain privilégié pour une étude dynamique. Cependant, en dépit de l'influence exercée par Cowles, c'est au nom de F. E. Cléments que reste attachée la doctrine la plus complète, la plus cohérente mais aussi la plus discutée.

Il est difficile de présenter Cléments sans évoquer les images

---

1 Le nom de biocénotique a été souvent utilisé pour désigner l'étude des communautés, le terme écologie étant plutôt réservé à l'étude des facteurs du milieu.

2 Parue dans la *Botanical Gazette*. Dans la bibliographie de l'article figurent des travaux de Warming sur les dunes danoises et de Flahault sur les dunes françaises.

traditionnelles sur "le dynamisme de la jeune Amérique" [1] et les grands espaces de l'Ouest. On pourrait citer par exemple la manière dont est présenté Cléments dans un livre récent sur l'écologie [2]. L'auteur, écologue américain, y oppose, non sans humour, le jeune homme de l'Ouest, né dans la prairie en 1870, traversant à dos de mule de vastes contrées sauvages, aux savants européens argumentant sur des définitions.

Quoi qu'il en soit, Cléments propose en 1916 dans *Plant succession* [3] un système global de description et d'interprétation applicable à toutes les formations végétales. Une communauté est formée par l'ensemble des plantes qui vivent dans une même station et qui entretiennent entre elles des rapports si étroits que la communauté peut être considérée comme organisme complexe. La communauté est ainsi, par rapport aux plantes qui la composent, l'équivalent de ce qu'un individu est par rapport aux cellules dont il est formé. Cette communauté naît à partir de la colonisation d'un substrat nu, par exemple les rochers dégagés par le retrait d'un glacier. Elle subit l'influence du milieu physique et agit sur lui en retour par exemple en provoquant la création d'humus, en retenant l'humidité, en coupant le vent etc...

Les premières plantes, pionnières, laissent la place à des espèces plus exigeantes mais plus "efficaces" auxquelles elles ont littéralement préparé le terrain. La communauté passe de ce fait par un certain nombre de stades dont la série constitue une succession, laquelle aboutit, si l'homme n'intervient pas et si le climat ne se modifie pas, à un "climax", un point culminant, qui correspond à une phase d'équilibre entre la communauté et son milieu. Et puisque la communauté est une sorte de super-organisme, le climax représente sa maturité. Bien sûr il faudra peut-être un siècle ou deux pour atteindre cette maturité. Dans tous les cas et quel que soit le sol, il n'y a, pour un climat régional donné, qu'un climax vers lequel tendent toutes les formations végétales de la région.

A première vue, le système de Cléments correspondait bien à ce qu'on pouvait voir. Ainsi pour prendre des exemples étudiés par les biogéographes français [4], on peut observer dans les régions de climat frais et humide des pelouses de Graminées, des landes

---

1 La formule est employé par Pavillard (*Eléments...*) 1935.

2 Colinvaux P. *Les manèges de la vie*, Paris, Seuil, 1982 (1978 pour l'édition originale) pp. 125-126.

3 Publié par l'Institut Carnégie, Washington.

4 Cf. Gaussen et rey, cités par des manuels récents comme ceux de R. Dajoz ou P. Duvigneaud.

basses à callune *(Calluma vulgaris)*, des taillis de bouleau *(Betula pubescens)* et des forêts de hêtres *(Fagus sylvatica)* ; or tout semble indiquer qu'après l'arrêt du pâturage la lande tend à se substituer à la pelouse, que la lande elle-même sans intervention est envahie par des broussailles qui à leur tour semblent évoluer vers la forêt de hêtres. Enfin, arrivée à ce dernier stade, l'évolution semble se stabiliser et, sauf accident, la hêtraie se maintient elle-même tout en maintenant les conditions nécessaires à sa survie ; elle constitue ainsi, pour ces régions, le climax. Dans la région méditerranéenne, le climax serait, disait-on, la forêt de chênes verts *(Quercus ilex)*, la garrigue ou le maquis n'étant que des formations dégradées ou des étapes transitoires stabilisées par l'incendie ou le pâturage.

Cependant la théorie de Cléments - sa conception du climax et de la succession - ne rencontre pas que des adhésions ; elle suscite de vives polémiques qui, d'une certaine façon, durent encore [1].

En 1926 W.S. Cooper, dans un article de la revue *Ecology* (7, 391-413) met en cause la notion de climax prise comme un absolu. Le flux du changement dans la végétation lui apparaît comme un fleuve aux chenaux entrelacés : on est en présence d'une évolution continuelle qui commence avec l'origine même de la vie végétale ; cette évolution est pleine de bifurcations et de confluences, et elle est parfois si lente qu'elle donne aux hommes l'illusion de la stabilité.

H.A. Gleason, dans un article souvent cité depuis, paru la même année, 1926, dans le bulletin du Torrey Botanical Club (53. 7-26), rejette catégoriquement l'image de l'organisme. Il conçoit la communauté (ou l'association) végétale comme la rencontre d'individus ayant les mêmes exigences vis à vis du milieu et réunis là par les hasards de la dissémination. En fait pour lui, la communauté n'est que le résultat d'un découpage artificiel, une vue de l'esprit à laquelle il oppose sa conception "individualiste" de l'association.

> *En conclusion,* écrit Gleason, *on pourrait dire que chaque espèce de plante n'en fait qu'à sa tête, puisque sa distribution dans l'espace dépend de ses possibilités individuelles de migration et de ses exigences vis-à-vis du milieu. Ses propagules migrent n'importe où et poussent partout où elle trouvent des conditions favorables. Une espèce disparaît des secteurs où elle ne supporte plus les conditions de milieu. Elle pousse en compagnie de n'importe quelle autre espèce qui a des exigences similaires vis-à-vis du milieu, sans égard à leur affiliation normale à telle ou telle association. Le comportement des plantes n'offre par lui-même aucune raison pour une*

---

1 Cf. Lepart, J. et Escarre, J. "La succession végétale, mécanismes et modèles : analyse bibliographique" ; *Bull Ecol.*, 14,3, 1983, pp. 133-178.

> *séparation en communautés définies. Les associations végétales, qui sont l'aspect le plus visible de la relation des plantes à l'espace, dépendent seulement de la rencontre entre la selection par le milieu et la migration, sur un secteur d'une superficie appréciable et, en général, durant une période assez longue. Une définition rigide de la portée ou de l'étendue de l'association est impossible, et une classification logique des associations en groupements plus importants, ou en série de stades successifs, n'a pas encore été réalisée.*
> (Trad. J-M-D.)

C'est dans ce contexte qu'en 1935 Tansley écrit l'article déjà cité dans l'introduction. Bien que souvent considéré comme un disciple de Cléments, il critique lui aussi le terme d'organisme appliqué à la communauté végétale et lui préfère prudemment celui de quasi-organisme. Passionné de philosophie et psychologie autant que de botanique - il écrivit la notice nécrologique de Freud pour la Royal Society - il ressent la nécessité d'une clarification des concepts et de la terminologie de l'écologie végétale. Son article s'intitule d'ailleurs "The use and abuse of vegetational concepts and terms" *(Ecology*, 1935, 16, 284-307). La notion de communauté végétale comme celle de climax et de succession lui paraissent utiles à condition d'éviter les excès dogmatiques de certains disciples de Cléments. La notion de communauté biotique incluant tous les êtres vivants d'un même lieu lui paraît au contraire artificielle : puisqu'on a besoin d'une unité plus vaste que le groupement végétal, il propose qu'on parle plutôt de système écologique, d'écosystème, en incluant le sol et le climat et en prenant le terme système dans le sens où l'on emploie ce mot en physique. L'écosystème pourrait ainsi prendre place dans une échelle des systèmes qui irait de l'atome à l'univers.

En concluant son article, il résume ainsi sa critique de la conception de Cléments ainsi que sa propre proposition :

> *Le concept "d'organisme complexe" appliqué au biome peut être critiqué à la fois parce que le terme est déjà couramment utilisé pour des plantes ou des animaux supérieurs pris comme individus, et parce que le biome n'est pas un organisme sauf dans le sens où des systèmes inorganiques sont des organismes.*
> *Le concept fondamental qui convient au biome considéré avec tous les facteurs inorganiques à l'oeuvre dans sont milieu est l'écosystème qui représente une catégorie particulière de systèmes parmi tous les systèmes qui constituent l'univers. Dans un écosystème les facteurs organiques aussi bien qu'inorganiques sont des composants qui sont en équilibre dynamique relativement stable. La succession et le développement sont des cas particuliers du processus universel qui tend à la création de tels systèmes en équilibre.*
> (Trad. J-M D).

Tansley a fait plus que simplement forger un néologisme, il n'a pas pour autant donné à la notion d'écosystème un contenu qui en fasse vraiment un concept écologique. On peut penser d'ailleurs que cela n'est pas sans rapport avec le fait qu'il se préoccupe presque exclusivement de la végétation. Or les concepts d'écosystème ou de biocénose ne prennent tout leur sens que dans la mesure où ils permettent de traiter à la fois de la végétation et de la faune.

Les communautés animales.

Die Auster und die Austernwirtschaft de Karl Moebius qu'on pourrait traduire par "l'Huitre et son exploitation" (publié à Berlin en 1877 et traduit aux USA dès 1880) est bien, comme son titre l'indique, un livre sur l'Huitre, sa biologie, sa pêche, son élevage, sans oublier sa dégustation ! C'est aussi un exemple de travail théorique - marqué par l'introduction du terme biocénose - suscité par un problème économique, en l'occurence l'épuisement des bancs d'huitres du Schleswig-Holstein, sur la Mer du Nord. En 1869, préoccupé par ce problème, le gouvernement prussien avait envoyé Moebius en mission en France pour étudier l'ostréiculture et la myticulture qui commençaient à s'y développer et voir s'il était possible de les introduire sur les côtes allemandes. Pratiquement, Moebius conclut à l'impossibilité d'introduire l'ostréiculture en mer du Nord, en raison des conditions naturelles, et il préconise un effort de pêche plus modéré pour permettre aux bancs d'huitres de se reconstituer. Théoriquement il montre qu'on ne peut pas comprendre l'abondance ou la raréfaction d'une espèce au seul vu de son taux de fécondité - qui est considérable dans le cas de l'huitre - sans prendre en compte l'ensemble des autres espèces qui vivent dans le même milieu, qui s'en nourrissent ou lui font concurrence.

L'article de S.A. Forbes [1] dix ans plus tard, "*The lake as a microcosm*" (1887), publié dans le Bulletin d'Histoire Naturelle de l'Illinois, marque lui aussi une date importante dans l'histoire de l'écologie théorique tout en s'insérant dans une oeuvre ouverte aux problèmes d'écologie appliquée. Forbes était entomologiste de l'Etat de l'Illinois ; l'intitulé même de sa fonction est révélateur de l'importance économique de l'entomologie pour les Etats agricoles du Middle West où les insectes ravageurs peuvent causer de lourds dégâts aux cultures.

"*Le lac comme un microcosme*" commence par une description géographique d'une série de petits lacs du Nord de l'Illinois, recense ensuite les espèces qui s'y trouvent et parvient à une analyse des

---

1 Une des figures marquantes de l'écologie américaine, sans lien de parenté avec le zoologiste anglais E. Forbes.

interrelations entre les différentes formes vivantes du lac ; cette analyse comprend en particulier une étude du lien entre les caractéristiques du milieu et le taux de fécondité d'une espèce [1]. Enfin, l'article se termine par une conclusion philosophique que E.G. Hutchinson, dans un article de 1964 [2], compare à celle de Darwin dans l'*Origine des espèces.*

> *Ces faits et ces idées tirés de l'étude de notre microcosme aquatique ont-ils quelque application générale sur un plan plus élevé ? Nous avons ici un exemple de la bienfaisance triomphante des lois de la vie s'exerçant dans les conditions apparemment les plus défavorables à toute adaptation mutuelle bénéfique. Dans ce lac où les compétitions sont féroces et incessantes, au delà de toute comparaison possible avec les pires périodes de l'histoire humaine ; où elles ne portent pas seulement sur les biens nécessaires à la vie mais toujours sur la vie elle-même ; où la pitié, la charité, la compassion, la grandeur d'âme et toutes les vertus sont complètement inconnues ; où le brigandage et le meutre et l'implacable tyrannie de la force sur la faiblesse, sont les règles constantes ; où, ce que nous appelons méchanceté est toujours triomphant et ce que nous appelons bonté serait immédiablement fatal à celui qui en possèderait ; même ici, à travers ces conditions difficiles, un ordre se dégage qui est le meilleur qu'on puisse concevoir sans un changement total des conditions elles-mêmes ; un équilibre à été atteint et est maintenu régulièrement, qui réalise effectivement pour toutes les parties concernées le plus grand bien que les circonstances puissent permettre. Dans un système où la vie est le bien universel mais la destruction de la vie l'occupation presque universelle, un ordre a surgi spontanément qui tend constamment à maintenir la vie à sa limite supérieure - une limite bien supérieure en fait, tant pour la qualité que pour la quantité, à ce qui serait possible en l'absence de ce conflit destructeur. N'y a-t-il pas dans cette réflexion le fondement d'une fois dans la bienfaisance ultime des lois de la nature organique ? Si le système de la vie est tel qu'un équilibre harmonieux des intérêts opposés a été atteint là où chaque élément est soit hostile soit indifférent à tous les autres, ne sommes nous pas en droit d'avoir confiance dans l'issue finale là où, comme c'est le cas dans les affaires humaines, la régulation spontanée par la nature est aidée par l'effort intélligent, la sympathie et le dévouement ?*
>
> (Trad. J-M D).

---

1 Parmi les articles de Forbes les plus importants - publiés dans le même *Illinois Laboratory History Bulletin* il faut signaler un titre de 1880 "On some interactions of organisms" et un autre de 1907, "On the local distribution of certain Illinois fishes : an essay in statistical ecology".

2 The lacustrine microcosm reconsidered (*Amer. Sci.*, 52. 331-341).

Après Forbes, l'étude des relations alimentaires à l'intérieur de la communauté animale allait connaître un grand développement dans deux directions qui ont toutes deux enrichi ensuite la théorie des écosystèmes mais dont l'articulation ne va pas de soi.

La première, plus empirique et plus qualitative, consiste à rechercher, par l'observation directe des comportements, par des élevages, par diverses méthodes telles que l'étude des contenus stomacaux, des excréments, des pelotes de réjections etc..., le régime alimentaire de chaque espèce, ses préférences, ses "ennemis" (prédateurs ou parasites). L'enchevêtrement de ces relations aboutit rapidement à dépasser l'image linéaire d'une chaîne au profit de celle d'un réseau. Le premier diagramme de réseau alimentaire est d'après Allee [1] celui proposé par Pierce, Cushman et Hood (1912) à propos du charançon du coton.

Une décennie plus tard, des schémas de réseaux alimentaires apparaissent plusieurs fois dans le livre de C. Elton, *Animal Ecology* (1927) ; ils permettent de visualiser la "niche écologique" d'une espèce, c'est-à-dire sa place dans l'organisation de de la communauté animale.

L'autre direction de recherche, plus théorique et plus quantitative, s'attache à la dynamique des populations à l'intérieur de la communauté. Comme la précédente, elle n'est pas sans lien avec l'écologie appliquée : lutte biologique ou exploitation des ressources naturelles.

Ainsi quand Vito Volterra et Umberto d'Ancona (le premier, mathématicien, et le second, biologiste) publient en 1935 : *Les associations biologiques au point de vue mathématique* (Paris, Hermann), le point de départ de leur travail est une étude publiée par d'Ancona en 1926 sur l'influence de l'arrêt des pêches dans la période 1914-1918 sur le stock de poissons de la Haute Adriatique. A la fin de la guerre, on avait pu en effet constater que l'arrêt de la pêche - due aux opérations militaires - avait diminué la proportion des poissons recherchés par les consommateurs et augmenté au contraire la proportion des poissons indésirables qui étaient en fait des prédateurs des premiers. Le modèle mathématique proposé par Volterra pour expliquer ce paradoxe, aboutit au résultat suivant : si on a deux populations de poissons en présence, l'une de proies, l'autre

---

1 Allee et all., *Principles of animal ecology*, Section I, Philadelphie, Saunders, 1949.

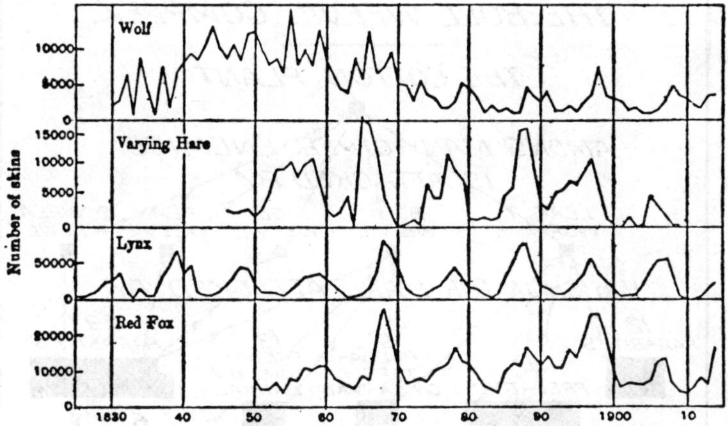

1

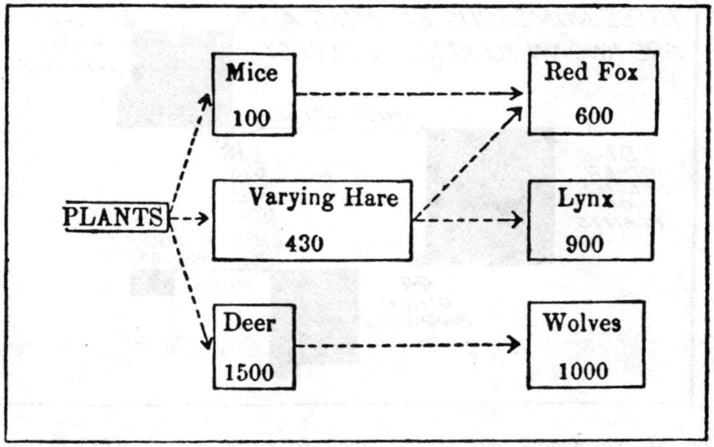

2

Fig. 56 : *C. Elton,* Animal ecology, *1927. Réed. Methuen. London. 1966.*
1: Fluctuation des effectifs des mammifères canadiens (tirés de Hewitt qui les a établis d'après les chiffres de la Compagnie de la Baie d'Hudson. - 2: Diagramme montrant une partie d'une communauté animale au Canada. Il indique à la fois les chaînes alimentaires et les tailles des animaux en millimètres.

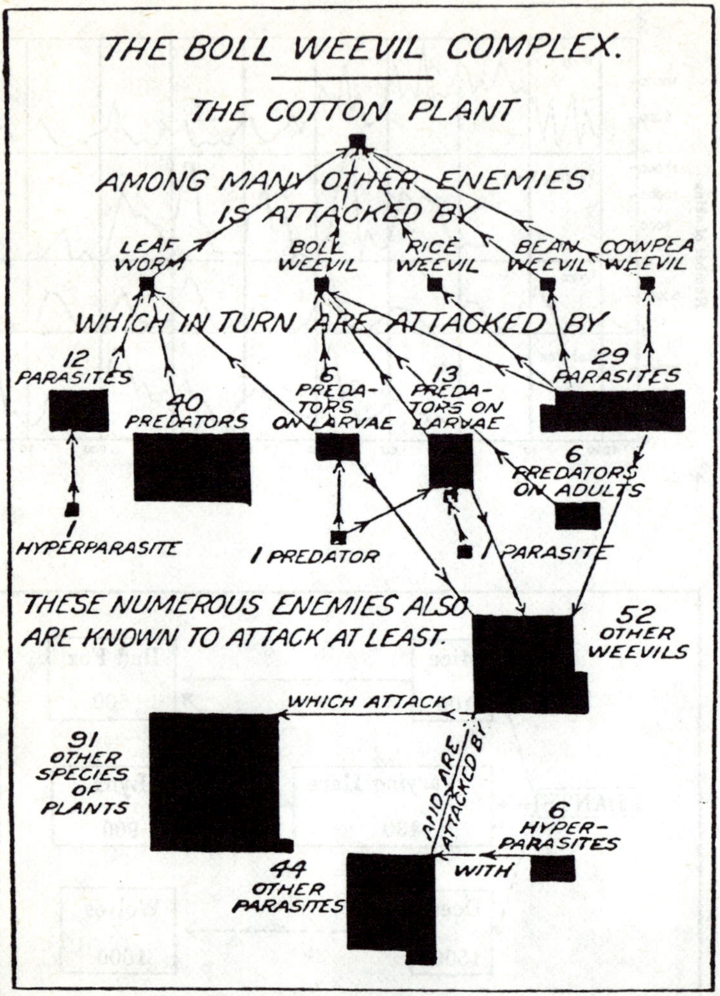

2

Fig. 57: *Diagramme montrant le complexe formé par des êtres dépendant biologiquement les uns des autres et dont l'Anthonome du Cotonnier (Boll Weevil) fait partie.*
Complexe de l'anthonome du Cotonnier -, in: P. Marchal, Les sciences biologiques appliquées à l'agriculture et à la lutte contre les ennemis des plantes aux Etats-Unis. Librairie Lhomme, Paris 1916, page 127. *Ce diagramme établi en 1912 par Pierce, Unter, Cushman et Hood, est également reproduit par Allee et all. (1949, p. 53) et présenté comme le premier diagramme de réseau alimentaire, (ibidem, p. 52). La surface de chaque figure est proportionnelle au nombre d'espèces concernées.*

de prédateurs, la pêche qui prélève indifféremment dans les deux populations favorise en fait les proies [1].

A la même époque, Alfred J. Lotka élabore indépendamment de Volterra une modélisation analogue de la dynamique des populations, tandis que d'autres, comme G. F. Gause, entreprennent de tester ces hypothèses en laboratoire sur des populations de micro-organismes.

En définitive les apports respectifs de l'écologie végétale et de l'écologie animale au concept d'écosystème peuvent se résumer ainsi :

1) l'étude des communautés végétales amène les notions de succession et de climax et entraîne un débat sur le mode d'existence de ces communautés qui permet une première définition de l'écosystème.

2) l'étude des communautés animales aboutit à une représentation du réseau des relations à l'intérieur de ces communautés et à un traitement mathématique des variations de l'effectif des espèces.

Quatrième Acte : une affaire de calories.

Si l'écologie théorique jouissait du même pouvoir de séduction que la poésie ou du même prestige que les mathématiques, Raymond L. Lindeman, mort en 1942 à 26 ans, bénéficierait sans doute de cette aura romantique que la mort confère à ceux qu'elle frappe dans leur jeunesse. L'article posthume qui paraît dans la revue *Ecology* en 1942, sous le titre "The trophic-dynamic aspect of ecology", n'a d'ailleurs nul besoin d'un prestige emprunté à l'anecdote pour figurer en bonne place dans cette histoire.

Partant des données tirées de l'étude des lacs [2], Lindeman fonde la nécessité d'adopter le concept d'écosystème sur l'arbitraire d'une coupure entre le milieu non-vivant et la communauté qui y vit. La notion fondamentale à cet égard est pour lui celle du cycle trophique ("food cycle") qui relie les producteurs (végétaux), les consommateurs (herbivores et carnivores) et les décomposeurs,

---

1 Cf. B. Schmitt, "Biologie et mathématique", *Revue du Palais de la Découverte*, 1984, vol. 12, N° 119.

2 Dans toute l'histoire de l'écologie, le lac constitue un objet d'étude privilégié ; c'est sans doute pour beaucoup d'auteurs l'archétype de l'écosystème.

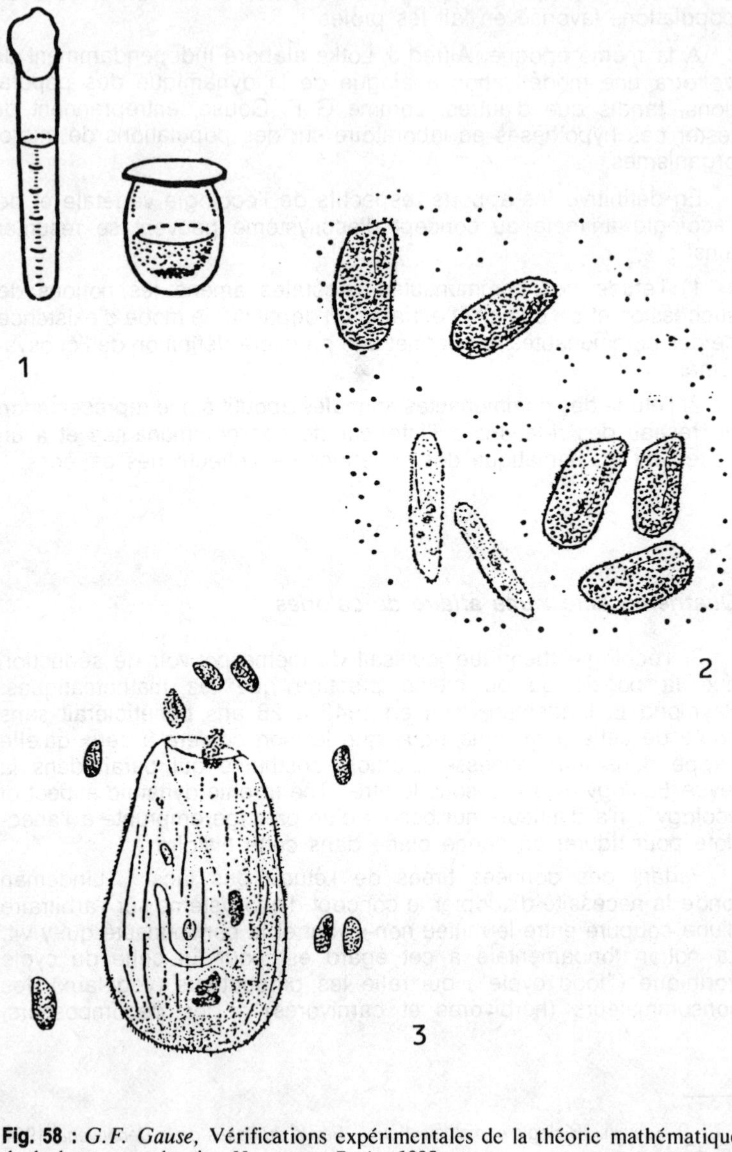

Fig. 58 : *G.F. Gause,* Vérifications expérimentales de la théorie mathématique de la lutte pour la vie. *Hermann, Paris, 1935*
1: Protozoaires cultivés en éprouvettes et en bocaux - 2: Cultures mélangées de Paramecium bursaria et de P. aurélia - 3: Bursallia truncatella et Paramecium

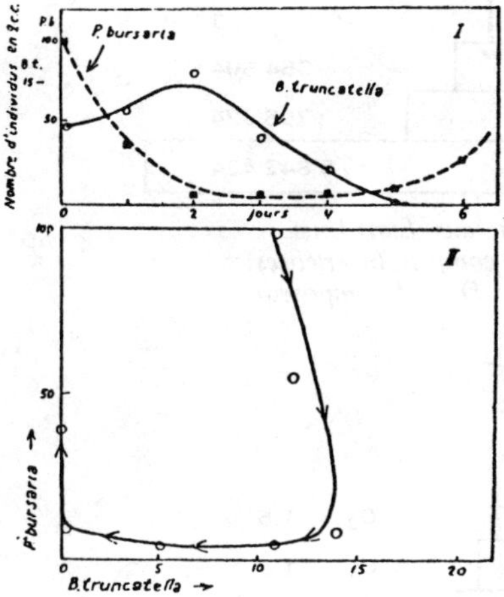

4

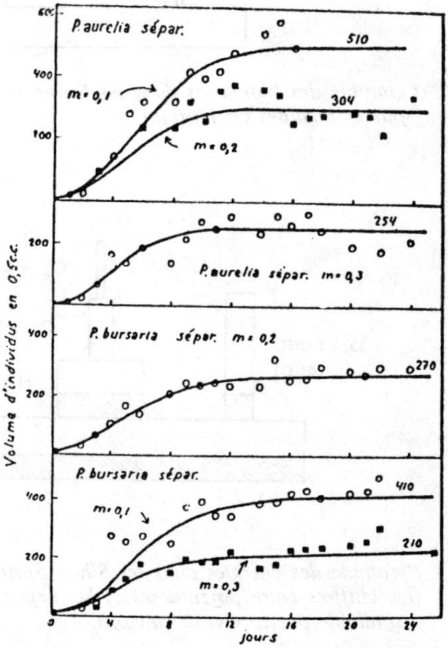

5

bursaria - 4: Coexistence de B. truncatella et P. Bursaria - 5: Croissance de la population de Paramecium aurelia et P. bursaria.

Des populations de protozoaires observées en laboratoire permettent de tester certains modèles mathématiques de dynamique des populations.

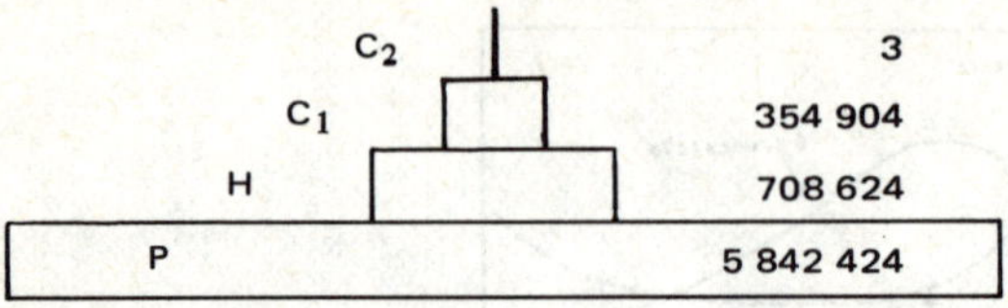

Pyramide des nombres dans une prairie aux Etats-Unis.
P = producteurs ; H = herbivores (y compris Invertébrés) ;
C_1= prédateurs ; C_2= superpédateurs ; D = décomposeurs.

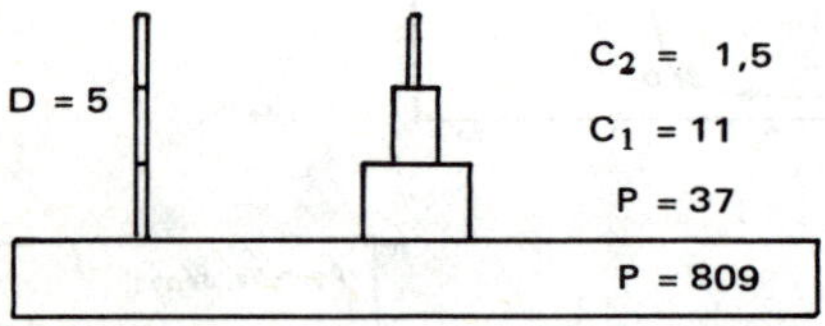

Pyramide des biomasses dans les Silver Springs,
(sources chaudes en Floride).

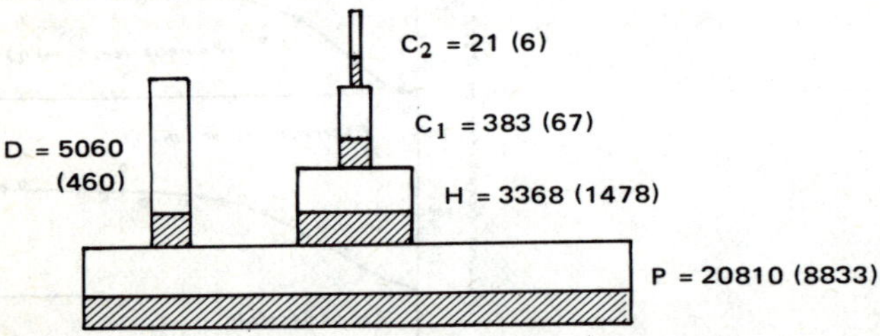

Pyramide des énergies dans les Silver Springs
(les chiffres entre parenthèses et la surface hachurée correspondent à l'énergie assimilable par le niveau suivant).

Fig. 59 : *Pyramides écologiques d'après E.P. Odum,* Fundamentals of Ecology, *2nd ed., W.C. Saunders, Philadelphia and London, 1959, page 63.*

assurant, à travers l'alternance de la vie et de la mort, la circulation de la matière et de l'énergie.

L'énergie reçue du soleil, captée par la photosynthèse [1] est transférée des plantes aux herbivores et de ceux-ci aux carnivores, de sorte qu'il est possible de calculer pour chaque niveau un taux de rendement énergétique. La productivité et le rendement de l'écosystème se modifient au fur et à mesure de son évolution permettant ainsi de compendre la dynamique interne qui conduit au vieillissement du lac et à sa transformation en tourbière puis en forêt.

Ce que propose Lindeman revient en fait à traduire en équivalents énergétiques (calculés à l'époque en calories) la quantité de matière organique produite à chaque niveau de la structure trophique et à chaque stade de la succession.

La synthèse des apports de l'écologie végétale et de l'écologie animale se réalise ainsi par l'introduction d'une quantification empruntée à la physique et à la chimie.

Au cours des décennies suivantes cette approche sera illustrée par divers travaux et popularisée par de nombreux ouvrages [2]. Elle s'avèrera pertinente, en particulier pour traiter des problèmes liés à la gestion des ressources naturelles.

L'article de Lindeman marque donc bien un seuil dans l'histoire du concept d'écosystème. La définition qui s'y trouve donnée, les calculs qui y sont proposés, sont encore pour l'essentiel ceux qu'on retrouve dans les travaux les plus récents. Cela étant, l'histoire du concept d'écosystème ne s'arrête pas là, si par histoire on n'entend pas seulement le processus de constitution d'une notion mais également l'histoire de ses usages, de ses dérives, de ses ajustements...

---

1 La découverte de la photosynthèse est l'un des chapitres de l'histoire de la physiologie les plus importants pour la constitution du concept d'écosystème. En tout état de cause, l'idée de la complémentarité des trois règnes de la nature à travers le cycle du carbone apparaît dès l'époque de Lavoisier avant même que ne soit établi exactement le bilan de la photosynthèse.

2 Outre le manuel devenu classique d'E.P. Odum on peut citer pour la France la série des travaux réalisés dans le cadre du Programme Biologique International (P.I.B.) et publiés sous la direction de M. Lamotte et F. Bourlière.

Problèmes et débats.

Le fil d'Ariane.

Nous pouvons jeter maintenant un regard rétrospectif sur cette histoire et chercher un fil d'Ariane pour retrouver dans ce labyrinthe les chemins que nous avons suivis.

On laisse entendre souvent qu'en passant de l'histoire naturelle à l'écologie, on est passé d'une vision parcellaire des êtres vivants, considérés chacun pour eux-mêmes, à une vision globale permettant de penser l'ensemble du monde vivant comme une totalité organisée. De la vision ancienne de formes vivantes isolées les unes des autres, on rend volontiers responsables la religion chrétienne et l'idée de la création d'espèces séparées dès l'origine des temps.

En fait, on pourrait soutenir le contraire avec autant de vraisemblance. L'Eden des premiers jours est un jardin dans lequel rien n'est fait en vain. Si le monde naturel entraîné par Adam dans la chute souffre lui aussi, c'est en ce sens que l'ordre y règne par la violence et la destruction, mais il n'en continue pas moins à raconter la gloire du Créateur à travers la perfection de son ordonnance initiale. Le monde entier est organisé. Du caillou à l'archange, chaque partie de l'univers a sa fonction à remplir (sa niche théologique pourrait-on dire en bravant l'anachronisme !). La rencontre de la conception antique d'un cosmos organisé et de la vision biblique d'un dieu qui a pourvu à la nourriture de ses créatures [1] marque, bien au-delà du Moyen-âge, la pensée occidentale. C'est ce qu'attestent avec éloquence les textes linnéens sur l'économie de la nature. Mais ils ne constituent aucunement un cas isolé. Les thèmes sur la merveilleuse ordonnance de la nature, la solidarité qui en unit tous les éléments, sont monnaie courante au XVIIIème siècle ; même les échanges gazeux entre la plante et son milieu sont interprétés dans ces termes ; tout manifeste la complémentarité providentielle des trois règnes de la nature.

Seulement, si tout est relié à tout, pourrait-on dire, aucune liaison ne s'impose .... La difficulté n'a pas été de passer de la considération d'êtres isolés à celle d'ensembles d'êtres réunis, mais de passer de l'échelle du globe à celle de la "station".

Le monde de Linné est en équilibre comme celui de Darwin, dans

---

1 Pour qui veut se familiariser avec la théologie médiévale, le roman de Umberto Eco, *Le nom de la rose*, (Grasset, 1982) constitue la plus plaisante des introductions.

l'un comme dans l'autre, cet équilibre passe par la guerre de tous contre tous [1]. Simplement, on est passé d'un équilibre initialement donné à un équilibre historiquement produit. De la même façon, de Linné à Flahault ou Warming, on passe d'une unité globale du monde vivant à la considération d'unités écologiques locales.

Il est tendant alors de reconstruire l'histoire du concept d'écosystème selon un schèma dialectique simple :

- 1er temps : l'accent est mis sur les facteurs physiques qui déterminent des groupements végétaux dont le modèle est l'étage de végétation en montagne ;

- 2ème temps : l'accent est mis (par réaction ?) sur les interrelations entre individus et sur la dynamique des communautés qui en résulte ;

- 3ème temps : le concept d'écosystème permet une synthèse de ces deux approches.

Que l'on trouve ce schéma trop mécanique ou qu'on l'estime satisfaisant pour l'esprit, il ne peut constituer qu'une approximation. Ces trois approches et les concepts qui leur correspondent ne se succèdent pas simplement mais bien plutôt s'entrecroisent et s'opposent.

Holiste et réductionniste.

Faut-il alors voir dans l'histoire de l'écologie l'affrontement de deux attitudes intellectuelles opposées : l'une holiste, l'autre réductionniste ?

Pour le réductionnisme, le multiple est une collection d'unités, la totalité en tant que telle, une vue de l'esprit. Pour le holisme, selon la formule classique, le tout est plus que la somme des parties qui le constituent. Aux yeux du réductionniste, celui qui adopte le point de vue holiste se paie de mots en accordant une réalité à des entités abstraites. Quant au holiste, sa critique du réductionnisme use volontiers de la métaphore naturaliste : l'arbre ne doit pas cacher la forêt. Le débat n'est pas propre à l'écologie et l'opposition entre ces deux tendances se retrouve à diverses périodes dans beaucoup de domaines de la biologie [2].

En écologie, il s'est cristallisé autour de l'antagonisme entre les

---

1 Cf. sur ce point Camille Limoges, Introduction à *L'équilibre de la nature*, 1972.

2 Cf. F. Jacob, *Le jeu des possibles*, Paris, Coll. Le livre de poche, 1981.

conceptions de Clements, résumées dans l'image de la communauté végétale comme super-organisme, et celles de Gleason, refusant de voir autre chose dans l'association végétale qu'une collection d'individus. Nous avons vu que l'introduction du terme écosystème traduisait une volonté de sortir de cette alternative. Cette introduction s'accompagne d'ailleurs chez Tansley d'une critique des positions holistes sans pour autant rejoindre les thèses de Gleason. La discussion est-elle dès lors close ? Il suffit pour en douter de voir la résurgence de l'influence de Gleason chez certains auteurs américains actuels.

Les arguments que Gleason appliquait à la communauté végétale peuvent s'appliquer à l'écosystème. Récusant le découpage en unités écologiques définies, les tenants de cette école ne voient dans le couvert végétal qu'un "continuum" qui change graduellement selon les variations des facteurs du milieu. L'attention se porte sur les exigences de chaque espèce, au détriment des interactions entre espèces.

Cette position séduit certains par son caractère radical, mais elle encourt le reproche que l'on peut faire à tout réductionnisme systématique. Derrière son positivisme affirmé, elle revient à la recherche d'un niveau fondamental, déterminant en dernière instance [1].

En définitive, le noeud de ce problème est sans doute dans la difficulté à préciser quel mode d'existence on attribue aux écosystèmes : simple représentation permettant de traiter un milieu naturel comme un système, ou réalité biologique au même titre que les individus et les populations ?

Développements récents.

Parallèlement aux travaux sur les flux de matière et d'énergie dans les écosystèmes, travaux qui suivent en quelque sorte la voie tracée par Lindeman, d'autres voies de recherche sont apparues, qu'on peut rattacher au développement de la cybernétique et des disciplines voisines, et au renouveau de la biogéographie.

---

1 Pour une mise au point sur tout ce débat, cf. Lewins R. et Lewontin R., "Dialectics and reductionism in ecology", *Synthèse*, 1980, N° 43.

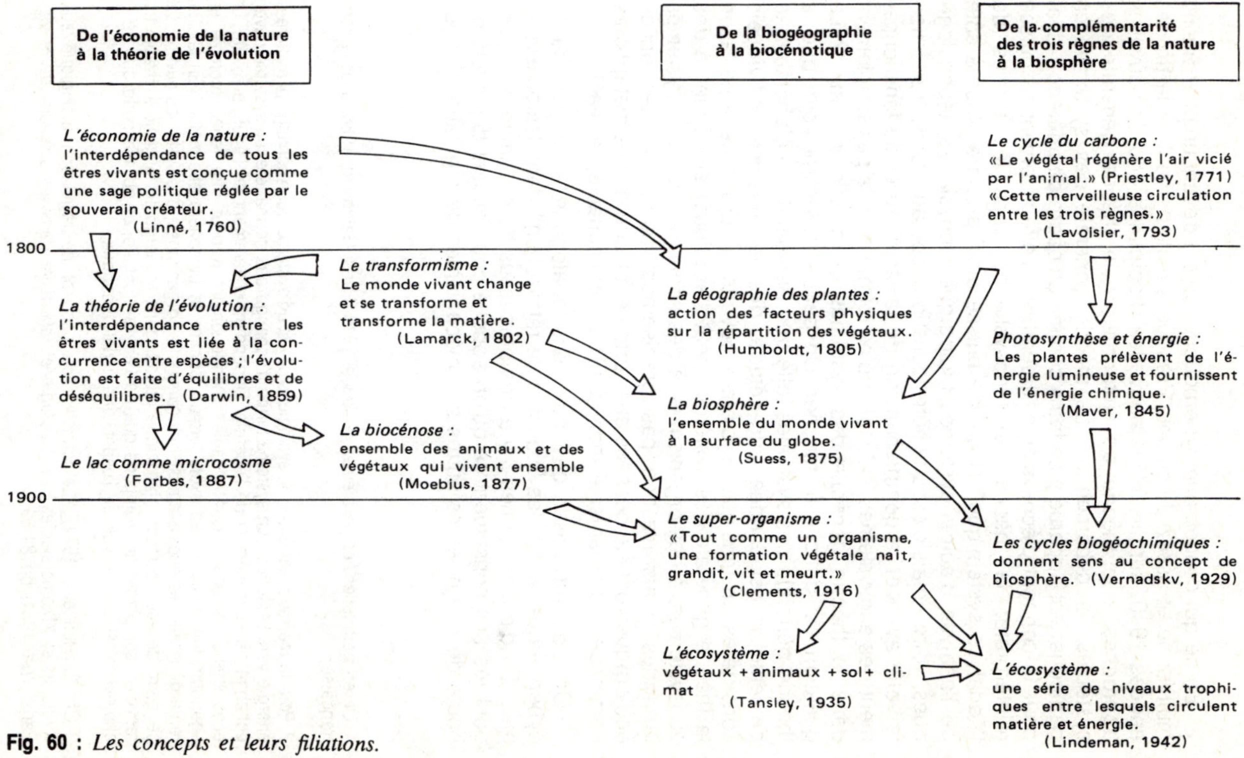

Fig. 60 : *Les concepts et leurs filiations.*

Cybernétique et théorie des systèmes.

En ce qui concerne la cybernétique, on est devant un phénomène multiforme et assez déroutant. Presque simultanément, à la fin des années 1940, surgissent de nouvelles disciplines - ou de nouvelles approches - la théorie de l'information, la théorie générale des systèmes, la cybernétique. La théorie générale des systèmes en particulier est apparue à certains comme un cadre de référence idéal pour le concept d'écosystème. Il semble qu'effectivement ou puisse réinterpréter la théorie des écosystèmes dans les termes de l'"analyse systémique" et qu'elle puisse ainsi prendre place à côté de l'analyse d'autres systèmes biologiques, physiques, technologiques, voire - mais c'est une autre question - sociaux. Cette traduction fait-elle avancer la compréhension de la structure et du fonctionnement des écosystèmes ? L'écologie ne retrouve-t-elle pas simplement dans la théorie générale des systèmes ce qu'elle y a mis ? La question est difficile à trancher. On peut simplement noter que la théorie générale des systèmes telle que Bertalanffy l'a élaborée et la présente [1] est fondée sur l'étude des organismes individuels considérés en tant que "systèmes ouverts" [2]. D'une certaine façon la théorie générale des systèmes peut s'appliquer aussi bien à des écosystèmes, à des organismes, à des collectivités, à des systèmes fabriqués, mais n'est-ce pas précisément parce que les unités écologiques ont été pensées dès l'origine à l'aide de ces métaphores commodes : l'organisme individuel, la communauté, la machine ?

On pourrait poser des questions analogues à propos de la cybernétique. Il y a des "boucles de rétroaction" dans les écosystèmes. En d'autres termes il y a des processus de causalité circulaire dont les uns constituent ce qu'on appelle couramment des effets de boule de neige, et les autres des mécanismes de régulation [3]. Pour

---

1 Cf. en particulier *Les problèmes de la vie*, 1948 (Paris, Gallimard, 1968, pour la trad. française).

2 Pour la thermodynamique, un système isolé est un système qui n'échange ni matière ni énergie vers l'extérieur, un système fermé n'échange pas de matière, un système ouvert échange de la matière et de l'énergie. Dépendant entièrement de l'énergie solaire, un écosystème ne peut pas être isolé. Théoriquement il peut être fermé (comme un aquarium fonctionnant "en cycle fermé", comme la biosphère elle-même). En fait, en règle générale, les écosystèmes sont, comme les organismes, des systèmes ouverts. De ce point de vue, le stade climacique parfait, dans lequel toute la matière vivante est recyclée sur place, qui n'importe que de l'énergie solaire, et qui n'exporte que de la chaleur, n'est qu'une vue de l'esprit, une fiction théorique.

3 Cf. Canguilhem, 1974, "La formation du concept de régulation biologique aux XVIIIème et XIXème siècles", in *Idéologie et rationalité dans les sciences de la vie*, Paris, Vrin, 1981, pp. 81-99.

le premier cas, on peut citer la conquête d'un substrat nu : les premiers végétaux qui s'installent favorisent la création d'un sol, qui permet à d'autres végétaux de s'installer, etc... ; pour le second, la manière dont les populations de prédateurs limitent celles de proies, qui à leur tour maintiennent les populations de prédateurs dans certaines limites. La première situation correspond à la théorie de la succession telle qu'on la trouvait déjà chez Clements, la seconde relève du modèle mathématique de Volterra. L'une et l'autre théorie ont été discutées et contestées. Leur expression dans le cadre de la cybernétique est-elle autre chose qu'une généralisation philosophique ?

Sur le plan sociologique, il est incontestable que le succès des approches systémique et cybernétique a contribué à faire connaître le concept d'écosystème [1], et a permis à l'écologie théorique de s'affirmer vis-à-vis de l'écologisme d'une part, des autres sciences biologiques d'autre part, en se présentant comme "l'étude des écosystèmes".

Sur le plan épistémologique, ce que semblent traduire, au-delà de leur diversité, ces approches, c'est la volonté d'ouvrir de nouvelles voies dans les sciences de la nature, qui permettent de penser la complexité sans la ramener nécessairement aux éléments qui la composent. Le succès du structuralisme dans les sciences humaines à la même époque traduit probablement de même "esprit du temps"...

Très significatif à cette égard apparaît le débat sur la stabilité des écosystèmes.

Le stable et le complexe.

On avait depuis longtemps remarqué que, paradoxalement, plus un écosystème est mûr, moins il est productif. En d'autres termes, lorsqu'un écosystème est parfaitement équilibré, toute la matière organique qu'il produit est transformée, consommée. Pour l'homme il n'a plus d'autre intérêt qu'esthétique ou scientifique [2]. Un tel écosystème, égoïste et parfait, semble devoir être très complexe, très diversifié, le réseau serré des relations entre ses éléments lui

---

1 Cf. par exemple J. de Rosnay, *Le macroscope*, Paris, Seuil, 1973.

2 Sans parler bien sûr de la protection des sols et du rôle de tampon climatique pour les écosystèmes voisins, ce qui n'est pas rien !

donnant la capacité de se réguler et de maintenir ses conditions d'existence.

Malheureusement cette superbe vision est aujourd'hui contestée[1]. Certains insistent à plaisir sur la pauvreté en espèces des stades climatiques (par exemple sous nos climats une forêt de hêtres). D'autres font remarquer que les écosystèmes tropicaux qui sont parmi les plus diversifiés et les plus complexes sont aussi parmi les plus fragiles.

Sans prétendre exposer tous les arguments des uns et des autres et encore moins trancher le débat, on peut rappeler la fable du Chêne et du Roseau. Le Chêne et le Roseau étaient *stables* tous les deux, l'un par sa capacité à ne pas être modifié sauf par de grandes perturbations, l'autre par sa capacité à revenir à l'état initial après chaque perturbation ! Il y a des écosystèmes relativement simples qui se reconstituent assez vite lorsqu'ils sont perturbés, et il y a des écosystèmes plus difficiles à modifier, mais qui, une fois modifiés, le sont de manière presque irréversible...[2]

Complexité et hétérogénéité.

Ce débat sur la complexité et la stabilité soulève par ailleurs une autre question : à quelle échelle faut-il se placer pour apprécier la diversité ?

Pour reprendre l'exemple de la hêtraie climacique - c'est-à-dire en quelque sorte d'une *forêt vierge* tempérée - doit-on considérer comme écosystème stable les parties de forêts relativement uniformes où le hêtre domine presque sans partage et ne laisse subsister que quelques fleurs sous l'ombre épaisse de ses feuillages, ou bien doit-on considérer, en même temps que la hêtraie proprement dite, les tourbières qu'envahissent progressivement les bruyères, les clairières créées par la foudre et la chute des vieux arbres où les bouleaux profitent de la lumière pour s'installer? Faut-il voir là une mosaïque d'écosystèmes ou un écosystème en mosaïque ?

D'une façon générale la structure spatiale des unités écologiques est de plus en plus prise en compte. Les études sur l'hétérogénéité

---

1 Cf. R. May, "Stability in ecosystems : some comments". *Proc. 1st. Intern. Congr. Ecol.*, The Hague, 1974.

2 Cf. R. Barbault, *Ecologie générale*, Paris, Masson, 1983.

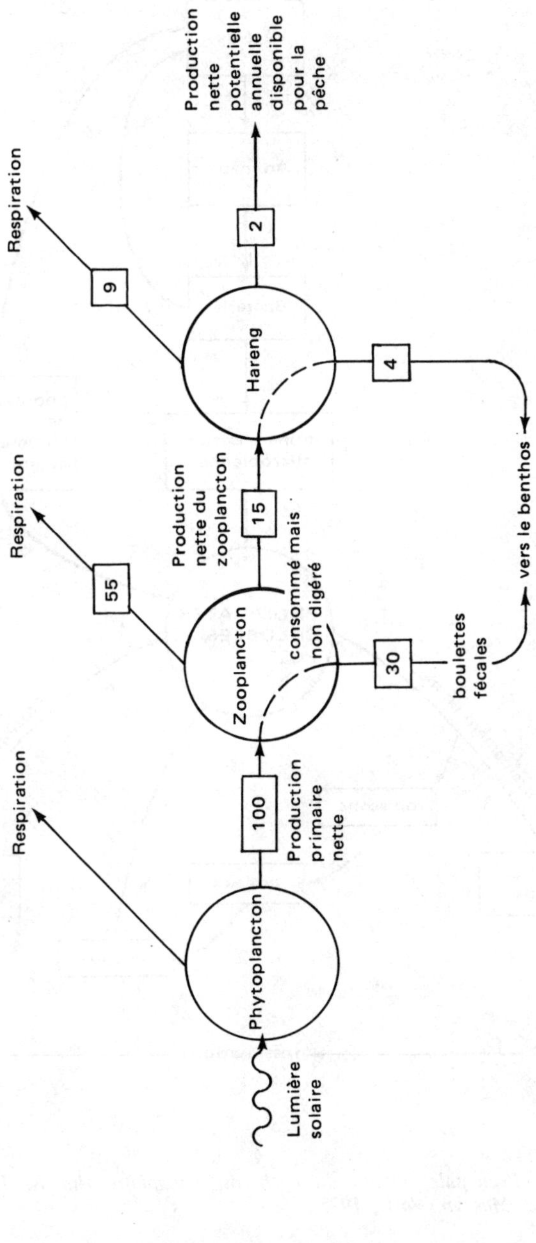

Fig. 61 : *Chaîne trophique (in Ramade,* Ecologie des ressources naturelles, *Masson, Paris,* 1981).

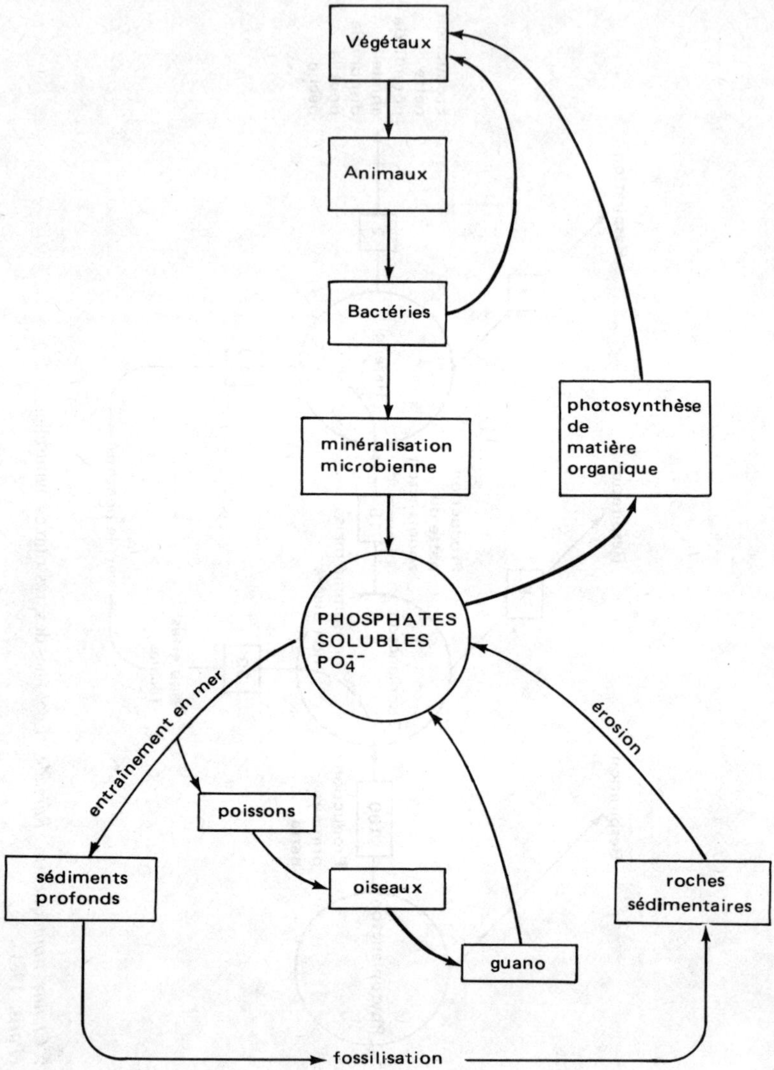

Fig. 62 : *Principales étapes du cycle du Phosphore (in: R. Dajoz,* Précis d'écologie, *Masson, Paris, 1975).*

du couvert végétal [1] en témoignent. En témoignent aussi les travaux récents sur les îles, et le renouveau de la biogéographie.

On peut dire que l'exemple préféré des études énergétiques sur l'écosystème était le lac. Pour beaucoup de biogéographes aujourd'hui, c'est l'île qui constitue le modèle sur lequel ils conçoivent tous les autres milieux. Ainsi, J. Blondel écrit [2] :

> "*Un bosquet au milieu de la plaine de la Beauce, le sommet d'une montagne, une clairière au milieu d'une forêt, un jardin public dans une grande ville, un village perdu dans la campagne, ou une réserve naturelle de dimension modeste, tous ces milieux sont, au moins pour certaines espèces et pour certaines communautés, des îles au même titre qu'une véritable île océanique*".

Cette idée d'insularité comme phénomène universel ne repose pas simplement sur la séduction d'une image ou sur la volonté d'un retour à Darwin, elle traduit avant tout la prise en compte des données géographiques locales. Ainsi le modèle le plus souvent cité de la biogéographie actuelle, celui de Mac Arthur et Wilson [3], lie le nombre d'espèces à la taille de l'île et à proximité du continent et prévoit qu'un équilibre dynamique se réalise, qui tend à maintenir constant le nombre d'espèces présentes dans l'île par un ajustement des taux d'immigration et d'extinction.

Cette nouvelle problématique ne rend pas caduc le concept d'écosystème tel que l'a défini Lindeman, cependant elle déplace l'axe de la recherche. Entre Lindeman qui cherche à évaluer les calories produites ou transformées par les végétaux ou les animaux d'un lac selon son stade de maturité, et Mac Arthur qui veut calculer le nombre d'espèces sur une île en fonction de sa taille et de sa situation, la différence n'est pas seulement dans l'objet d'étude, elle est aussi dans les voisinages scientifiques, physique dans le premier cas, génétique des populations dans le second ; elle est surtout dans la place qu'occupe le concept d'écosystème.

Chez Lindeman et les auteurs qui travaillent dans cette perspective, l'écosystème est l'objet même de leur étude. Un objet abstrait sans doute, aux limites parfois incertaines, mais un objet dont ils décrivent le comportement global et analysent la structure. Chez les

---

1 Cf. Godron, *Abrégé d'écologie végétale*, Paris Masson, 1983.

2 *Biogéographie et écologie*, Paris, Masson, 1979,p. 6.

3 Cf. R. May, "L'évolution des systèmes écologiques", in : *Pour la science*, 13, 1978, pp. 112-124.

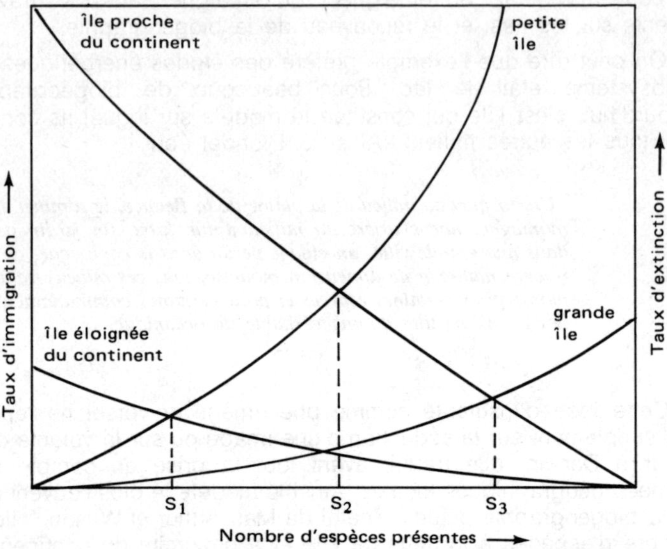

Fig. 63 : *Modèle permettant de prévoir le nombre d'espèces présentes sur une île (S_1, S_2, S_3 ...) en fonction de la taille de l'île et de la distance du continent (d'après Mac Arthur, 1972).*

auteurs qui s'intéressent plus à la structure spatiale, au nombre d'espèces et à leur rapports, l'écosystème n'est plus qu'une référence , un terme général qui n'est pas étudié pour lui-même mais sert de cadre à l'étude. Du concept clé, on est passé à un concept horizon...

D'autres concepts occupent le devant de la scène : ceux de population et de peuplement en particulier [1].

---

1 Les écologues se conforment maintenant à l'usage des généticiens en n'employant le terme de population qu'à propos d'individus de la même espèce. Un peuplement au contraire peut comprendre autant d'espèces qu'il est nécessaire d'en inclure pour les besoins de l'étude...

Faut-il voir là une crise traduisant la fragilité d'un concept mal défini ? N'est-ce pas plutôt le signe que le concept d'écosystème a trouvé sa place dans l'écologie théorique comme dans l'écologie appliquée ? Le propre d'une théorie scientifique est de pouvoir être fausse, le propre d'un concept scientifique n'est-il pas de ne pas servir à n'importe quel usage ?

Quelques références

Bertalanffy Ludwig von, (1901- ?) : *Les problèmes de la vie. Paris, Gallimard, 1961. (Traduction de Das Biologische Weltbild, 1949). Théorie générale des systèmes. Paris, Dunod, 1973. (Traduction de General system theory, 1968).*

Clement Frederic Edward, (1874-1945) : *Plant succession. Washington, publ. Carnegie Inst., 1916.*

Cowles Henry Chandler, (1869-1939) : The ecological relations of the vegetation of the sand dunes of Lake Michigan. *Botanical Gazette, 27, 1899.*

Darwin Charles, (1809-1882) : *L'origine des espèces, Paris, Reinwald, 1876 (rééd. Maspéro, 1980) (Traduction de la 6ème ed. anglaise ; 1ère édition : 1859).*

Elton Charles : *Animal ecology. London, Methuen, 1966 (1ère édition : 1927).*

Forbes Stephen Alfred, (1844-1930) : On some interactions of organisms. 1880. The lake as a microcosm. 1887 (rééd. 1925). (Ces deux articles, et plusieurs autres ont été réimprimés dans : *Ecological investigation of Stephen Alfred Forbes, New-York, Arno press, 1977, Papers from Illinois Laboratory of Natural History bulletin).*

Gleason H.A. : The individualistic concept of the plant association. *Torrey Botanical Club Bulletin, 53, 1926.*

Humboldt Alexandre de, (1767-1835) : *Essai sur la géographie des plantes. Paris, 1805.*

Lindeman Raymond L., (1916-1942) : The developmental history of Cedar Creek Bog. *American Midland Naturalist, 25, 1941.* Seasonal food-cycle dynamics in a senescent lake. *Idem. 26, 1941.* The trophic-dynamic aspect of ecology. *Ecology, 23, 1942.*

Linné Carl von, (1707-1778) : *L'équilibre de la nature. Textes traduits par B. Jasmin, introduits et annotés par C. Limoges. Paris, Vrin, 1972.*

Moebius Karl, (1825-1908) : *Die Auster und die Austernwirtschaft. Berlin, 1877. (Trad. anglaise dans report of the U.S. Commission of Fish and Fisheries, 1880).*

Suess Eduard, (1831-1914) : *La face de la terre. Paris, Armand Colin, (1897-1918). (Traduction de Das Antliz der Erde, 1882-1909).*

Tansley Arthur George, (1871-1955) : The classification of vegetation and the concept of development. *Journal of Ecology. 8, 1920.* The use and abuse of vegetational concepts end terms. *Ecology, 16, 1935.* British ecology during the past quarter century : the plant community and the ecosystem. *Journal of Ecology, 27, 1939.* Sigmund Freud. *Obituary Notices of the Royal Society, 1941.* Obituary Notice : F.E. Clements. *Journal of Ecology, 34, 1947.*

Vernadsky, Vladimir Ivanovitch, (1863-1945) : *La biosphère, Paris, Alcan, 1929.*

Volterra Vito, (1860-1940), avec Umberto d'Anconna : *Les associations biologiques au point de vue mathématique. Paris Hermann, 1935.*

Pour en savoir plus

Peu d'études ont été jusqu'ici consacrées, surtout en France, à l'histoire de l'écologie. Les textes d'Andrée Tétry et de J.F. Leroy sur l'écologie dans l'Histoire générale des sciences publiée aux Presses Universitaires de France sous la direction de René Taton (tome III et IV) sont très intéressants mais ne traitent pas du concept d'écosystème en tant que tel.

Dans les textes récents on peut citer, en français, les articles de Pascal Acot (cf. références) ainsi que ceux de Camille Limoges ; en allemand ceux d'E. Gärtner ; en anglais ceux de F.N. Egerton (en particulier en 1977, "A bibliographical guide to the history of general ecology and population ecology", History of Science, 15 : 189-215) ainsi que le numéro de la revue Synthèse (1980, N° 43) cité ci-dessus et les notices du Dictionary of Scientific Biography (Gillipsie ed. ; New York, Scribners) consacrées à Möbius, Forbes, Juday, etc...

On trouvera d'autres références sur le sujet ainsi que la traduction commentée de trois articles (Forbes, 1887 ; Tansley, 1935 ; Lindeman, 1942) dans J.-M. Drouin La naissance du concept d'écosystème, thèse de 3ème cycle (Paris I, 1984).

4

Un concept difficile à dégager Histoire du concept de neurone

Les premiers pas de la neurologie.

Le cerveau humain est, semble-t-il, le système le plus complexe fonctionnant dans l'univers connu. Des milliards de neurones, chacun relié à des milliers d'autres neurones, un fonctionnement continu, duquel *émergent* les perceptions, les émotions, la pensée, la sensation permanente de ce qui se passe à l'extérieur et à l'intérieur de l'organisme... et de ce qui se passe dans le propre cerveau.

Car le cerveau donne des significations aux impulsions qui lui viennent des différents secteurs de l'organisme, il établit les réponses, des impulsions qui vont à leur tour à des autres secteurs du cerveau et de l'organisme. Enfin, le cerveau contrôle tout ce qui arrive à chacun des organes, trie sans interruption toutes les indications et détermine un comportement général.

Se rendre compte de la complexité du système nerveux n'était pas possible sans l'élaboration de nouveaux instruments, techniques et concepts qui ont permis de commencer à étudier en détail les structures nerveuses et leur fonctionnement. Le principal pas dans l'étude du système nerveux a été l'introduction du modèle de neurone.

Dans l'histoire de l'anatomie, les cellules nerveuses ont fait leur apparition avec l'emploi des premiers microscopes. On pense que c'est Leeuwenhoek qui, vers 1700, observa pour la première fois une cellule nerveuse [1] provenant probablement du cerveau d'un animal. N'oublions pas que le cerveau était à l'époque un organe peu connu des médecins et anatomistes. Aujourd'hui encore, malgré des progrès technologiques et scientifiques considérables, et les nombreux chercheurs travaillant dans ce domaine, le système nerveux garde encore de nombreux secrets pour nous. Le modèle du neurone n'est qu'un frêle outil à notre disposition.

Pour rendre compte des difficultés qui surgissent dans l'étude du modèle du neurone, nous allons parcourir brièvement les découvertes et théories les plus importantes qui ont été faites sur le système nerveux. Cela nous permettra de brosser les moments essentiels de la démarche jusqu'à la connaissance neurologique actuelle. Ensuite nous nous centrerons sur l'histoire du neurone dont les divers éléments (corps cellulaire et nerfs) furent difficiles à assembler. Nous terminerons par les différentes étapes de la découverte de son fonctionnement.

Le modèle du neurone constitue à la fois une réponse aux découvertes scientifiques et un instrument d'investigation encore utile. C'est donc pour ces raisons que nous souhaitons disséquer cette construction car l'idée de neurone ne peut pas s'être construite de façon spontanée. Elle englobe un ensemble d'éléments disparates, provenant de structures séparées, cachées par une foule d'autres connaissances. Quant à son fonctionnement il reste encore très flou : tous les problèmes ne sont pas encore résolus aujourd'hui, puisqu'on en est encore à parler de *pompe à sodium* ou *pompe à chlore* pour masquer notre incompréhension de l'influx nerveux. Mais là aussi, un certain nombre de jalons ont été posés.

Les premières mentions connues du système nerveux apparaissent dans deux papyrus médicaux importants : ceux de Smith et d'Ebers, (XVIIème et XVIème siècle avant J.C.). Le premier relate l'ouvrage d'un médecin qui se révèle détenteur d'un grand esprit scientifique. Même s'il ne distingue pas les vaisseaux sanguins, les tendons et les nerfs, il décrit les méninges et les circonvolutions cérébrales et signale aussi que le cerveau contrôle tout le corps [2].

---

1 Le concept de cellule n'avait pas le sens qu'on lui donne aujourd'hui. De plus, seul le corps cellulaire était perçu.

2 Signalons au passage que cette confusion entre nerfs et tendons est assez persistante : presque tous les Egyptiens, les Grecs et les Romains, même Celse et Galien, l'ont faite, et aujourd'hui encore, c'est une croyance répandue.

Quant au papyrus d'Ebers, Jules Soury [1] signale que le nom d'un médecin égyptien y apparaît : il s'agirait de Neb Sext, qui considérait que le coeur est l'origine des nerfs ou *tubes* qui arrivent à tous les organes.

Au commencement du miracle grec (entre les IXème et VIIIème siècle avant J.C.), Homère, en chantant ses compositions, situe le cerveau à sa juste place et la moelle épinière dans les vertèbres [2]. Au VIème siècle, et surtout au Vème siècle avant J.C., avec l'apparition des écoles et des centres *médicaux* ; d'abord dans les colonies grecques [3] et plus tard à Athènes, vont se développer des investigations sur le fonctionnement du corps. Parmi eux, le plus remarquable est peut-être Alcméon de Crotone, qui, vers 500 avant J.C., en disséquant des yeux et des cerveaux, reconnut les *tubes* ou nerfs optiques. Il assure que le cerveau est l'organe de la raison, ainsi qu'un centre sensoriel, uni aux organes sensoriels par des *canaux ou passages.* Il constate que quand ces *canaux* sont coupés (à la suite d'une blessure, par exemple), la liaison entre le cerveau et les organes sensoriels peut être interrompue.

Toutefois l'évolution de la connaissance ne se fait pas de façon linéaire. Quelques 400 ans avant J.C., Hippocrate [4], qui développe une intense activité médicale, croit que le coeur est l'emplacement de l'intelligence et de la chaleur humaine et que le cerveau est une glande qui sert à éliminer les excès de liquide dans le tête. Par contre, il soutient qu'une lésion du rachis inférieur provoque une perte de mouvements, c'est-à-dire une paralysie des quatre membres. Il décrit aussi plusieurs maladies nerveuses, parmi lesquelles l'épilepsie, niant la qualification de *maladie sacrée* provoquée par des démons et soulignant que des lésions à la tête produisent des paralysies du côté opposé du corps. A cette époque, on disséquait seulement des cadavres d'animaux, jamais ceux d'humains, et les idées sur les organes internes étaient très limitées et fantaisistes. C'est peut-être ce manque d'observation directe qui explique les erreurs anatomiques d'Hippocrate, erreurs plus marquantes encore si on les compare aux justes conclusions qu'il en tire sur les causes

---

1 Jules Soury : *Le système nerveux,* Paris, 1899.

2 Ch. Daremberg : *La Médecine dans Homère*, Paris, 1865.

3 La plus ancienne école connue fut celle de Crotone, dans la Grande Grèce, où les pythagoriciens ont développé leurs travaux avec un sens poussé du scientifique.

4 Hippocrate est considéré comme le fondateur de la médecine non seulement pour l'avoir séparée de la philosophie, mais parce qu'il a fait les premiers pas pour la transformer en science expérimentale, en essayant de la libérer des croyances superstitieuses.

de certaines maladies analysées soigneusement lors de sa pratique médicale.

Dans le *Traité des parties des animaux* [1], Aristote semble également ignorer les conclusions d'Alcméon, puisqu'il attribue au coeur plusieurs fonctions cérébrales et qu'il assigne au cerveau la tâche de réfrigérer le sang.

Voici comment il décrit d'ailleurs quelques-unes de ses idées :

> "*Le cerveau tempère et domine la chaleur et le bouillonnement qui sont dans le cœur...*" [2]. "*...Dans nos ouvrages sur la région du cœur qui est le principe des sensations, est qu'il y a deux sens qui évidemment dépendent du cœur, le sens des choses tactiles, et le sens des saveurs...*" [3]. "*...Ce qui constitue et détermine l'animal, c'est la sensibilité : le premier sensible est le sensible qui est le premier à avoir du sang ; c'est là précisément ce qu'est le cœur, qui est le principe du sang, et le premier à en avoir.*" [4]. "*...Le cœur a encore une multitude de nerfs ; et cela est très sage, puisque c'est du cœur que partent les mouvements...*" [5]. "*:... le cœur est le point de départ de toutes les sensations, de même aussi que c'est au cœur qu'elles aboutissent...*" [6].

Etant donné l'extraordinaire ascendant qu'eut Aristote pendant les siècles ultérieurs, ses erreurs ont été de sérieux obstacles pour le développement de la science.

Pendant le IIIème siècle avant J.C., à Alexandrie, une renaissance gréco-égyptienne a toutefois lieu [7]. Selon ce que raconte Galien, Hérophile conteste les idées d'Aristote à propos du cerveau : il affirme que le cerveau est l'organe central du système nerveux et l'emplacement de l'intelligence. Il fait la distinction entre nerfs et

---

1 On trouve la plupart de ses concepts anatomiques dans l'ouvrage *Traité des parties des animaux* qui contient de nombreuses observations brillantes et des idées nouvelles, ainsi que d'autres concepts anciens très erronés, répétés probablement sous l'influence de la tradition.

2 *Traité des parties des animaux et de la marche des animaux d'Aristote*, avec des notes de Barthélémy Saint Hilaire, Paris, 1885, livre 1, p. 126-127.

3 Ibid., livre 1, p. 156-157.

4 Ibid., Livre 2, p. 40.

5 Ibid., Livre 2, p. 41.

6 Ibid., livre 2, p. 37.

7 Les médecins ont joui, semble-t-il, d'une liberté totale pour mener à bien leurs recherches anatomiques. La dissection, jusqu'alors interdite, leur permit d'observer et d'analyser l'organisation interne du corps et de corriger ainsi de nombreuses erreurs du passé.

tendons et montre que les nerfs partent du cerveau et de la moelle épinière, pour aboutir aux muscles volontaires. Il décrit aussi les nerfs optiques et la rétine.

Son assistant et disciple, Erasistrate, affirme que la partie la plus importante de l'encéphale est le quatrième ventricule, cavité située entre la protubérance bulbaire, au-dessous, et le cervelet, au-dessus : en cas de lésion dans cette partie, la mort est subite. Il soutint même que l'intelligence supérieure de l'homme dépend du cerveau, en particulier de ses *rugosités*, beaucoup plus accentuées chez l'homme que chez les animaux [1].

Aussi bien Hérophile qu'Erasistrate utilisèrent la technique de la vivisection, c'est-à-dire qu'ils firent des expériences sur des corps d'animaux vivants et aussi sur des êtres humains, comme le montre le texte de Celse, (probablement du 1er siècle):

> *"... comme les douleurs et divers genres de maladies se déclarent dans les parties intérieures du corps, (les médecins) estiment que, sans la connaissance de ces parties, on est incapable de les guérir ; qu'il est donc nécessaire de procéder à l'ouverture des cadavres pour scruter les viscères et les entrailles. Hérophile et Erasistrate ont été on ne peut mieux inspirés en ouvrant, tout-vivants, les criminels que les rois retiraient des prisons pour leur livrer, et en examinant, pendant qu'ils respiraient encore, la position, la couleur, la forme, la grosseur, l'arrangement, la consistance, le poli et les rapports des organes que la nature tenait cachés auparavant ; les saillies et les dépressions de chacun d'eux, et la manière dont l'un s'insère dans l'autre, ou en reçoit une partie dans son intérieur.... Comment guérir un organe malade, et, par conséquent, remédier au mal si l'on n'a pas une connaissance exacte de la couleur de chaque organe ? ... Il n'y a point de cruauté, comme beaucoup le prétendent, à sacrifier des criminels, surtout en petit nombre, dans l'intérêt de la santé des innocents des siècles à venir.".*

Toutefois le plus grand représentant de l'anatomie et de la médecine antique fut, sans doute, Claude Galien. Il produisit d'ailleurs de nombreuses études sur le système nerveux. Il expérimente pour cela sur des singes, des porcs et d'autres animaux, mais il ne dissèque jamais un corps humain. Et c'est probablement là qu'il faut chercher l'origine des erreurs qu'il répète, ainsi que des

---

1 Les "rugosités" sont les plis extérieurs ou circonvolutions du cerveau.

nouvelles opinions fausses qu'il émet, comme le signale plus tard Vésale.

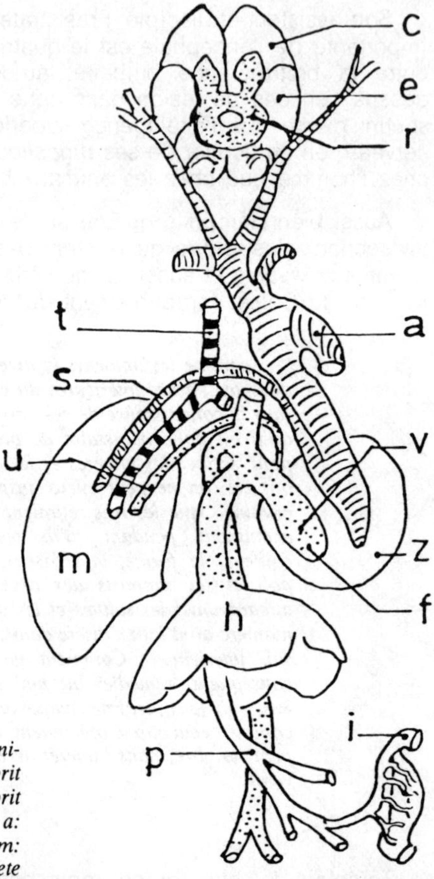

Fig. 64 : *D'après Galien, l'esprit animal (e) était dans le cerveau : l'esprit vital (f), dans le coeur (z) et l'esprit naturel était dans le foie (h); a: aorte ; c: cerveau ; i: intestin ; m: poumon ; p: veine porte ; r: "rete mirabilis" ; s: artère venalis ; u: veine arterialis ; v: ventricule ; t: trachée.*

Il commence d'abord par rejeter quelques concepts d'Aristote. Il soutient, par exemple, que le cerveau est l'origine première des nerfs et que, par contre, les artères prennent naissance dans le cœur. Il décrit de nombreuses structures nerveuses, il démontre qu'en coupant un nerf, il y a une perte de sensibilité dans la région correspondante. Il affirme que toute lésion dans la moelle épinière entraîne une altération des mouvements et de la sensibilité dans les régions du corps situées au-dessous de la lésion. Il constate également que la mort par asphyxie survient quand on coupe la moelle entre les troisième et quatrième vertèbres. Toutefois, de même que les anatomistes de son époque, il assigne un rôle primordial aux ventricules, auxquels il attribue des fonctions comme l'imagination, la raison et la mémoire.

Il croit aussi qu'un endommagement des ventricules (et non du cerveau) provoque la perte de connaissance et la mort. De plus, il rejette les opinions d'Erasistrate sur l'importance des circonvolutions, en arguant comme élément majeur que, si les affirmations de celui-ci étaient correctes, les ânes devraient avoir un cerveau presque lisse et non pas aussi plissé qu'ils le présentent.

Un des concepts qu'il impose, en le basant sur ses observations, est celui du *réseau admirable* ou *rete mirabilis*, qui eut une importance considérable dans le sujet qui nous occupe. Selon Galien, les branches artérielles se ramifient à la base du cerveau constituant ainsi le réseau où une substance fondamentale pour la vie se développe, "l'esprit animal", réglant les fonctions nerveuses et psychiques, et se distribuant dans tout le corps par les nerfs, qui sont creux.

De l'an 200 jusqu'en l'an 1500, il n'y a eu aucun chercheur qui apporte de nouvelles connaissances sur le système nerveux. Les médecins arabes et perses, en adoptant la médecine grecque, l'interprétèrent de façon erronée, bien que, vers l'an 700, ils fondèrent les premiers hôpitaux pour déments et que, parmi les Perses, Avicenne, vers l'an 1000, situa à nouveau dans les ventricules cérébraux, l'imagination, la connaissance et la mémoire.

Durant les années postérieures, il est impossible de trouver des travaux importants. Galien continue de faire autorité et sa renommée semble empêcher l'apparition de nouvelles hypothèses. Même la création d'universités italiennes ne peut sortir les sciences de leur léthargie. On retient de cette époque seulement quelques noms : d'abord celui de Guillaume de Saliceto qui soutient en 1275 que la mobilité volontaire dépend du cerveau, tandis que la mobilité involontaire dépend du cervelet ; ensuite celui de Mondino de Luzzi à Bologne, qui commence les dissections de cadavres humains.

Toutefois, le fait d'avoir pu effectuer des dissections et d'observer des cadavres humains n'empêche pas Mondino de Luzzi, inspiré par Galien, de voir *le réseau admirable,* qui, bien sûr, n'existe pas. De même il pense que *l'esprit vital,* provenant du cœur et contenu dans ce réseau, se transforme en *esprit animal* dans le cerveau.

Ce n'est qu'avec la Renaissance que la question va être reprise, entraînant des développements plus importants. Par exemple pendant vingt ans, Léonard de Vinci fut occupé à dessiner les dissections faites par lui-même. Son biographe, Vassari, affirma qu'il avait été aidé par l'anatomiste Marcantonio Della Torre. Mais, aujourd'hui, on pense que cette collaboration fut très brève et qu'elle ne commença que quand Léonard de Vinci était sur le point de finir ses manuscrits d'anatomie. La plupart des dessins de de Vinci sont presque parfaits, sur le plan des détails, mais influencé par la tradition classique, il contredit parfois la réalité. Ainsi, sur ses représentations du cerveau, il dessine le *réseau admirable* où, selon Galien , *l'esprit vital*, transformé en *esprit animal*, partait à travers les nerfs pour se distribuer dans tous les organes du corps. C'est un fait surprenant que Léonard de Vinci, aussi rebelle qu'il était face à la tradition, ait accepté cette conclusion de Galien, jusqu'au point de dessiner quelque chose d'inexistant.

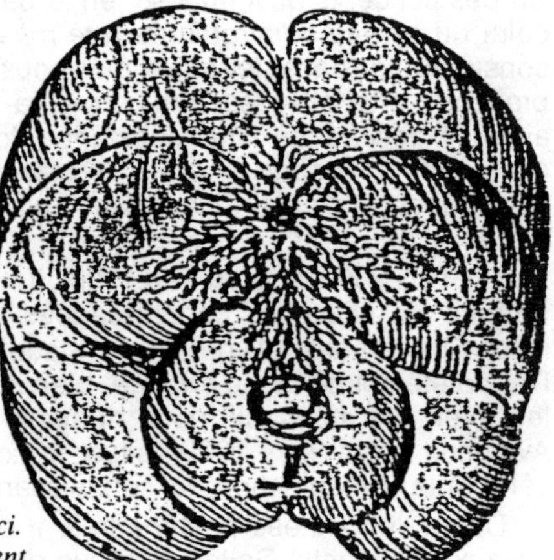

Fig. 65 : *Dessin de Léonard de Vinci. Base du cerveau ; on voit nettement la rete mirabilis à la moitié de la figure.*

De presque quarante ans plus jeune, André van Wesell, plus connu sous le nom d'André Vésale, disciple de Jacques Dubois, fut également partisan acharné de Galien en la matière. Au début de sa carrière, il se montre aussi conservateur que son maître, pour se rebeller seulement plus tard. Dans son ouvrage, *"Humani corporis fabrica"*, il confesse :

> "*La grande importance que les médecins et les anatomistes ont attribuée, sans fondement, à Galien, prince des maîtres en anatomie, est bien montrée par le fameux plexus réticulaire (rete mirabilis), duquel il nous parle à chaque instant, et auquel les médecins se réfèrent plus qu'à aucun autre organe interne, en le*

décrivant sous l'autorité de Galien, même s'ils ne l'ont jamais vu (de la même manière qu'ils n'ont presque rien vu du corps humain). Mais si les autres se sont tus, je n'en cesserai jamais de m'étonner de ma propre ingénuité et de ma foi excessive dans les écrits de Galien, puisque je n'ai jamais fait, dans les leçons d'anatomie, une dissection d'un tête humaine sans me procurer une tête d'agneau ou de boeuf pour mettre sous les yeux des élèves ce qu'on ne pouvait pas y trouver dans une tête humaine, pour qu'on ne pût dire qu'on n'avait pas trouvé le fameux plexus."

Il rajoute un peu plus tard :

"*Galien fut trompé par la dissection du cerveau bovin, il n'a pas décrit le cerveau humain, mais celui des bovins...*"

En effet, Vésale observa dans le cerveau bovin une formation semblable au réseau de Galien, située justement à l'endroit ou Léonard de Vinci l'avait dessinée.

A partir de Vésale, l'anatomie du système nerveux se trouva enrichie par l'apport de nombreuses descriptions précises et détail-

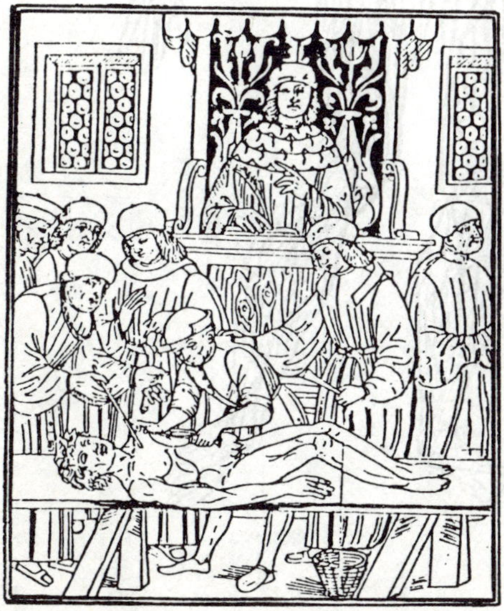

Fig. 66 : *Illustration de* Fasciculos medicinae, *de Jean Ketham, Venise, 1500.*

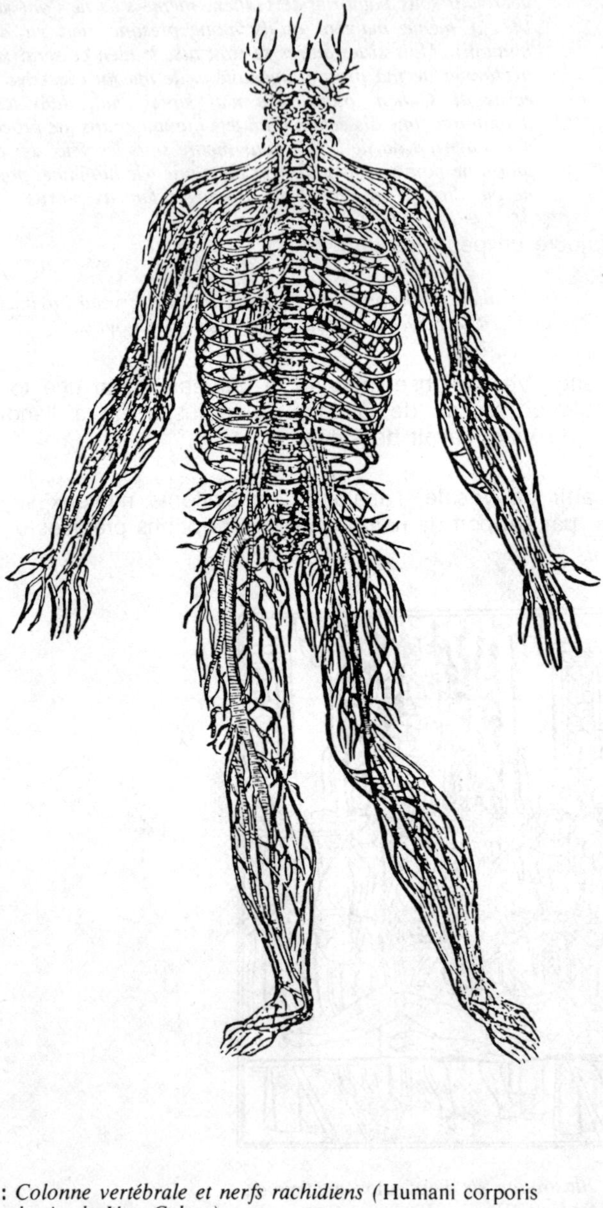

Fig. 67 : *Colonne vertébrale et nerfs rachidiens (*Humani corporis fabrica, *dessin de Van Calcar).*

lées d'une série d'organes réalisées par plusieurs anatomistes, tels que Jean Fernel, Bartolomeo Eustache, Gabrielle Falloppio, Costanzo Varolio, etc...

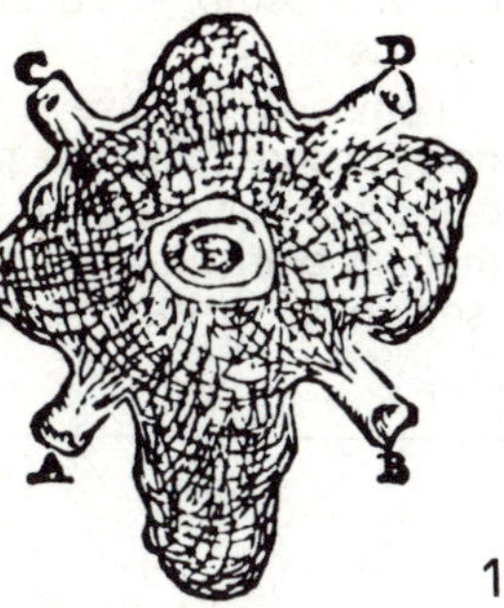

1

Fig. 68 : *1. Le "rete mirabilis"; A et B, artères carotides internes, forment le réseau autour du corps pituitaire ou hypophyse E avant de passer par C et D au cerveau. - 2. Dessin de Vésale sur le cerveau de boeuf ou d'agneau avec une formation semblable à la "rete mirabilis" de Galien.*

2

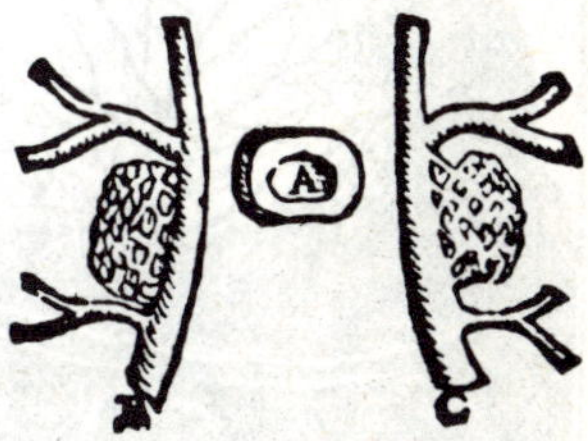

De l'époque de Galien à celle de Vésale, 1300 ans ont passé : tel fut le temps qu'il fallut pour commencer à contester les principes galéniques. Certes l'observation clinique et les dissections jouèrent un rôle non négligeable, mais le facteur déterminant fut surtout ce mouvement de rébellion contre la tradition qui, inspiré par Vésale, ne trouve sa vraie intensité qu'au XVIIème siècle, période dont Jean Rostand dira :

> "... *Dans le domaine scientifique, notamment, une réaction se dessine un peu partout contre la superstition, le préjugé théologique et le principe d'autorité. L'esprit critique s'éveille, on se libère tout à la fois d'Aristote et de la Bible. Se dépouillant de la crédulité aveugle, on écarte l'intervention du surnaturel dans les phénomènes de la nature, on repousse les explications par les forces occultes, on boude à la "physique de la qualité".*

Et encore ce mouvement ne permit pas de déplacer toutes les idées en place. Cependant, les formulations nouvelles ne sont pas immédiates ; ainsi,les idées de Descartes sur les organes nerveux gardent une forte connotation galénique. Il croyait que les parties les plus grossières du sang artériel montaient directement du coeur au cerveau ; là, les parties légères perdaient leur forme sanguine pour se transformer en esprit animal, qui passait à son tour à la glande pinéale en se répandant après dans les ventricules cérébraux, d'où il était transmis au reste du corps à travers les nerfs.

De même, parmi les neuroanatomistes, Thomas Willis essaye de baser ses théories sur l'expérimentation, mais, encore influencé par Galien, il affirme que l'esprit animal provenait de la matière grise du cerveau et du cervelet, et qu'il passe à la matière blanche, pour être distribué ensuite dans les organes de la sensibilité et des mouvements.

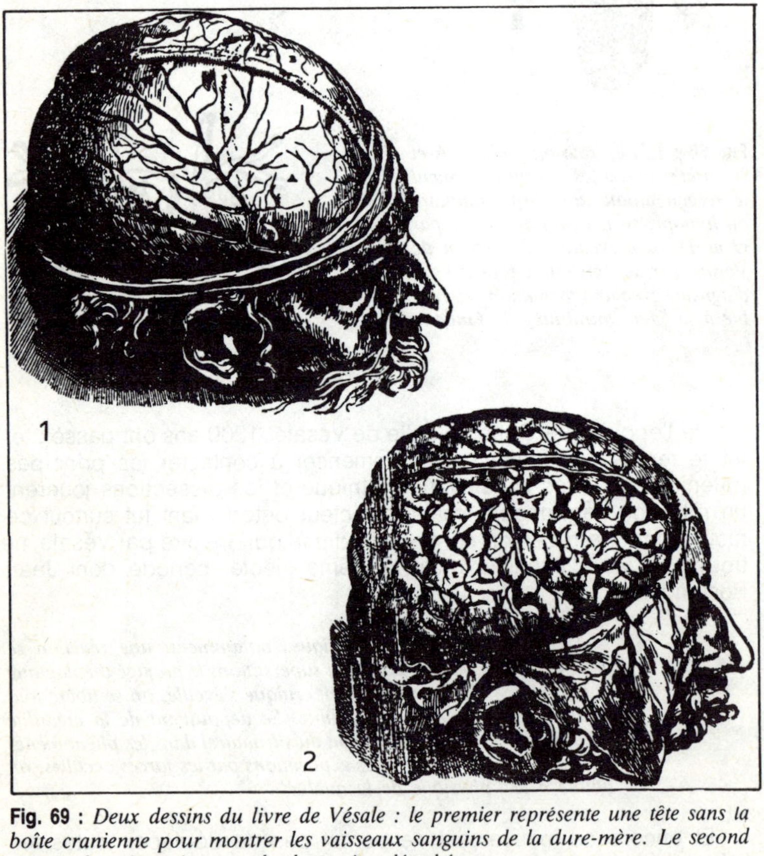

Fig. 69 : *Deux dessins du livre de Vésale : le premier représente une tête sans la boîte cranienne pour montrer les vaisseaux sanguins de la dure-mère. Le second montre la même tête avec la dure-mère détachée.*

Il compare les fonctions des circonvolutions à celles d'une cave où à la place du vin on trouverait les idées et les images, prêtes à être évoquées à tout instant. Il localise la perception dans le corps strié, l'imagination dans le corps calleux [1] et les fonctions cardiaque et respiratoire dans le cervelet. Toutefois Willis rejette l'idée que l'âme a son centre dans les ventricules ou la glande pinéale [2], idée aussitôt contredite par son contemporain Conrad Schneider, qui prête à l'écorce cérébrale les fonctions de l'imagination et de la mémoire, et assure que le cervelet est le centre des réflexes végétatifs. [3]. Marcello Malpighi, fondateur de l'anatomie microscopique et créateur de nombreuses techniques pour l'observation avec un microscope, croit voir des glandes dans l'écorce cérébrale, mais cette erreur ne diminue pas ses nombreuses trouvailles, surtout dans le domaine de la circulation. Au contraire il renouvelle les idées dans le domaine avec un modèle très ingénieux et original. Il argue que les glandes cérébrales filtrent le sang vers les fibres nerveuses, lesquelles assurent la circulation du *jus nerveux*.

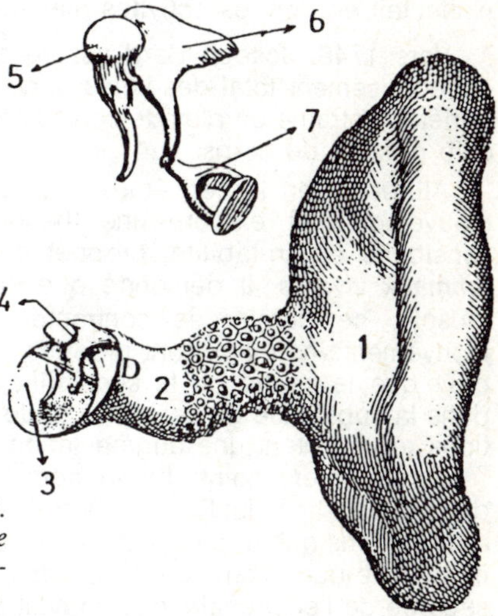

Fig. 70 : *Illustration de Valsava. 1. oreille (face postérieure) - 2. conduit auditif externe - 3. membrane tympanique - 4. système des osselets - 5. marteau - 6. enclume - 7. étrier.*

---

1 Le corps calleux est une lame de matière blanche qui unit les deux hémisphères cérébraux.

2 La glande pinéale se trouve entre les deux tubercules quadrijumeaux supérieurs. Pour Descartes, elle était le centre de l'âme et du sens commun.

3 Les réflexes végétatifs correspondent aux fonctions respiratoire, digestive, circulatoire, reproductive, etc..

Une série de descriptions fines furent toutefois produites. Antonio Maria Valsava et son disciple, Morgagni, firent même des expériences : le premier avec des oiseaux, le deuxième, avec des chats ; ils réussirent à les maintenir en vie, même en leur détruisant le cerveau, et confirmèrent que, dans les cas d'hémiplégie, c'est l'"hémisphère opposé au côté paralysé qui se trouve endommagé" [1].

Par ailleurs, Valsava effectue une description détaillée de l'oreille humaine, après l'avoir étudiée pendant seize ans. Le français Charles Lorry (1760) fut le premier à constater que la destruction du cervelet altère la coordination des mouvements, mais il remarque également que si le bulbe est intact, elle ne produit pas la mort de l'animal. Cette observation l'amènera à attribuer au bulbe la capacité d'engendrer les mouvements et les sentiments. Probablement les recherches les plus approfondies sur le cervelet, furent celles conduites par Luigi Rolando : il extirpe cet organe d'animaux très variés, des poissons jusqu'aux mammifères, en passant par les reptiles. Il fut le premier à assurer que l'extraction totale du cervelet n'affectait en rien les activités mentales ou sensorielles de l'animal.

Vers 1746, Joseph Bard assure que dans le cerveau il y a un entrecroisement total des voies nerveuses, et qu'une lésion du lobe pariétal, entraîne en plus de convulsions, la perte de la sensibilité du côté opposé du corps.

Albrecht von Haller, étudie particulièrement la physiologie des mouvements et élabore une théorie neurologique basée sur la sensibilité et l'irritabilité, propriétés fondamentales *des tissus des animaux vivants*. Il démontre que si l'on stimule un nerf lié à un muscle, ce dernier se contracte. Il soutient la thèse que les mouvements normaux sont produits grâce à l'excitation des nerfs. Il croit que le centre de la sensibilité et des mouvements se trouve dans la substance du cerveau [2] et du cervelet, et que les circonvolutions représentent une augmentation de la surface du cortex.

Ces derniers points lui valurent bien de critiques. Un opposant des plus obstinés fut Robert Whytt. Il se basait, pour cela, sur d'autres observations qui lui paraissaient tout aussi irréfutables. En particulier il constate que, même dans les cas où la moelle épinière se trouvait séparée de l'encéphale, elle pouvait produire des actes réflexes et il affirma que "les muscles ont pour cause immédiate de leur contraction une certaine influence du cerveau, de la moelle épinière et des

---

1 Hippocrate était arrivé à la même conclusion deux mille ans auparavant (avec moins de précision puisqu'il parlait de *lésions à la tête* et non au cerveau).

2 Toutefois il propose la substance blanche comme localisation, ce qui lui semble plus logique puisqu'à l'intérieur.

nerfs ; ou au moins il paraît que la puissance nerveuse est nécessaire à leur action" [1].

Fig. 71 : *Malpighi : représentation des hémisphères cérébraux.*

On voit bien aujourd'hui où est le hiatus. Il est intéressant de noter les obstacles que ce type de contradictions apparentes a pu provoquer.

Vers le début du XIXème siècle, les neurologues attachent encore une grande importance aux ventricules ou cavités cérébrales. C'est Franz Gall qui conteste cette opinion. Dans ses premiers travaux, il souligne l'importance des circonvolutions et situe le contrôle des mouvements et des sensations des diverses parties du corps en différents endroits de l'écorce cérébrale. Pendant que son contemporain, Bichat, pense que la folie est une maladie des viscères, Gall affirme catégoriquement qu'elle est une maladie du cerveau et *non de la poitrine, ni des entrailles, ni du bas ventre.*

Le succès que connurent les premières localisations cérébrales,

---

1 Robert Whytt : *Traité des Maladies des Nerfs*, I, Paris, 1777.

puisque tel était le projet de Gall et de ses contemporains, les amenèrent à aller plus en avant. Ils créent même une pseudo-science, la *phrénologie*, qui eut une existence très brève. Elle fut rejetée rapidement par la plupart des scientifiques à cause de ses affirmations osées, mais trouva cependant un intérêt certain dans le grand public. Elle mettait en relation les facultés mentales à certaines protubérances de la tête.

Néanmoins, Gall exerça une forte influence sur les anatomistes et physiologistes de son époque et même sur ceux qui lui succédèrent. Il avait ouvert la voie de la recherche des centres nerveux qui contrôlaient les différentes activités du corps, et durant le XIXème siècle, les études de localisations prirent de l'importance en même temps que le développement de la physiologie. Par exemple, Claude Bernard trouve les fonctions des nerfs vasomoteurs [1] et du système sympathique. Pierre Flourens (1842) localise l'intelligence dans les lobes du cerveau et la sensibilité dans la moelle épinière. Il situe en particulier les facultés mentales dans les circonvolutions frontales et les sentiments et les passions dans les lobes pariétaux, temporaux et occipitaux. Il soutient l'hypothèse que la substance grise cérébrale est l'organe de la pensée, que le cervelet coordonne les mouvements voulus par le cerveau, excités par la moelle épinière, et que dans le bulbe se créent les mouvements respiratoires et cardiaques.

C'était donc pour cela que les rongeurs, que Flourens compte parmi les animaux les moins intelligents, n'ont pas de circonvolutions. Par contre, du ruminant au pachyderme, au carnassier, au singe, jusqu'à l'homme, les circonvolutions augmentent. Bouillaud fut le premier à signaler l'existence d'un centre du langage dans la partie antérieure du cerveau. De plus, il indiqua, en 1825, qu'une affectation de cette partie provoquait la perte de la mémoire des mots.

Quelques temps après, Paul, Broca, tout en se basant sur quelques principes de Gall, procède à de nombreuses autopsies d'anciens malades qui, de leur vivant, avaient perdu la faculté de parler. Il démontre que la plupart d'entre eux avaient des lésions dans une zone du lobe frontal de l'hémisphère cérébral gauche. Dans cette zone - appelée par la suite aire de Broca - se situe le langage articulé. Broca révéla qu'une lésion de cette zone dans l'hémisphère gauche avait pour conséquence une aphasie ou une perturbation du langage alors qu'une lésion identique de la même zone, mais dans l'hémisphère droit, ne troublait en rien le langage.

---

1 Les nerfs vaso-moteurs diminuent ou augmentent le calibre des vaisseaux sanguins.

En 1874, Karl Wernicke découvre un autre type d'aphasie se produisant suite à une lésion du lobe temporel de l'hémisphère gauche également, qu'il distingue de la zone de Broca. Une lésion dans la zone de Broca altère le langage articulé ; le patient ne peut plus parler, non pas à cause d'une paralysie des muscles de la phonation mais parce qu'il a oublié comment ordonner les syllabes pour former des mots et comment ordonner les mots pour former des phrases. Par contre, si la zone de Wernicke est endommagée, le sujet ne saisit plus la parole orale ou écrite, bien qu'il l'entende ou la voie ; il se trouve alors dans la même situation qu'une personne qui entendrait parler une langue qui lui est totalement étrangère ou qui verrait un texte écrit dans cette langue.

Ces localisations furent alors précisées par une nouvelle technique de travail : en 1870. Gustav Fritsch et Edouard Hitzing ouvrent le crâne d'un chien laissant le cerveau découvert ; ils maintiennent en vie l'animal, stimulent différents points de la zone cérébrale, ce qui provoque à chaque fois un mouvement d'un secteur bien déterminé du corps, du côté opposé au stimulus. Par exemple, en stimulant la zone 1', ils constatent un mouvement dans la main droite, en stimulant la zone 1", un mouvement du membre postérieur droit.

Ces expériences venaient a point pour confirmer une conclusion à laquelle était parvenu peu de temps auparavant un neurologue anglais, John Hughlings Jackson et qui était passé inaperçue : il avait remarqué qu'une lésion d'un côté de l'écorce cérébrale provoquait des mouvements épileptiques dans la partie opposée du corps. Ces découvertes étonnèrent beaucoup les neurologues qui jusqu'alors penchaient à croire que l'écorce cérébrale agissait seulement dans le domaine de la pensée. Ainsi, Jackson écrit "... La raison de cet étonnement général est due à mon avis au fait que l'on considère que les circonvolutions de l'écorce cérébrale, du cortex, ne sont pas pour les mouvements mais pour les idées".

Chaque région du cerveau fut alors l'objet de multiples études. Par exemple, nous relèverons pour l'hypothalamus, un rôle dans :
- la régulation de la température corporelle travaux de Davison et Selby, (1935) et ceux d'Alpers, (1936) ;
- la régulation de l'eau corporelle (Verney, 1947 ; Kourilsyky, 1950, etc..) ;
- la régulation de l'alimentation (Richter, 1943, Brobeck, 1946, Annand et Brobeck, 1951 et d'autres) ;
- la régulation des états d'éveil et de sommeil (Ranson, 1939, Nanta, 1946, etc..) ;
- la régulation des fonctions endocriniennes (Du Vigneaud, 1953, Heinbecker et ses collaborateurs, 1847, Harris et d'autres, 1951, Li et Evans 1944, Houssay 1933 et 1941, etc..) ;
- la régulation des comportements et émotions (Gloor 1954, Alpers 1939) .

Sur la base de ces données et d'autres similaires, ils établirent une sorte de carte du cerveau, qui fut précisée progressivement. Wilder Penfield et ses collaborateurs de l'institut Neurologique de Montréal, entre 1950 et 1959, obtiennent des résultats importants. Dans les conditions décrites ci-dessous [1], ils stimulent le cortex cérébral d'abord, plus spécifiquement la circonvolution 1, de haut en bas. Ils observèrent la production des mouvements du genou, de la hanche, du tronc, de l'épaule, du bras, de la main, des doigts, du cou et du visage, dans cet ordre, mais du côté opposé du corps. En faisant la même opération sur la circonvolution 2 du lobe pariétal, ils n'obtiennent pas de mouvements, mais les patients manifestent avoir des *sensations étranges,* comme des *fourmillements ou des engourdissements,* toujours de l'autre côté du corps, et dans des endroits différents, selon la zone stimulée (et dans le même ordre que dans la circonvolution 1). Quand ils appliquent des stimuli sur la circonvolution 3, dans le lobe temporal, le patient croit entendre un son qui *ressemble au chant d'un grillon, au vent dans les arbres, au bruit d'un train.* Lorsque Penfield stimule la zone 4, dans le lobe principal, les patients, qui ont les yeux bandés, croient voir *d'une façon grossière, des lumières, des ombres et des couleurs.*

Les expérimentations de Penfield et d'autres chercheurs ont amené à considérer la circonvolution 1 (prérolandique) comme l'aire des mouvements volontaires, la circonvolution 2 (ou postrolandique) comme l'aire de la sensibilité générale du corps, la circonvolution 3 (circonvolution temporale supérieure) comme l'aire auditive et la 4, lobe occipital, comme l'aire visuelle.

Une idée fausse, l'idée d'associer une faculté à une zone ("la bosse des maths") est ainsi à l'origine d'un grand développement qui permet de mieux connaître les fonctions du cerveau. Cela a constitué une étape dans la connaissance. Depuis, les localisations

---

1 Les méthodes expérimentales utilisées sont les suivantes: on extirpe une zone du cerveau et on observe les altérations de la motricité, la sensibilité, le comportement, etc. Une autre manière (utilisée depuis Fritsch et Hitzig) consiste à analyser les conséquences d'une stimulation directe du cortex cérébral.

Avec les êtres humains, on procède de la façon suivante : lorsqu'un individu, ayant eu un dérangement de la motricité, de la sensibilité, du comportement, ou une perturbation des activités mentales, meurt, une autopsie est effectuée pour essayer de trouver d'éventuelles lésions et, si tel est le cas, de délimiter les zones affectées. Un autre recours, qui profite du fait que le cerveau est insensible, consiste à le stimuler pendant une intervention chirurgicale. A cet effet, on anesthésie le patient seulement pour ouvrir le crâne et séparer les méninges. Quand l'anesthésie a cessé son effet, on stimule le cerveau, le patient est donc conscient. On observe alors s'il y a des mouvements qui se produisent et on demande également au malade de décrire ses sensations, ses impressions, etc..

strictes sont à nouveau contestées, des phénomènes d'intégration sont observés.

Histologie du système nerveux.

Antoine van Leeuwenhoek fut probablement le premier à observer une cellule nerveuse vers 1677. Il examina parmi d'autres choses qui lui passaient sous la main un morceau de tissu nerveux et constata qu'il était formé d'un réseau de fins brins interconnectés. Il ne put aller plus loin. Quelques cents ans plus tard, Fontana décrivit les fibres nerveuses comme *des cylindres tortueux et primitifs*, mais il est possible qu'il les confondit avec les fibres musculaires ou conjonctives.

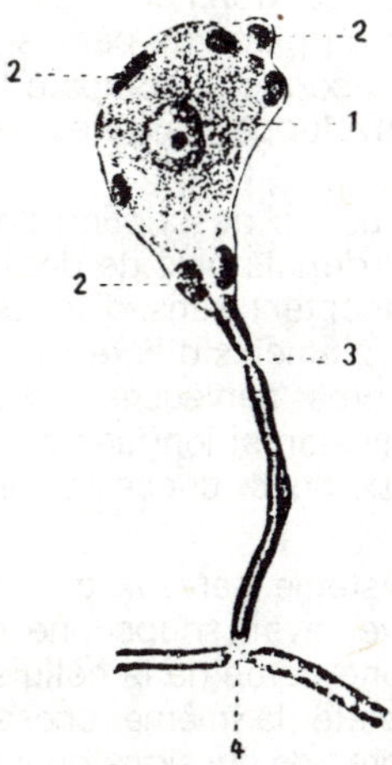

1. corps de la cellule ganglionnaire - 2. noyau appartenant à la couche endothéliale de l'enveloppe - 4. bifurcation en T.

Fig. 72 : *Cellule unipolaire d'un ganglion Spinal sur un foetus humain (d'après Tourneux).*

En 1833, Christian Ehrenberg étudie et décrit les cellules nerveuses ganglionnaires, mais il ne comprend pas leur relation avec les fibres nerveuses périphériques. Peu de temps après, Jean Evangeliste Purkinje décrit les cellules nerveuses de l'écorce du cervelet, ainsi que les fibres myéliniques. Il nomma les premières : *corps ganglionnaire en forme de gourde*, (aujourd'hui appelées cellules de Purkinje). Il utilisa semble-t-il pour la première fois dans l'histoire de l'Histologie, un microtome, qui lui permit de faire des tranches beaucoup plus fines des organes nerveux, et d'améliorer ainsi les observations au microscope.

Presque simultanément, Schultze découvre les neurofibrilles et Remak caractérise avec précision les fibres amyéliniques qui portent aujourd'hui son nom. De même Théodor Schwann réalise, en 1838, une description remarquable de la gaine (elle porte aussi son nom) qui enveloppe les fibres composantes des nerfs. Rudolph Virchow, en 1864, décrouvre la myéline [1], substance qui recouvre les axones, et Louis Antoine Ranvier, en 1875, indique que les fibres du système nerveux central n'ont pas de gaine de schwann et étudie la structure des nerfs. Impressionné par la mise en place de câbles télégraphiques sous-marins, effectuée à cette époque, il compare leur revêtement isolant avec la myéline qui enveloppe les fibres nerveuses et celles-ci avec les fils métalliques.

A cette époque, on a alors une bonne description des éléments nerveux, mais rien n'est résolu. Car, depuis plus de deux cents ans, les anatomistes et histologistes acceptent sans discussion que le tissu nerveux est composé par deux éléments différents : les *cellules* ou corpuscules nerveux et les fibres nerveuses [2]. Pour pouvoir comprendre les motifs de cette confusion si longuement maintenue, nous allons regarder de près quelques concepts relatifs à la constitution du système nerveux.

Déjà en 1842, en étudiant le système nerveux des invertebrés, Helmholtz confirme ce que Hannover avait soupçonné en 1840, à savoir que toute fibre nerveuse est une partie de la cellule nerveuse. Deux ans plus tard, Kölliker constate la même chose chez les mammifères.Commencent alors d'âpres discussions pour savoir si la fibre était ou non une partie de la cellule nerveuse. Vers 1860, Karl Deiters montre clairement que la cellule nerveuse a des prolongements de deux types : les uns courts, généralement très ramifiés,

---

1 Myéline, terme d'origine grecque, signifie moelle, partie centrale, puisqu'elle avait été trouvée abondamment dans le cerveau.

2 La névroglie n'est pas incluse, elle n'est pas un élément nerveux.

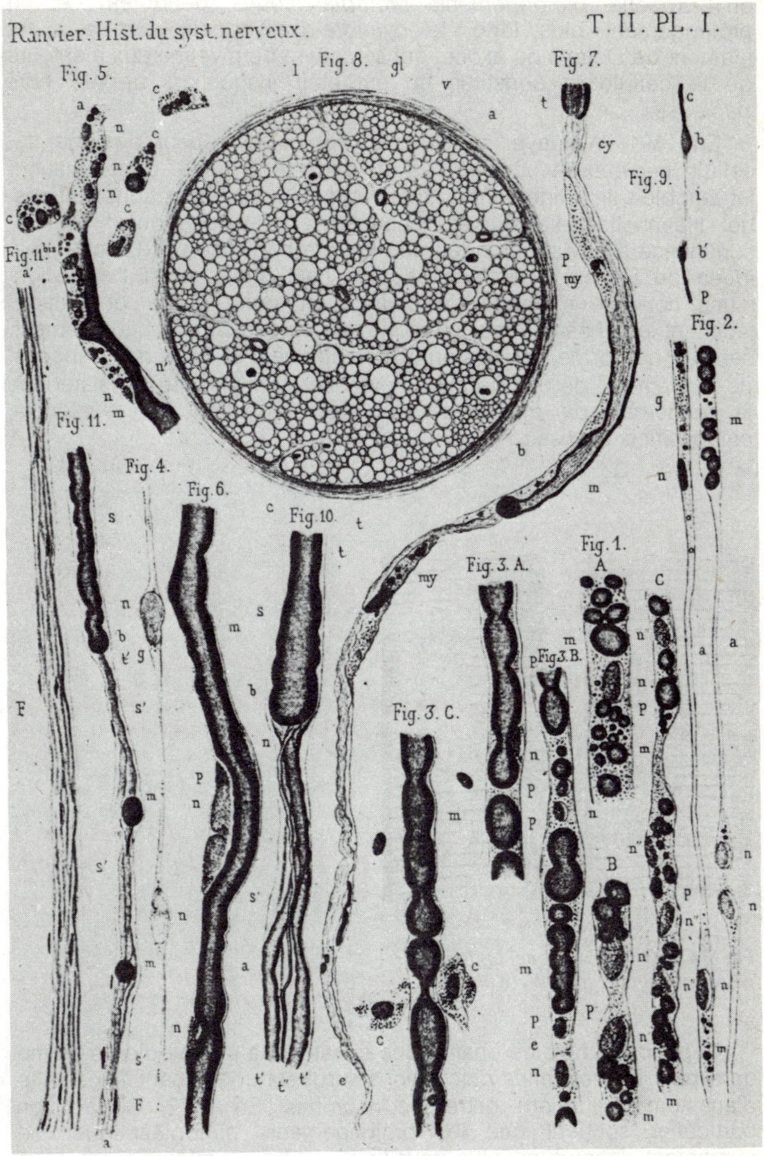

Fig. 73 : *Histologie du neurone au XIXème siècle. Ranvier M.L. Leçons sur l'histologie du système nerveux.*

qu'il appelle *prolongements protoplasmiques* (dendrites) ; et un prolongement plus long, le *cylindre-axe,* appelé, par la suite, filament de Deiters ou axone, qui se couvre de myéline aux alentours de la cellule et constitue ce qui était jusqu'alors appelé *fibre nerveuse.*

En 1891, Waldeyer propose le mot *neurone* pour désigner la cellule nerveuse avec tous ses prolongements. cette dénomination fut semble-t-il rapidement adoptée, car, à la suite des constatations de Helmholtz et Kölliker, beaucoup de scientifiques avaient commencé à envisager l'idée que la fibre nerveuse soit l'axone. Les idées de Deiters, mentionnées plus haut, mais aussi l'utilisation d'une nouvelle méthode de coupes en série créée par Stilling facilitent les choses. Ainsi la théorie du neurone comme seul élément nerveux qui forme tous les organes s'affirma. Par ailleurs, le succès de la méthode de Stilling mit en évidence la nécessité d'insister sur la recherche de méthodes spéciales permettant de révéler la composition du tissu nerveux.

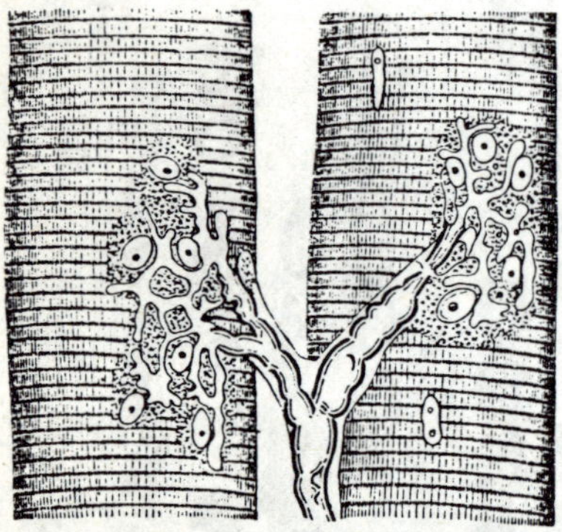

Fig. 74 : *Observation de la liaison neuro-musculaire par W. Kühne.*

Cependant dans ce champ que constitue la neurologie, le calme dura peu. De nouvelles discussions surgirent concernant l'existence d'anastomose (union) entre les neurones. En 1872, Gerlach en particulier soutient que les prolongements protoplasmiques se ramifiaient de plus en plus pour finir en fibrilles et s'unissent entre elles et avec celles des cellules voisines, formant ainsi un réseau qui occupait toute la substance grise. De plus, une grande partie des fibrilles s'unissant entre elles seraient à l'origine d'un cordon qui, non loin de son point de départ, s'entourerait de myéline formant alors une fibre nerveuse. Selon Gerlach, il y avait donc deux sortes de fibres nerveuses : d'une part les ordinaires, qui sont les filaments de Deiters et qui constituent les fibres motrices des nerfs, et, d'autre part, celles qui se détachent du réseau et trouvent leur origine dans les prolongements protoplasmiques, les fibres sensitives.

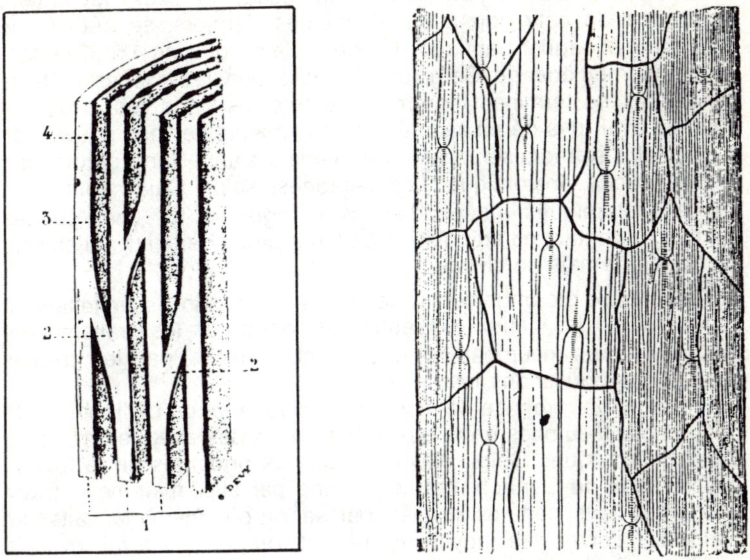

1 2

Fig. 75 : *Golgi, 1878. 1. gaine lamelleuse d'un faiseau nerveux, vue en coupe longitudinale. - 2. nerf traité par le nitrate d'argent.*

Mais en 1878, Camillo Golgi, après avoir essayé diverses colorations, crée une technique qui lui permet de noircir la cellule nerveuse et ses prolongements, même les plus fins. Il peut ainsi démontrer que les dentrites ne s'unissent pas les unes aux autres, infirmant la théorie de Gerlach. Golgi attribue cependant aux dendrites un rôle exclusivement nutritif, et il élabore en outre une nouvelle hypothèse, selon laquelle il y aurait deux types de cellules nerveuses : I et II.

Celles de type I possèdent un très long axone qui, non loin du corps cellulaire, s'entoure de myéline et se termine librement dans les muscles.. Celles de type II possèdent par contre un axone très court, sans myéline, qui se termine en se divisant en ramifications qui s'unissent à celles d'autres cellules pour former un réseau dans la substance grise.

Grâce à la technique créée par Golgi, quelques chercheurs abandonnent peu à peu les idées de Gerlach. Des querelles éclatent alors entre ceux qui soutenaient, avec l'histologiste italien, que les neurones s'unissaient pour former un réseau et ceux qui niaient l'existence de cette formation. Parmi ces derniers, se détache le chercheur espagnol Santiago Ramon y Cajal, qui, en 1888, perfectionna la méthode de Golgi et démontre que les axones et leurs collatéraux se terminent librement comme les dendrites. Il affirma qu'il n'y avait pas de réseau, les prolongements nerveux pouvant se croiser et s'entrecroiser, mais sans jamais s'unir, sans perdre leur indépendance anatomique. Les neurones, selon Cajal, sont "des unités anatomiques indépendantes qui agissent les unes sur les autres par contact ou articulation de leurs prolongements ; elles sont contiguës, jamais continues".

Quant aux prolongements, selon Cajal, ils sont essentiellement conducteurs des influx nerveux ; les dendrites les transmettent jusqu'au corps neuronal où elles sont relayées par les axones jusqu'aux arborisations terminales.

Sherrington propose le nom de *synapse* pour désigner cette relation des neurones entre eux ou des neurones avec les muscles. Cajal affirme que "Golgi, élevé ... dans les principes de la théorie des réseaux de Gerlach, l'esprit dominé par elle, mais ne pouvant rejeter les faits certains révélés par sa propre méthode, faits qui plaidaient contre ses croyances, ne put rompre tout à fait avec la tradition ; il établit inconsciemment une cote mal taillée entre les unes et les autres, et à son tour attribua aux prolongements (cylindre-axe) des anastomoses..." [1].

La première théorie n'était toutefois pas inintéressante, elle soutenait la théorie du neurone : le corps de la cellule est le centre duquel dépend la nutrition de tout le neurone, y compris celles de ses prolongements, quelle que soit la longueur de l'axone [2]. Pour argumenter ce point, on reprit une ancienne expérience décrite par Augustus Volbey Waller en 1852, exemple qui fut appelé par la suite "*dégénérescence wallérienne*". Elle confirme que la nutrition de

---

1 S. Ramon y Cajal, *Histologie du système nerveux de l'homme et des Vertébrées,* trad. par L. Azoulay, Paris, 1909.

2 Chez l'homme, la longueur de certains axones atteint presque le mètre.

l'axone dépend du corps neuronal. Si l'on coupe l'axone, la partie qui est alors séparée du corps cellulaire dégénère, se désintègre et disparaît phagocytée par les cellules macrophages de la névroglie. En ce qui concerne la partie restée attachée au corps, généralement elle grandit, se régénère quand l'axone est pourvu d'une gaine de Schwann, comme c'est le cas des fibres qui forment les nerfs périphériques. En revanche, si les axones ne possèdent pas de gaine de Schwann, et c'est le cas de ceux qui forment la substance blanche des organes centraux, ils ne se régénèrent pas.

Les travaux de Cajal semblent pour un temps avoir convaincu les *réticularistes* qui abandonnent peu à peu leurs arguments. Mais en 1895, la dispute se ranime, Renault, Haller, Sczawinska et d'autres affirment que les méthodes de coloration employées - surtout celle de Golgi - ne réussissent pas à noircir les arborisations terminales, celles qui, en s'unissant, sont censées former le réseau, réseau qui par conséquent reste invisible. D'autres pour réfuter la théorie de Cajal s'appuyent sur l'existence de neurofibrilles dans toutes les cellules nerveuses. Il s'agit pour eux de formations parallèles dans l'axone, mais qui s'entrecroisent dans le corps neuronal. En 1897, Apathy, en étudiant le système nerveux de vers et de sangsues, en vient même à conclure que la doctrine du neurone avait surgi à la suite d'une erreur d'observation de la part des chercheurs qui n'avaient pas vu la continuité des neurofibrilles. Apathy soutient alors l'idée que la peau est pleine de neurofibrilles qui ensuite se réunissent en un faisceau pour former la fibre nerveuse sensitive, fibre qui, lorsqu'elle arrive au ganglion, se décompose en neurofibrilles primitives. Celles-ci s'entrecroisent et s'unissent aux neurofibrilles primitives des fibres voisines, formant un réseau diffus, duquel ressort une fibrille plus grosse qui se termine dans le muscle. Son modèle repose sur l'importance des neurofibrilles, les cellules nerveuses ne faisant que produire l'énergie nerveuse. Intercalées de loin en loin dans la voie conductrice, elles fonctionnent comme dépôt de cette énergie.

Plusieurs chercheurs, parmi lesquels Dogiel, Neumann, Capobianco, Rufini, Bauer et autres soutiennent l'hypothèse d'Apathy. Mais le *champion* de la théorie réticulaire nouvelle formule est Bethe, qui en 1903 (avec l'appui Nissl) emploie une nouvelle méthode de coloration et affirme qu'il existe deux réseaux de neurofibrilles. L'un épais, entourant les cellules, et l'autre diffus, s'étendant à toute la substance grise.

En 1903, Ramon y Cajal est amené à reconnaître qu'il y a bien des neurofibrilles dans le corps neuronal et dans tous les prolongements. Mais il rejette l'existence des réseaux diffus supposés par Apathy, en affirmant que la théorie de la contiguïté (*théorie des contacts*), basée sur de nombreuses observations, réalisée sur des vertébrés et des invertébrés, s'est vue confirmée par les dernières recherches entreprises. Quant aux travaux de Bethe, il ajoute :

> *"...Quiconque peut comparer les préparations obtenues par la méthode de Bethe à celles que donnent les autres techniques de coloration élective des neurofibrilles. Et quiconque peut, grâce à une comparaison impartiale, réduire, comme nous, à néant, et pour toujours, l'hypothèse de Bethe* [1]".

Pourtant les deux écoles restaient confrontées, celle des "réticularistes" [2] et celle des "neuronistes". La controverse ne fut toutefois pas inutile comme le précise d'ailleurs Cajal :

> "... *les hypothèses d'Apathy, Bethe et Nissl, ont été fort utiles à la science. D'une part, elles ont poussé à l'invention de nouvelles méthodes... et d'autre part, elles ont provoqué, indirectement, des découvertes nombreuses et importantes* [3]..."

Bien que la théorie du neurone s'imposât de plus en plus, les discussions passionnées - parfois même dénuées de rigueur scientifique - ne cessèrent qu'en 1955 environ, lorsque l'usage du microscope électronique permit de dissiper les doutes et la controverse fut close en faveur du concept neuronal. [4] Il est vrai que certains

---

1 S. Ramon y Cajal, *Histologie du système nerveux de l'homme et des Vertébrés,* p.87, Paris, 1909.

2 Réticule : réseau, filet.

3 S. Ramon y Cajal, *ibid,* p.89.

4 La théorie du neurone s'est trouvée confirmée par les processus de dégénérescence wallerienne qui se produisent lorsqu'on coupe les fibres, ainsi que par le développement embryonnaire du système nerveux, dont l'étude avait été commencée par His. Les travaux ultérieurs de Cajal, Ariens-Kappers et d'autres, permirent d'avancer que chaque neurone prend naissance dans une seule cellule nerveuse primitive ou neuroblaste, dont l'activité forme non seulement le corps neuronal, mais aussi l'axone. L'extrémité libre de celui-ci continue à grandir et immédiatement après commence la formation des dendrites. En ce qui concerne les neurofibrilles, les travaux de Parker (1929) et Ariens-Kapper (1932) permirent d'avancer d'autres arguments et de rejeter l'hypothèse selon laquelle ce seraient des éléments conducteurs d'influx nerveux. Il est probable qu'elles véhiculent des substances nutritives et qu'elles servent de soutien.
En 1953, De Robertis et Franchi signalent l'existence de microtubules dans les cellules. Ils seront mieux connus dès 1960 grâce à l'invention de nouvelles techniques et à l'emploi d'un instrument puissant, le microscope électronique à haute accélération qui informe en profondeur en donnant une vision tridimensionnelle des cellules. L'existence d'un certain nombre d'éléments squelettiques est alors confirmée : les microtubules, les

arguments en sa faveur prêtaient à caution. En 1894, par exemple Lépine, qui s'intéresse au sommeil naturel, résume ses idées de la façon suivante : pendant que l'on est éveillé, les cellules sensitives transmettent des influx nerveux à l'écorce cérébrale qui ainsi reçoit constamment des informations de l'extérieur et se maintient en éveil ; le sommeil se produit lorsque les axones des cellules sensitives se rétractent, perdant ainsi le contact avec les cellules de l'écorce cérébrale qui ne reçoit alors plus d'informations de l'extérieur. L'année suivante, Mathis Duval reprend l'hypothèse de Lépine en y ajoutant que les prolongements des cellules nerveuses seraient à même de réaliser des mouvements amiboïdes, c'est-à-dire semblables aux mouvements des pseudopodes de l'amibe qui se dilatent ou se contractent. Le sommeil se produit quand les prolongements se rétractent, les cellules nerveuses perdant alors le contact avec les neurones voisins. Lorsque les prolongements retrouvent leurs dimensions primitives, les contacts - ou synapses - se rétablissent et le réveil a lieu!

Fonctionnement neuronal.

L'influx nerveux.

Du point de vue structurel, le neurone est désormais interprété au travers du concept de cellule. Du point de vue fonctionnel, il a une

microfilaments et ceux appelés filaments intermédiaires, qui jouent le rôle d'armature changeante qui se défait et se reconstitue rapidement, de transport et de circulation rapide des substances dans la cellule. Dans les neurones, les microtubules furent décrits par Porter et les microfilaments par F. Davison, comme les éléments transporteurs de substances, particulièrement le long de l'axone. Les neurones rénovent constamment leur matériel constitutif qui se produit au fur et à mesure dans le corps neuronal. Comme les axones sont en général très longs, il existe un système de transport, découvert vers 1945, par Paul A. Weis, qui comprima un axone, au point A par exemple. Au bout de quelques jours, il observa que depuis le corps de la cellule jusqu'au point A, l'axone était plus gros, alors qu'il devenait plus mince à partir du point A jusqu'à la partie terminale. Il relâcha ensuite la compression et l'axone retrouva son état antérieur. Actuellement on sait qu'il existe un système de transport lent qui conduit depuis le corps neuronal les substances nécessaires à la croissance et à la régénération de l'axone, à une vitesse de 1 mm par jour, et un système de transport rapide décrit par Samuel Baronde en 1967, qui va dans les deux sens à une vitesse de 10 à 20 cm par jour, et qui conduit diverses substances, parmi lesquelles celles en rapport avec les médiateurs chimiques.

irritabilité, autrement dit, une capacité de réaction face à une stimulation, bien plus grande que les cellules habituelles. Sa membrane plasmatique ne régit pas seulement les échanges de substances avec l'extérieur, elle est aussi fondamentale pour la transmission de l'influx nerveux.

Nous avons démontré précédemment les difficultés inhérentes à l'introduction du modèle de neurone ; il est nécessaire de poursuivre maintenant sur l'angle du fonctionnement. Bien sûr dans l'histoire, ces deux composantes s'interpénètrent.

A la fin de l'antiquité, Galien, à la suite de nombreux autres chercheurs, croyait à l'existence d'une substance, *l'esprit animal*, que les nerfs distribuaient dans tout le corps afin de régulariser ses fonctions. Les travaux dont nous avons parlé, à propos des localisations et des descriptions microscopiques, ne font guère avancer les idées à propos du fonctionnement neurologique : les nerfs étaient toujours compris comme des tuyaux creux par lesquels un liquide contenant *des esprits animaux* étaient transmis.

Certes, aux alentours de 1500, Fernel avait bien affirmé que *"les muscles sont des organes du mouvement et les nerfs transmettent la force"*, et Swammerdan avait bien proposé une expérience fondamentale pour tenter de réfuter cette idée, mais le consensus ne s'était pas fait. Pourtant cette expérience, réalisée sur un muscle dans un liquide de volume connu permettait de noter qu'après stimulation du nerf, le niveau de liquide n'avait pas varié, induisant l'idée que le muscle contracté ne variait pas de volume, ce qui, bien sûr, contredisait l'entrée dans les muscles de l'esprit animal à partir des nerfs creux. Un siècle plus tard, Whytt soutenait encore que les muscles ont pour cause immédiate de leur contraction une certaine influence ou puissance nerveuse... Toutes ces expressions d'ailleurs : *esprit animal, force, influence ou puissance nerveuse* tentaient d'expliquer ce qu'en fait on ne comprenait pas.

Les idées semblent changer vers la fin du XVIIème siècle, notamment avec les travaux de Haller qui élabore une théorie homologue basée sur la sensibilité et l'irritabilité, *propriétés fondamentales des tissus animaux*[1].

---

1 Haller, Albrech (Von) : *Dissertation sur les parties irritables et sensibles des animaux*. Ed. Marc-Michel Bousquet et Comp., Lausanne, 1755. "J'appelle partie irritable du corps humain, celle qui devient plus courte quand quelque corps étranger la touche un peu fortement. En supposant le tact externe égal, l'irritabilité de la fibre est d'autant plus grande qu'elle se raccourcit davantage. J'appelle fibre sensible dans l'homme, celle qui étant touchée, transmet à l'âme l'impression de ce contact : dans les animaux, sur l'âme desquels nous n'avons point de certitude, l'on appellera fibre sensible, celle dont l'irritation occasionne chez eux des signes évidents de douleur et d'incommodité. J'appelle insensible, au contraire, celle qui étant brulée, coupée, piquée, meurtrie

Cette dichotomie est primordiale, elle permet de distinguer les deux phénomènes : la sensibilité étant typique des nerfs, et l'irritabilité, du système musculaire. Haller ajouta qu'un petit stimulus du nerf provoquait les contractions, ce qui était un changement total de mode de pensée. Bien sûr, il ne put pas préciser sa nature, et son idée resta sans grande influence jusqu'au moment où, en 1780, un physicien italien, Luigi Galvani, découvrit par hasard que les fibres nerveuses pouvaient stimuler les muscles et provoquer leur contraction.

Dans l'un de ses écrits, il raconte qu'il était un jour en train de disséquer une grenouille, mais il dut interrompre cette besogne pour s'occuper d'autre chose. Il laissa donc sa grenouille sur la table de travail, un peu éloignée du conducteur électrique. Par hasard, un assistant toucha avec le bistouri les nerfs cruraux des cuisses et observa que les muscles des pattes se contractaient violemment. Un autre assistant vit que le phénomène se répétait si, en touchant la grenouille avec le bistouri, on produisait simultanément une étincelle dans le conducteur de l'appareil électrique. Effrayés, les assistants appelèrent Galvani qui s'enthousiasma devant ce spectacle et réitéra plusieurs fois l'expérience, vérifiant que les mouvements se produisaient chaque fois qu'en même temps il touchait le nerf crural, l'un de ses assistants produisait une étincelle. Il écrit alors :

> " *J'eus par contre des doutes quant à savoir si ces mouvements étaient provoqués par le contact avec la pointe, qui pouvait agir comme une stimulation, au lieu de l'étincelle. Je touchai donc à nouveau avec la pointe le même nerf chez d'autres grenouilles, d'une manière semblable et j'exerçai une pression plus forte, mais il*

---

jusques à une entière destruction, n'occasionne aucune marque de douleur, aucune convulsion, aucun changement dans la situation du corps. Cette définition est fondée sur ce que nous savons d'un animal qui souffre, cherche à soustraire la partie lesée à la cause offensante" (pages 5-6).

"Voici la méthode que j'ai suivie. J'ai pris des animaux vivants de différents genres et de différents âges ; après avoir mis à nue la partie que je voulois examiner, j'ai attendu que l'animal cessant ses mouvements et ses plaintes fut dans un état de tranquillité ; alors j'ai irrité cette partie, avec le souffle, la chaleur, l'esprit de vin, le scalpel, la pierre infernale, l'huile de vitriol, le beurre d'antimoine. J'ai examiné attentivement si en touchant, en coupant, en brûlant, en lacérant cette partie, l'animal perdait la tranquillité, s'agitait, retirait la partie blessée : s'il venait quelque convulsion, ou si rien de tout cela n'avait lieu. Quel qu'ait été l'événement de ces différents essais souvent répétés, je l'ai rapporté exactement dans mes Mémoires." (page 7-8).

"La chair des muscles a de la sensibilité, mais elle le doit aux nerfs qu'elle reçoit, et si l'on lie toutes les branches des nerfs qui se distribuent à un muscle. Il devient totalement insensible et l'on a beau l'irriter, l'animal ne donne aucun mouvement." (page 1).

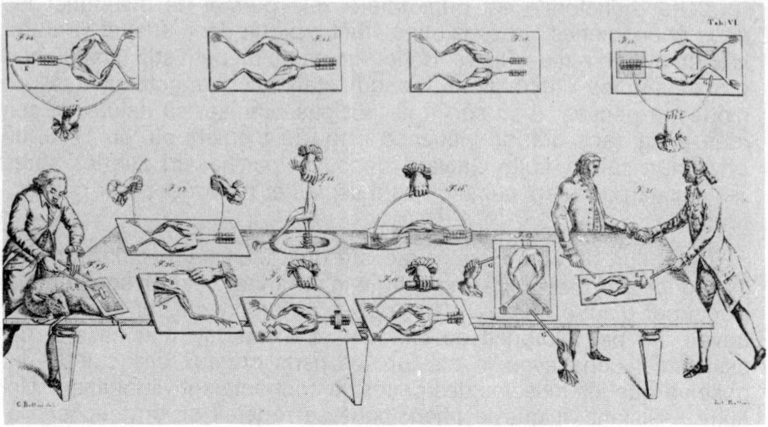

Fig. 76 : *Laboratoire de Galvani selon un dessin extrait de son oeuvre.*

> *n'y eut aucun mouvement tant que l'on n'avait pas produit l'étincelle en même temps."*

Galvani voulut alors vérifier si l'électricité de l'éclair avait les mêmes effets. Dans une cour extérieure, il relia un paratonnerre à l'extrémité supérieure d'une grenouille décapitée et l'autre câble, qu'il attacha à l'une des pattes, fut introduit dans l'eau d'une citerne. Quand il se produisit un orage, il constata que :

> *"... au moment où les éclairs de déchaînaient, tous les muscles avaient de multiples et violentes contractions, de telle manière que les mouvements musculaires et les contractions, tout comme la lumière des éclairs... précédaient les coups de tonnerre, et pour ainsi dire, les annonçaient"*

La nouveauté pour Galvani consiste à constater que la décharge électrique est capable de rendre les nerfs et les muscles actifs d'une manière fort semblable au fonctionnement normal. Dès lors Galvani raisonne de cette manière : si des contractions musculaires se produisent lorsqu'on touche un nerf avec un câble électrique ou quand le corps de la grenouille conduit le courant reçu par le paratonnerre, alors les muscles se contractent normalement lorsqu'ils reçoivent des courants électriques venant des nerfs. Il en déduit l'existence d'une *"électricité animale innée"* produite par les nerfs et qui, lorsqu'elle parvient au muscle, provoque sa contraction.

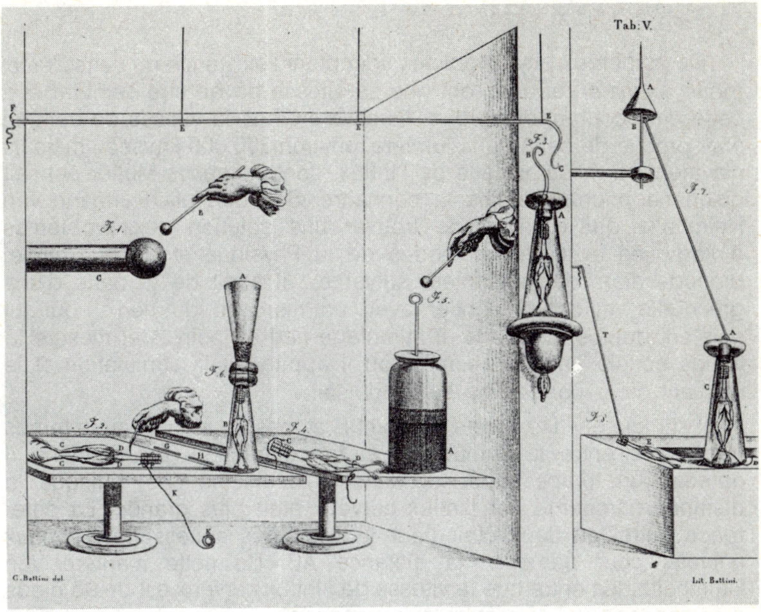

Fig. 77 : *Expérience de Galvani.*
Le câble relie le paratonnerre à une grenouille placée dans le récipient. L'autre câble attaché à la patte de la grenouille est plongé dans l'eau de la citerne.

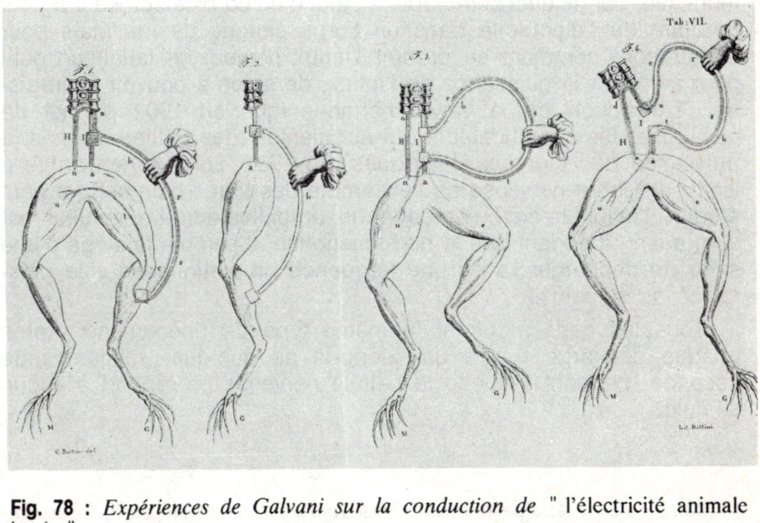

Fig. 78 : *Expériences de Galvani sur la conduction de* " l'électricité animale innée ".

De nombreux physiologistes acceptent l'existence de cette *"électricité animale"* et admirent que sa vitesse devait être semblable à celle d'un courant électrique. Ils savaient que la vitesse de celle-ci était proche de celle de la lumière, environ 300.000 km/sec., mais ils n'avaient pu mesurer celle de l'influx, dont Johannes Müller pensait qu'on ne pourrait jamais la connaître. Son disciple Hermann von Helmholtz, qui essayait de trouver une solution aux problèmes biologiques avec les méthodes de la Physique et de la Chimie, procède alors de la manière suivante : il sortit de la patte d'une grenouille un muscle entier avec un morceau du nerf [1] qui lui parvient depuis la moelle. Il stimule le nerf au point A et mesure le temps écoulé entre le moment où il appliquait la stimulation et le moment où la contraction se produisait.

Il stimule ensuite le nerf au point B et mesure à nouveau le temps nécessaire entre la stimulation et la contraction. Evidemment, il obtenait un temps supérieur dans le deuxième cas, puisque la distance parcourue par l'influx nerveux était plus grande. La différence entre les deux était pour lui le temps nécessaire à l'influx nerveux pour parcourir la distance AB. De cette manière, Von Helmholtz démontre que la vitesse de l'influx nerveux est de 90 pieds à la seconde (27,45 mètres à la seconde).

Cette vitesse est presque trois millions de fois plus lente que celle de la lumière. Se basant sur ses expériences, Helmholtz affirme que l'influx nerveux n'est pas un courant électrique. Cajal suppose alors que l'influx nerveux doit sa propagation à une sorte d'influence inductive, par un effet semblable à celui d'un corps électrisé qui peut produire de l'électricité dans un corps éloigné de lui. Mais pour comprendre comment se produit l'influx nerveux, il fallait un outil pour amplifier la puissance de l'influx, de façon à pouvoir l'enregistrer. L'invention de la valve thermo-ionique en 1904 permet de construire des amplificateurs qui augmentent des milliers de fois la puissance des signaux électriques. En 1932, Lord Adrien arrive à isoler une fibre nerveuse de l'ensemble des fibres d'un nerf et peut étudier l'influx nerveux grâce à un amplificateur. Le résultat est surprenant : pendant que le nerf fonctionne, il semble le siège d'une série de décharges, avec une fréquence proportionnelle à la puissance du stimulus.

Tous les nerfs montrent le même type de phénomène. Après chaque décharge il y a une période de quelques millièmes de seconde, pendant laquelle la cellule nerveuse ne répond à aucun stimulus.

---

1 On appelle un muscle prélevé sur l'animal avec son nerf, une préparation neuromusculaire.

Il fallait encore trouver le mécanisme par lequel se produisaient les décharges et comment l'influx était transmis. Déjà, Julius Bernstein avait proposé en 1902 une explication selon laquelle l'impulsion nerveuse dépendait des ions : pendant l'influx nerveux, la membrane perd sa sélectivité et les charges s'équilibrent : les ions positifs (sodium) et négatifs (potassium) passent d'un côté et de l'autre de la membrane. En 1938, A.L. Hodgkin et A.F. Huxley, qui utilisent une technique nouvelle, avec des micropipettes qui pouvaient être introduites dans l'extrémité coupée d'un nerf vivant (dans des grosses fibres comme celles du calmar, par exemple), montrent que la théorie de Bernstein était seulement vraie en partie. Pendant l'influx nerveux il constate des changements électriques dans l'extérieur et l'intérieur de la membrane, mais, au lieu d'une équilibration des charges, l'intérieur du neurone, qui était normalement négatif, devenait positif pendant le passage du courant.

Après la guerre, en 1947, Hodgkin et Katz proposent une hypothèse pour expliquer ce phénomène : la membrane du nerf pouvait laisser entrer pendant un moment les ions sodium, mais elle ne pouvait pas les laisser sortir. Après un moment se produisait le phénomène inverse avec le potassium (il sortait mais ne pouvait pas entrer). L'entrée de sodium et la sortie de potassium provoquaient les changements de polarisation électrique.

Keynes et Lewis, en mesurant avec exactitude les flux de sodium et de potassium, ont montré que l'hypothèse était correcte.

Dans le même temps; après de nombreuses reformulations, Keynes et Hodgkin ont montré que l'énergie nécessaire pour entrée et sortie des ions provenait de la transformation d'ATP (un des fournisseurs d'énergie dans les processus cellulaires).

Le modèle de la synapse.

Avec l'introduction du modèle neuronique, une autre question se pose qui ne pouvait exister dans le système réticulaire. Il s'agit de la transmission de l'influx nerveux dans la synapse. Certes, les mouvements amiboïdes de l'axone excité pouvaient être une explication, mais le problème ne fut résolu qu'avec l'introduction du concept de médiateur chimique.

Son histoire est très longue également, car on peut retrouver cette idée de substance jouant un rôle messager depuis très longtemps. On peut même lui trouver une origine dans les *esprits animaux*.

Toutefois les premiers travaux intéressants dans cette direction datent de 1920, avec une série d'expériences sur des grenouilles auxquelles Otto Loewi ôtait le coeur. L'organe séparé du corps de l'animal peut continuer à battre pendant un certain temps, en particulier si l'on met le coeur dans une solution saline. Loewi travailla de la manière suivante : il sépara du corps le coeur d'une grenouille, avec ses nerfs sympathiques et parasympathiques. Il plaça le coeur, que nous désignerons par 1, dans un récipient d'eau salée A où il continue à battre normalement; il prit ensuite une autre grenouille à laquelle il ôta le coeur 2, mais cette fois sans les nerfs, et le plaça dans un autre récipient d'eau salée B. Il stimula électriquement les nerfs parasympathiques du coeur A et constata qu'il commençait alors à battre lentement. Il répéta cette stimulation, puis sortit le coeur du récipient A et plaça à sa place le coeur 2 qui battait normalement dans le recipient B. Lorsqu'il se trouva dans A, le coeur 2 commença à battre plus lentement.

En observant ce phénomène, Loewi émit simplement l'idée qu'une substance provenant du coeur 1, dont les nerfs parasympathiques avaient été stimulés plusieurs fois, avait dû rester dans l'eau du récipient A. Pour vérifier cette hypothèse, il analysa l'eau du récipient A : il y trouva entre autres une substance, l'acétylcholine. Pour bien prouver ensuite que cette substance avait été produite par la stimulation des nerfs para-sympathiques, il refit l'expérience avec plus de précaution. Il plaça un coeur 3 avec ses nerfs dans l'eau salée. Le coeur resta là à battre normalement pendant un certain temps, au bout duquel Loewi sortit ce coeur et le remplaça par une coeur 4 sans ses nerfs et qui continua à battre sans aucune altération. Apparemment, le coeur 3 n'avait déposé aucune substance dans l'eau et lorqu'il analysa cette eau, il n'y trouva effectivement ni acétylcholine, ni aucune autre substance étrangère. Il répéta alors sûrement le même processus, mais en stimulant cette fois les nerfs para-sympathiques du coeur 3 dont les battements devinrent par conséquent plus lents. Il le remplaça alors à nouveau par le coeur 4 dont les battements ralentirent et en analysant l'eau il y trouva encore de l'acétylcholine. Mais pouvait-on en déduire que l'acétylcholine était réellement la cause de cette diminution ? Pour cela il aurait fallu que l'injection directe d'acétylcholine dans le coeur de l'animal produise le même effet. Loewi ouvrit donc une grenouille dont le cœur battait normalement, lui injecta de l'acétylcholine, son cœur battait alors plus lentement ou s'arrêtait de battre selon la dose injectée.

Loewi réalisa ensuite la même expérience avec deux autres coeurs de grenouilles (5 et 6), le coeur 5 avec ses nerfs sympathiques et para-sympathiques, le coeur 6 sans ses nerfs. Il stimula les nerfs sympathiques du cœur 5 et ses battements s'accélérèrent. Il sortit alors du récipient D et le remplaça par le coeur 6, qui battait normalement, dans le récipient E. Une fois placé dans le récipient D, il se mit à battre plus vite. Il en conclut que lorsqu'ils sont stimulés, les nerfs sympathiques produisent une substance, la *sympathine*, dont von Euler isola en 1946, un substance active, la *noradrénaline*, qui accélère les battements si on l'injecte directement dans le coeur.

En 1934, Dale et Feldberg démontrent à leur tour que la stimulation directe d'un nerf moteur provoque la libération d'acétylcholine sur le muscle strié et le font se contracter. Dans les années 50, plusieurs chercheurs, parmi lesquels Sjöstrand, De Robertis, Bennet, découvrent, dans les boutons terminaux des axones, de petits granulés qu'on appelle aujourd'hui vésicules synaptiques et qui contiennent différentes substances ou *médiateurs chimiques*, selon la nature de l'axone.

Ce dernier point fut également l'objet de controverses. De Robertis pense que ces petites vésicules traversent la membrane présynaptique pour libérer les substances qu'elles contiennent dans l'espace intersynaptique, celles-ci agissant alors comme une stimulation chimique sur les neurones postsynaptiques, provoquant chez ceux-ci la production d'influx nerveux. D'autres chercheurs, tels Akert, soutiennent que les vésicules libèrent leur contenu dans la cellule présynaptique même, dont il traverse la membrane pour atteindre ensuite les cellules voisines par diffusion.

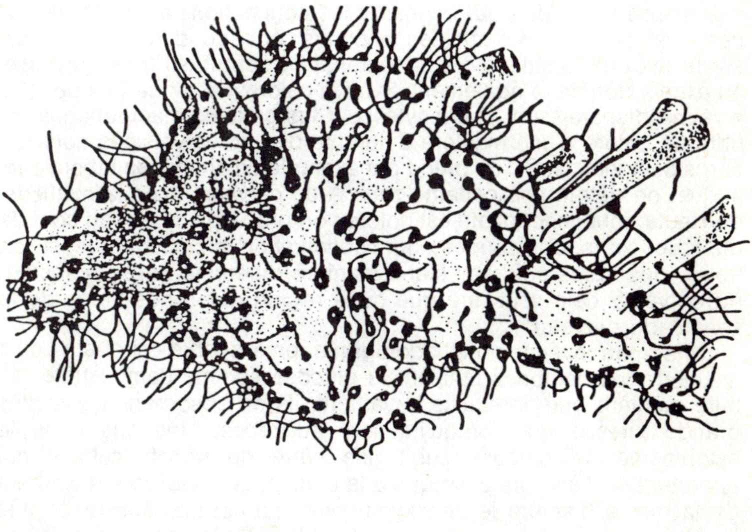

Fig. 79 : *Intéressante représentation tridimensionnelle du corps neuronal d'une cellule motrice de la moelle, recouverte des boutons synaptiques d'autres neurones.*

Conclusions

Les progrès importants vers la connaissance des neurones ont coïncidé avec le perfectionnement des microscopes, ainsi que des méthodes et des techniques utilisées pour différencier les structures et faciliter l'observation. Nous avons déjà fait allusion à l'amélioration des microscopes optiques d'abord, à l'invention du microscope électronique ensuite, suivie encore par l'invention du microscope à haute accélération.

Quant aux méthodes histologiques, ce furent les méthodes de coloration ou de teinture qui eurent la plus grande importance dans les premières étapes et jusqu'à la moitié de ce siècle. Parmi les anciennes colorations, les plus remarquables sont celles de Golgi, de Weigert et de Nissl, que l'on utilise encore aujourd'hui. La méthode de Golgi inexplicablement, ne tient qu'une partie des neurones (environ 3%), mais les colore intégralement, c'est-à-dire du corps de la cellule et des dendrites jusqu'à l'axone. Celle de Weigert donne une couleur noire bleutée à la myéline, tandis que celle de Nissl souligne les corps neuronaux à l'exclusion des dendrites et des axones.

Au début des années 50, Walle J. Nauta créa en Hollande une ingénieuse méthode pour connaître les connections entre les neurones et en déduire, en partie, les fonctions correspondantes. Il se basa sur le fait que lorsqu'un corps neuronal se détruit, sa fibre nerveuse ou axone, dégénère également. Si on le colore avant que l'axone et la myéline disparaissent phagocytée par les cellules macrophages, la fibre se colore d'une manière différente des fibres voisines dont les corps sont intacts. Si l'on prend par exemple un animal de laboratoire auquel on détruit une certaine zone A du cerveau, avec la méthode de Nauta, tout l'encéphale est coloré ; on prépare ensuite, au bout de quelques jours, des coupes pour l'observation microscopique, si l'on trouve des fibres colorées d'une manière différente dans un secteur du cervelet, cela veut dire que cette région reçoit des fibres de la zone A du cerveau.

Une autre invention méthodologique remarquable est due à Louis Sokoloff : les neurones utilisent le glucose comme combustible, de telle manière que, lorsqu'ils travaillent, ils en absorbent à une plus grande vitesse que lorsqu'ils sont au repos. Une fois dans le cytoplasme, le glucose subit une série de transformations qui apportent de l'énergie chimique à la cellule. Les neurones absorbent de la même manière le désoxyglucose, qui est une substance très proche du glucose, mais une fois atteint le cytoplasme, il ne peut être transformé et s'accumule dans la cellule. On injecte à un animal de laboratoire vivant du désoxyglucose radioactif, et on oblige ensuite l'animal à mettre en activité un groupe spécifique de neurones que l'on veut étudier. Supposons qu'il s'agisse de connaître les cellules cérébrales qui interviennent dans la vue. On soumet l'animal à une quantité de *stimuli* visuels, on lui enlève le cerveau que l'on congèle rapidement et dont on tire des coupes fines pour être observées au microscope. Les cellules où s'est accumulée la substance radioactive sont celles qui interviennent dans la vision.

Vers 1980, se développa une autre technique basée sur celle de Sokoloff, la tomographie, qui permet de voir les zones cérébrales actives à travers le crâne d'animaux ou d'individus vivants en leur injectant une substance radioactive. D'autres méthodes basées sur des repérages électriques ont également joué un rôle principal, tout comme aujourd'hui les méthodes de visualisation interne (échographie, scanner...) ou encore les techniques biochimiques et immunologiques sur les neurotransmetteurs.

Toutefois les méthodes seules, contrairement aux idées admises, n'ont pas permis une avancée primordiale. Certes, elles ont été des situations facilitantes (exemple : l'axone du calmar) mais elles n'ont pu à aucun moment imposer une théorie par rapport à une autre. Elles ont fonctionné chaque fois dans un cadre théorique et chaque fois, ce ne fut que dans un second temps, par un effort de décantation et de tri des faits mis en évidence au travers de ces techniques, qu'un consensus fut établi dans le cadre théorique posé au préalable [1]. Le moteur de cette construction semble être, en fait, la controverse, ou du moins, la confrontation des idées qu'impose, au-delà des querelles personnelles, la nécessité de rechercher des nouveaux arguments soit par l'expérimentation directe, soit par la mise en avant et la relecture de faits anciens. Dans ce cheminement, la théorie perdante apparaît à la lumière de l'histoire, non pas comme une hérésie mais souvent comme une source d'apports fondamentaux : la théorie réticulariste est un paradigme [2] en la matière.

Pour en savoir plus

Caullery M., *Les étapes de la biologie, Paris, 1941.*

Garrison, *History of Medecine, London and Philadelphie, 1929.*

Polack et al. *Neuroanatomie, avec des notes sur l'histoire de la Neurologie, Ed. Eudeba, Buenos Aires, 1970.*

Poulet J., Sournia J. et Martiny M., *Histoire de la Médecine, de la Pharmacie, de l'Art dentaire et de l'Art Vétérinaire, 1978.*

---

1 Voir particulièrement le chapitre *Cellule*, Tome 2.

2 ... au sens premier du terme !

Ramon y Cajal, *Histologie du système nerveux des hommes et des Vertébrés, Paris, 1909.*

Ramon y Cajal, *Considérations critiques sur la théorie de Bethe sur la structure et les connexions de la cellule nerveuse, travail du laboratoire de recherches biologiques de l'Université de Madrid, vol. II, f. 1,3,3 ; 1903.*

Rostand, *Esquisse d'une histoire de la biologie, Paris, Gallimard, 1945.*

Soury, *Le Système Nerveux, Paris, 1899.*

Scientific·Américan, *The Brain, September 1979.*

Wechsler, *Introduction to the History of Neurology, in Clinical Neurology, London, 1963.*

Encyclopédie Consulta, Ed. Codex, Madrid, 1968.

Quelques notes bibliographiques

Aristote (384-322 avant J.C.) : *L'Organon ; Le Ciel ; La Physique ; La Météorologie ; L'Ame ; La Mécanique ; L'Histoire des Animaux ; La Métaphysique : La Morale à Eudème ; La Rhétorique.*

Avicienne (980-1037) : *Canon de Médecine, (1593).*

Bell Charles (1774-1842) : *News idea of the Anatomy of the Brain, (1811) ; An exposition of the natural system of nerves of the human body, (1824).*

Bernard Claude (1813-1878) : *Recherches anatomiques et physiologiques sur la corde du tympan : leçons de physiologie expérimentales (1858) ; leçons sur la physiologie et la pathologie du système nerveux ; Introduction à la médecine expérimentale (1865).*

Bichat Xavier (1771-1802) : *Anatomie générale appliquée à la médecine, (1800) ; traité des membranes en général et de diverses membranes en particulier, (1800) ; Recherches sur la vie et la mort, (1800).*

Broca Paul (1824-1880) : *Mémoires sur la topographie (1876).*

Celse Aurelius Cornelius (probablement 1er siècle) : *De re medicina, (1786).*

Cruikshank William (1746-1808) : *Anatomie des vaisseaux absorbants, (1786).*

Descartes René (1596-1650) : *Discours de la méthode ; Méditations métaphysiques, (1641) ; Principes de la philosophie ; les Passions de l'âme.*

Duval Mathias (1844-1907) : *Structure et usage de la rétine ; recherche sur l'origine réelle des nerfs craniens ; Eléments d'histologie ; Anatomie Générale et son histoire.*

Eustaquio Bartoloméo (1503-1574) : *Tabulae anatomicae, (1564).*

Fallopio Gabriel (1523-1562) : *Observations anatomicae, (1561) ; Opera genuina omnia, (1584).*

Fernel Jean (1497-1558) : *De naturi Parte Medicinaelibri Septem ; De additis Rerum causis libri duo. Universa medicina, (1567).*

Flourens Jean-Pierre (1794-1867) : *Recherches expérimentales sur les propriétés et les fonctions du système nerveux dans les animaux vertébrés, (1824) ; Expériences sur le système nerveux, (1825) ; Examen de la Phrénologie, (1842) ; De la Raison, du Génie et de la Folie, (1861).*

Fontana Félice (1730-1805) : *Des lois de l'irritabilité, (1763) ; Principes raisonnés sur la génération, (1792).*

Galien Claude (131-201) : *Méthode de médecine ; L'Art médical ; de l'utilité des parties du corps humain ; Commentaires sur divers écrits d'Hippocrate.*

Sherrington Charles Scott (1857-1952) : *The integrative Action of the Nervous System, (1906).*

Varolio Constanzo (1543-1575) : *De nervis opticis ; de resolutione corporis humani, (1591).*

Vesale André (1514-1564) : *Humani corporis fabrica, (1555).*

Virchow Rudolf (1821-1902) : *Pathologie cellulaire, (1860).*

Waldeyer Henri-Godefroy (1836-1921) : *La moelle épinière du gorille ; Le cerveau du Gibbon.*

Waller Augustus Volney (1816-1870) : *Sur la reproduction des nerfs.*

Whytt Robert (1714-1776) : *Traité des maladies des nerfs, (1765) ; Essai sur le mouvement vital et sur les autres mouvements involontaires de l'animal, (1751).*

Willis Thomas (1622-1675) : *Cerebri anatome cui accessit nervorum descriptio et usus, (1664) ; Pathologia cerebri et nervosi generis, in qua agitur de morbis convulsivis et scorbuto, (1667).*

L'IMPRESSION ET LE BROCHAGE DE CE LIVRE ONT ÉTÉ EFFECTUÉS PAR JOUVE, 18, RUE SAINT-DENIS, 75001 PARIS POUR LE COMPTE DES ÉDITIONS TECHNIQUE ET DOCUMENTATION ACHEVÉ D'IMPRIMER LE 31 JANVIER MIL NEUF CENT QUATRE-VINGT NEUF Nº 11240. DÉPÔT LÉGAL JANVIER 1989.
IMPRIMÉ EN FRANCE